U0568601

行政法与行政诉讼法案例教材

XINGZHENGFA YU XINGZHENGSUSONGFA AN LI JIAO CAI

程　迈　丁安然◎编著

中国政法大学出版社

2023・北京

图书在版编目（CIP）数据

行政法与行政诉讼法案例教材/程迈，丁安然编著. —北京：中国政法大学出版社，2023.8
ISBN 978-7-5764-1137-9

Ⅰ.①行… Ⅱ.①程… ②丁… Ⅲ.①行政法－案例－中国－高等学校－教材②行政诉讼法－案例－中国－高等学校－教材 Ⅳ.①D922.105②D925.305

中国国家版本馆 CIP 数据核字(2023)第 184569 号

出 版 者　中国政法大学出版社
地　　址　北京市海淀区西土城路 25 号
邮寄地址　北京 100088 信箱 8034 分箱　邮编 100088
网　　址　http://www.cuplpress.com (网络实名：中国政法大学出版社)
电　　话　010-58908586(编辑部) 58908334(邮购部)
编辑邮箱　zhengfadch@126.com
承　　印　固安华明印业有限公司
开　　本　720mm×960mm　1/16
印　　张　14.25
字　　数　260 千字
版　　次　2023 年 8 月第 1 版
印　　次　2023 年 8 月第 1 次印刷
定　　价　69.00 元

目 录 Contents

导　论
Introduction

一、《行政法与行政诉讼法》课程教学的特点与难点

在法学核心类课程中，《行政法与行政诉讼法》是一门很有特点的课程，它的特点首先表现在，这门课程涉及的法律制度众多。按照主流的教材，《行政法与行政诉讼法》这门课程将重点涵盖《公务员法》[1]《行政许可法》《行政处罚法》《行政强制法》《政府信息公开条例》《行政复议法》《行政诉讼法》和《国家赔偿法》的内容，同时还会涉及《宪法》《立法法》的相关规定以及《土地管理法》《道路交通安全法》等专业行政法律规范性文件。

涉及的法律制度如此众多，自然会带来教学内容上的繁杂。实际上，目前主流的《行政法与行政诉讼法》教材即使篇幅达到了50万字以上，将上述行政法的基本内容全部涵盖在内，对相关问题的讨论也只能做到浅尝辄止。即在分析了相关行政法律制度的基本制度框架、概念和规定后就戛然而止。而且，受到教学学时的限制，教师在授课的过程中，往往无法对教材中的内容面面俱到地讨论，这会进一步削弱教学的深度。

与民法、刑法这些有着悠久发展历史的部门相比，行政法相对“年轻”，直到19世纪下半叶，各国的行政活动开始活跃、行政机关的规模不断扩大之后，行政法才开始作为一个独立的法律部门登上人类法律制度的舞台。与此同时，行政法的产生又带有鲜明的实践面向，即其首要出发点是用法治的手段解决国家行政活动中的具体问题，而不是建立一个国家的基本制度。行政法这种高度以实践为导向的制度设计目的与宪法制度密切相关。宪法制度

---

〔1〕《公务员法》，即《中华人民共和国公务员法》。为表述方便，本书中涉及我国法律文件直接使用简称，省去“中华人民共和国”字样，全书统一，后不赘述。

基本上已经搭建起了行政法制度涉及的基本框架，例如行政机关与司法机关的权力分工、上下级行政机关之间的领导与被领导关系、各种法律规范性文件的等级关系等。因此，相对于宪法而言，行政法更多的是一种“执行法”。

行政法的这种历史起源与制度特点使得行政法律制度的理论脉络性不强。包括中国在内的许多国家都制定了统一的民法典、刑法典，并以相对清晰的脉络搭建起整个国家的民事制度和刑事制度。但时至今日，尚没有哪个国家制定统一的行政法典，要完成这种行政法典化的立法任务是非常困难的。另外，行政法制度理论脉络性不强和难以法典化的现象与行政法制发展的开放性密切相关。行政法律制度不仅在起源上具有鲜明的实践性，就目前的发展而言，其不断受到各种实践的推动。在行政法律制度的内部，即在各种专门的行政法律（例如《行政许可法》《行政处罚法》《公务员法》）之间，不存在明显的制度逻辑联系，这使得整个行政法律制度表现出了一种制度“大拼盘”的色彩。

而行政法律制度的这种理论脉络性不强、制度“大拼盘”的特点也为《行政法与行政诉讼法》这门课程的教学带来了很大的压力。要在一个学期有限的教学时间里，让同学们了解如此众多的行政法律，与此同时又要帮助同学们形成基本的行政法治思维，并对行政法律制度中的基本概念、原则和制度精神形成比较扎实的认识，不仅是对学生学习能力也是对教师教学能力的考验。

二、本教材的编写目的与内容

本教材是为了解决《行政法与行政诉讼法》教学过程中遇到的难点问题所做的努力和尝试。本书的编写者在长期的《行政法与行政诉讼法》教学过程中，深刻体会到在课堂上只采用理论教学的方式无法满足学生的学习需求，反而容易让学生迷失在庞杂的行政法律制度体系中，从而产生畏难情绪，由此削弱学生对本课程的学习兴趣。因此，为激发学生的学习兴趣，在教学过程中穿插实际案例的讨论是任课教师通常都会使用的教学方法。但是，《行政法与行政诉讼法》这门课程涉及的法律规定内容众多，如果对涉及的所有问题都穿插案例讲述，不仅会大大增加教学工作量，也会出现“浅尝辄止”“学而不精”的情况。

为了解决上述在教学过程中可能遇到的问题，根据本书编写者在多年教学中的经验积累，针对在《行政法与行政诉讼法》教学过程中经常遇到的难点、重点问题，本教材挑选了13个具有代表性的案件，涵盖行政主体、行政职权、抽象行政行为、行政许可、行政不作为、行政事故认定、行政复议、行政身份认定、行政强制措施、政府信息公开、行政协议与行政强制执行等《行政法与行政诉讼法》课程涉及的核心知识。就《行政法与行政诉讼法》教学而言，无论是对于法学本科生还是对于非法学专业的法律硕士而言，能够促使其深入地掌握与这些核心问题相关的基本概念、制度和实践中易于出现的问题，就可以说基本上实现了教学目标。

为了让同学们尽可能深入地了解我国在行政法治建设过程中面临的各种现实问题，本教材提供的素材都是来自各种法律文书的数据库（例如北大法宝、裁判文书网）的第一手判决材料，而没有如一般教材那样将相关材料编写成小故事。这是因为，本教材的编写者认为，法律专业人士应当尽早接触到案件第一手材料，这样才能更好地培养其法学的专业素养。另外，本书的编写者考虑到在面对原始判决书时，学生可能会承受的学习负担，所挑选的案例都属于难易适中且篇幅适中的案例。只要学生具备法学的基本思维和基本知识背景，便可以无障碍地对本教材进行阅读和理解。

为了方便学生的理解与使用，本教材对每个案件都梳理了案件发展的详细时间线，并针对时间线上的每个时间点详细分析了案情的推进情况，同时也可促进学生对相关案件背景情况的了解。为了减轻学生课后的学习负担，本教材还对案件中有可能涉及的法律规定进行了整理归集，希望达到“相关法条一本通”的效果。对于一些具有重要现实意义的案件，例如“邱某萍与天台县公安局限制人身自由、赔偿行政争议再审案”“乔某祥诉铁道部铁路旅客票价管理案”，本教材还搜集了案件发生当时的一些新闻报道，目的在于提示学生，对于行政诉讼案件的分析不仅要关注理论、关注法条，还要关注案件发生时的社会背景。根据本书编写者多年以来的教学经验，在获得这些背景知识的理解后，学生对案件发生的背景有了更清晰的了解，便可以更加有的放矢地展开讨论和学习。

此外，本着理论与实践相结合的目的，本教材在揭示每个案例相关理论问题与实践问题的同时，注重引导学生从理论与实践两个视角分析在我国行政法治建设过程中发生的其他真实案例。

三、本教材的使用方式

本书适合采取模拟审判方式的教学使用。对于采取一学期 64 学时、每周 2 次教学时间的课程设置情况而言，建议在经过最初 2 周到 3 周的理论学习后，每周的一次课程讲授理论问题、另一次课程采取模拟审判的方式围绕本教材中的案例展开表演式讨论。对于每周仅有一次教学的情况而言，建议将本教材限定在《行政法疑难案例》类课程上使用，将重点集中于对案例的讨论上，避免花费太多的精力用于理论知识的讲授。

任课教师在模拟审判的过程中，应当尽可能保证学生对案情有清晰的了解。就案例中的一些重点问题，可以根据本教材的整理内容随时暂停学生的模拟审判进程，对其进行引导式的提问和讨论。此外，建议使用本教材的任课教师重点关注学生对本案时间线的理解情况。根据本书编写者的教学经验，对于大部分学生而言，只要他们对案件发展的时间线有了清晰的认识，就每个案件中涉及的核心理论和制度问题便会形成清晰的认识，教学目标也就基本达成了。

溆浦县中医院诉溆浦县邮电局不履行法定职责案

本案是关于行政主体的一个经典性案件，涉及三个理论问题：①授权行政主体的确定，尤其是职权行政主体与授权行政主体成立条件的不同；②可以成为创设行政主体授权依据的法律规范性文件的范围，尤其是规章的授权能力；③公用事业企业的授权行政主体地位的确定。本案对于我国行政法治建设的实践意义在于，在我国行政法治建设过程中，分析了国有企业可能面临的各种利益冲突。

一、判决书原文

原告：湖南省溆浦县中医院。

法定代表人：李某军，院长。

委托代理人：张某，溆浦县司法局桥江司法所所长。

被告：湖南省溆浦县邮电局。

法定代表人：贺某良，局长。

委托代理人：李某洪，溆浦县邮电局干部。

委托代理人：张某，湖南鹤洲律师事务所律师。

原告湖南省溆浦县中医院（以下简称“县中医院”）认为被告湖南省溆浦县邮电局（以下简称“县邮电局”）不履行“120”急救专用电话（以下简称“‘120’急救电话”）开通职责，向湖南省溆浦县人民法院提起行政诉讼。

原告诉称：原告根据上级文件的规定和主管部门的批准，向被告申请开通“120”急救电话，被告拒不作为，致使原告购置的急救车辆和其他设施至今不能正常运转，损失惨重。请求判令被告立即履行开通“120”急救电话的职责，并赔偿原告经济损失 8 万元。

被告辩称：湖南省卫生厅、省邮电局［1997］15 号《关于规范全省“120”医疗急救专用电话管理的通知》（以下简称“15 号文件”）规定，邮电与卫生行政部门对开通“120”急救电话有确定权。原告申请“120”急救电话，不符合 15 号文件的规定。“120”急救电话属于全社会，不属于原告。根据 15 号文件的规定，被告对溆浦县开通“120”急救电话承担义务，但是不承担为某一医院开通“120”急救电话的义务。事实上，被告已经开通了溆浦县的“120”急救电话，不存在不履行义务的问题。邮电局是公用企业，不是行政机关，不具备行政诉讼中的被告资格，也没有法规授权县邮电局行使行政职权。被告对原告未做出任何具体行政行为，原告无从提起行政诉讼。原告如果认为是湖南省邮电局委托被告作出具体行政行为，那么本案的被告应该是湖南省邮电局，而不是县邮电局。原告的诉讼请求不符合行政诉讼法律规定，法院应予驳回。

溆浦县人民法院经审理查明：15 号文件规定，医疗机构申请开办急救中心、开通“120”急救电话的程序是，经当地卫生行政部门指定并提交书面报告，由地、市卫生行政部门审核批准后，到当地邮电部门办理“120”急救电话开通手续。1997 年 8 月 15 日，湖南省卫生厅确认原告县中医院是一所功能较全、急诊科已达标的二级甲等综合医院，具备设置急救中心的条件。同年 12 月 8 日，溆浦县卫生局指定县中医院开办急救中心，开通“120”急救电话。同日，县中医院向被告县邮电局提交了《关于开通“120”急救专用电话的报告》，并经县长和主管副县长批准同意。同年 12 月 13 日，县邮电局为县中医院安装了“120”急救电话，并在《市内电话装拆移换机及改名过户工作单》上写明“12 月 16 日安装完毕，装机工料费按 3 323 208元计收”，但是该电话一直未开通。1998 年 7 月 20 日，县邮电局为没有经过卫生行政主管部门指定和审批的溆浦县人民医院开通了“120”急救电话。7 月 24 日，县中医院向怀化市卫生局提出《关于请求设置“120”医疗急救专用电话的报告》。7 月 25 日，该报告得到了市卫生局批准。7 月 27 日，县中医院再次书面请求县邮电局开通“120”急救电话，县邮电局仍拒不开通。

上述事实有15号文件，县中医院的报告，省卫生厅、溆浦县卫生局、怀化市卫生局的文件和县邮电局的《市内电话装拆移换机及改名过户工作单》等证明。以上证据均经过当庭质证确认，确实充分，足以认定。

溆浦县人民法院认为，被告县邮电局是企业单位，不具有通信管理的行政职能，没有给原告县中医院开通“120”急救电话的法定义务，县中医院的诉讼请求不能成立。据此，溆浦县人民法院于1998年9月9日判决：驳回县中医院的诉讼请求。诉讼费1700元，由县中医院负担。

第一审宣判后，县中医院不服，以县邮电局对开通“120”急救电话负有行政上的职责，上诉人的诉讼请求依据充分、程序合法为由提起上诉，请求二审撤销原判，判令被上诉人县邮电局履行给县中医院开通“120”急救电话的职责，赔偿县中医院因“120”急救电话未开通而造成的损失，并承担本案的诉讼费用。

怀化市中级人民法院经审理认为：

长期以来，我国对邮电部门实行政企合一的管理模式。邮电部门既具有邮电行政主管机关的职权，又参与邮电市场经营。经过改革，目前邮政和电信虽然已实现初步分离，一些电信部门逐渐成为企业法人，但是由于电信行业的特殊性，我国电信市场并未全面放开，国有电信企业仍然是有线通信市场的单一主体，国家对电信领域的行政管理工作，仍然要通过国有电信企业完成。这些国有电信企业沿袭过去的做法行使行政管理职权时，应被视为《行政诉讼法》第25条第4款所指的“由法律、法规授权的组织”〔1〕。

开办“120”急救中心，是医疗机构救死扶伤的一项公益事业。鉴于此举能给医疗机构带来一定收益，为使责任专一，防止因混乱而耽误抢救病人，政府对“120”急救事业实施行政管理，规定在一个行政区域只允许一家医疗机构开办“120”急救中心、开通“120”急救电话。“120”急救电话不是只要交纳安装费就能安装的普通电话，因此，省卫生厅、省邮电局联合下发的15号文件规定，只有功能较全、医疗急救水平较高且急诊科已达标的综合医院，在经县卫生局指定并报地、市卫生行政主管部门批准后，才能获得开通“120”急救电话的特许权。15号文件还规定，邮

〔1〕 该《行政诉讼法》于1990年施行，后于2014年、2017年分别进行了修正。

电部门对开通“120”急救电话只收电话安装费，免费安装影视系统和电脑自答系统，免收电话费。这些明显不同于企业营利的优惠政策，而是体现了政府支持此项公益事业的行政意志，同时也表明了政府对此项事业的统一规范和管理。

15号文件被下发给地、市和县级的卫生行政主管部门以及邮电局，正说明政府要通过这些职能部门对“120”急救电话的开通实施行政管理。邮电局执行这个文件时与被审查的医疗机构之间发生的关系，不是平等的民事关系，而是特殊的行政管理关系。它们之间因此发生争议进而引起的诉讼，不是民事诉讼，而是行政诉讼。尽管行政诉讼中的被告通常是行政机关，但是为了维护行政管理相对人的合法权益，监督由法律、法规授权的组织依法行政，将其列为行政诉讼的被告，适用行政诉讼法以解决其与管理相对人之间的行政争议，有利于化解社会矛盾、维护社会稳定。

按照15号文件的分工，确定哪一家医疗机构有开办“120”急救中心的资格，由卫生行政主管部门负责；而审查申请开通“120”急救电话的医疗机构是否符合15号文件的规定，决定是否为其开通“120”急救电话，则由邮电局负责。上诉人县中医院是被批准开办“120”急救中心的合格单位。县中医院向被上诉人县邮电局提出开通“120”急救电话的申请后，县邮电局即着手安装。该局后来又以“120”急救电话的开通应由邮电与卫生行政部门共同确定为由，拒绝履行为县中医院开通“120”急救电话的职责，却私自为另一家未经审批的医院开通“120”急救电话。这一事实说明，所谓“应由邮电与卫生行政部门共同确定”只是县邮电局为达到与卫生行政部门分享开通确定权的目的而对15号文件的曲解。当其分权目的无法达到时，就不再坚持共同确定的主张，单方行使“120”急救电话的开通权力。

综上所述，被上诉人县邮电局在接到上诉人县中医院的申请后拒不开通“120”急救电话，是不履行职责的错误行政行为，应当纠正。县邮电局为推卸责任而提出的诸如县中医院申办不符合文件规定、自己已经履行了开通“120”急救电话的义务、不具备行政诉讼被告资格等辩解理由均不能成立。县中医院的主要上诉理由成立，应当采纳。就县中医院请求县邮电局赔偿购置的急救车辆和其他设施不能正常运转的损失问题，鉴于急救车辆和急救设备没有被投入使用，这项损失不宜按《国家赔偿法》第28条第7项规定的“直接损失”计算，因此依法不予支持。原审法院认定事实清楚，但适用法律错误，应予改判。据此，怀化市中级人民法院依照《行政诉讼法》第54条第3项的规定，于1998年10月28日判决：

（1）撤销溆浦县人民法院［1998］溆行初字第66号行政判决；

（2）限被上诉人溆浦县邮电局自接到本判决书的次日起15天内为上诉人溆浦县中医院履行法定职责。

本案一、二审诉讼费3400元，由被上诉人溆浦县邮电局负担。

二、本案发展时间线梳理

1997年8月15日之前

湖南省卫生厅、湖南省邮电局联合发布湘卫医发［1997］15号文件《关于规范全省“120”医疗急救专用电话管理的通知》。其规定，只有功能较全，医疗急救水平较高，且急诊科已达标的综合医院，在经当地卫生行政部门指定并提交书面报告，由地、市卫生行政部门审核批准后，才可到当地邮电部门办理“120”急救电话开通手续。

1997年8月15日

湖南省卫生厅确认县中医院是一所功能较全、急诊科已达标的二级甲等综合医院，具备设置急救中心的条件。

1997年8月15日至12月8日间

县中医院提交的《关于开通“120”急救专用电话的报告》得到了当地县长和主管副县长的批示同意。

1997年12月8日

经县中医院申请，溆浦县卫生局指定县中医院开办急救中心，开通“120”急救电话。当日，县中医院向县邮电局提交了《关于开通“120”急救专用电话的报告》。

1997年12月13日

县邮电局为县中医院安装了“120”急救电话，并在《市内电话装拆移换机及改名过户工作单》上写明12月16日安装完毕，但是该电话此后一直未开通。

1998年7月20日

县邮电局为没有经过卫生行政主管部门指定和审批的县人民医院开通了“120”急救电话。

1998年7月24日

县中医院向县卫生局的上级业务主管部门怀化市卫生局提交了《关于请求设置“120”医疗急救专用电话的报告》。

1998年7月25日

县中医院的报告得到了怀化市卫生局的批准。

1998年7月27日

县中医院再次书面请求县邮电局开通“120”急救电话，县邮电局仍拒不开通。其后，县中医院无奈，只得向湖南省溆浦县人民法院提起了行政诉讼。

1998年9月9日

本案一审审结，一审法院以“县邮电局是企业单位，不能成为行政诉讼的被告”为由，判决驳回县中医院的起诉。

1998年10月28日

本案二审审结，二审法院撤销了一审法院的判决，并判决县邮电局要在15天内履行法院职责，为县中医院开通“120”急救专用电话。

三、本案涉及的法律条文

《行政诉讼法》（1990年10月1日起实施）

第二条 公民、法人或者其他组织认为行政机关和行政机关工作人员的具体行政行为侵犯其合法权益，有权依照本法向人民法院提起诉讼。

第二十五条 公民、法人或者其他组织直接向人民法院提起诉讼的，作出具体行政行为的行政机关是被告。

…………

由法律、法规授权的组织所作的具体行政行为，该组织是被告。由行政机关委托的组织所作的具体行政行为，委托的行政机关是被告。

…………

《邮政法》（1987 年 1 月 1 日实施）

第三条 国务院邮政主管部门所属的邮政企业是全民所有制的经营邮政业务的公用企业。

…………

第八条 信件和其他具有信件性质的物品的寄递业务由邮政企业专营，但是国务院另有规定的除外。

…………

第三十九条 邮政工作人员拒不办理依法应当办理邮政业务的，故意延误投递邮件的，给予行政处分。邮政工作人员玩忽职守，致使公共财产、国家和人民利益遭受重大损失的，依照《中华人民共和国刑法》第一百八十七条的规定追究刑事责任。

四、本案涉及的理论问题

（一）授权行政主体的确定

行政主体是行政法与行政诉讼法的核心概念问题。在我国的行政法研究中，行政主体又被分为职权行政主体与授权行政主体。职权行政主体相对来说易于确认，它们通常具有组织法的法律基础，而名称上通常表现有“局”（如公安局、市场监督管理局），有“委员会”（如卫生健康委员会、住房和城乡建设管理委员会），这些名称从直观上易于确认，它们拥有国家权力的特征。

但是，对于授权行政主体，有时很难从名称上确定。例如，在 1999 年的“田某诉北京科技大学拒绝颁发毕业证、学位证行政诉讼案”中，被告的对象是北京科技大学，在当时，“大学”是否具有行政主体的法律地位是不确定的。

如果在行政诉讼过程中，被告主张自己不具有行政主体资格，法院在支持被告主张的情况下，将以不属于人民法院的受案范围为由，驳回原告的起诉，这将使得案件在进入实体审判以前就结束了行政诉讼程序。虽然原告还可以对被告提起民事诉讼程序，但是在民事诉讼程序中，原告无法享受行政诉讼程序赋予其的各种明显的优势诉讼地位。例如，被告需要对自身行为的合法性承担举证责任，而原告的举证责任则非常轻。所以，虽然以被告不具有行政主体法律地位为由驳回原告提起的行政诉讼，从理论上说不会剥夺原告通过其他途径获得法律救济的可能，但是在实践中却会使得原告承担相对较重的诉讼负担。

所以，对被告授权行政主体法律地位的确定，是使得行政相对人可以利用行政诉讼程序、相对便利地维护自己受到行政法保护的权益的前提。而确定被告具有授权行政主体地位的关键问题，是要找到相应的授权法律依据。

（二）授权的法律依据

从行政法律制度立法实践来看，我国尚没有建立统一的授权行政主体的程序性规定，没有明确规定不同位阶的法律文件是否都可以作出授权、创设授权行政主体，即宪法、基本法律、普通法律、行政法规、地方性法规、部门规章、地方政府规章这些具有不同位阶的法律，尤其是在行政立法体系中处于最低层级的规章（既包括部门规章，也包括地方政府规章）是否具有授权能力的问题，在实践中一直没有得到清晰的回答。

从我国的立法实践来看，对规章是否具有授权能力这一问题，立法者给出了否定性的回答。例如，《行政许可法》第 23 条规定："法律、法规授权的具有管理公共事务职能的组织，在法定授权范围内，以自己的名义实施行政许可。……"《行政处罚法》第 19 条规定："法律、法规授权的具有管理公共事务职能的组织可以在法定授权范围内实施行政处罚。"尽管这两份我国行政法治的基本法律文件都没有规定规章的授权能力，但从其基本法律的立法态度来看，它们应当是倾向于不承认规章也具有创设授权行政主体的法律资格的。

规章的制定者是我国行政机关权力体系中的末端机关，尤其是地方政府规章，设区的市的人民政府就拥有制定的权限。但是一旦创设一个授权行政主体，该单位就有权以自己的名义、相对独立地行使各种可得到国家暴力支持的权力，例如剥夺学生享受高等教育的资格、禁止某些市场主体从事某些经营活动，这些权力对我国的法治乃至于政治都会产生巨大影响。而在我国的行政法治建设过程中，至少在我国全面展开法治政府建设工作的早期，有些层级较低政府的依法行政能力还有待提升，这也使得《行政许可法》《行政处罚法》等基本行政法律的制定者对规章的授权能力并不放心，这也是可以被理解的。

但是，随着我国行政法治建设的推进，各级政府的依法行政能力不断获得提升，行政活动的规范化程度不断提高。如果不承认规章创设行政主体的能力，会使得大量在一线从事行政活动的单位不具有独立的行政主体地位，相应地，会产生其做出的行政行为是否有效或者要由哪个行政主体来为其行政行为承担法律后果的复杂问题。这会为对争端的预防和解决增添许多不确定性。

因此，在 2014 年《行政诉讼法》的修改过程中，其肯定了规章的授权能力。该法第 2 条第 2 款规定："前款所称行政行为，包括法律、法规、规章授权的组织作出的行政行为。"但这种规定有可能与目前既有的《行政许可法》《行政处罚法》的相关规定存在一定的冲突之处。《行政诉讼法》修改之后，规章是否可以针对行政许可和行政处罚的事权设立授权行政主体？对于该问题，还需要未来的立法予以完善，或者通过司法解释予以明确。

但是，就本案而言，原告认为根据 15 号文件的规定，被告县邮电局已经获得授权，成了授权行政主体，这一主张其实是不适当的。15 号文件的制定主体是湖南省卫生厅和湖南省邮电局，这两个行政机关都是省级政府的组成部门。虽然这两个行政机关的地位较高，都属于厅局级单位，但是按照我国《立法法》的规定，在国务院以下，各级政府组成部门都不具有行政立法的资格，其发布的文件不属于规章，只能被称为行政规范性文件，这类文件不具有创设授权行政主体的资格。如果原告仅仅依据该文件的规定，主张被告县邮电局根据该文件属于授权行政主体，并相应地主张本案也应当属于《行政诉讼法》的受案范围，这一主张其实不能成立。

本案的二审法院提出"被上诉人溆浦县邮电局担负着邮电行政管理职能，应履行法定职责"，肯定了县邮电局的行政主体法律地位，但是没有说明县邮电局究竟是职权行政主体还是授权主体，那么二审法院确认县邮电局行政主体法律地位的法律依据是什么，这一点可能是明显的疏忽之处。

（三）公用企业的授权行政主体地位

实际上，按照当时施行的《邮政法》（1987 年 1 月 1 日施行）第 3 条第

1 款的规定，“国务院邮政主管部门所属的邮政企业是全民所有制的经营邮政业务的公用企业”。从法律上看，邮电局在当时的定位是“公用企业”而不是“行政主体”，更不是行政机关，这也是本案中县邮电局声称自己是“公用企业”而不是行政机关的法律依据。

但是，即使从当时《邮政法》的规定来看，邮政企业实际上也承担着许多行政管理职责，从邮政企业分支机构的设置、邮政资费的确定，到邮资凭证的发行和使用等问题，《邮政法》都以立法的形式作出了详细的规定，表明邮政企业的活动明显区别于普通的市场主体。当时，该法第 8 条规定：“信件和其他具有信件性质的物品的寄递业务由邮政企业专营，但是国务院另有规定的除外。”该规定以立法的形式赋予了邮政企业垄断经营的地位。此外，该法第 39 条规定:“邮政工作人员拒不办理依法应当办理邮政业务的，故意延误投递邮件的，给予行政处分。邮政工作人员玩忽职守，致使公共财产、国家和人民利益遭受重大损失的，依照《中华人民共和国刑法》第一百八十七条的规定追究刑事责任。”其中的“行政处分”与“依照《中华人民共和国刑法》第一百八十七条的规定追究刑事责任”进一步印证了邮政企业履行行政职能的事实。

1987 年 1 月 1 日施行的《邮政法》被制定于改革开放初期，对于像邮政企业这样的公用企业，究竟是以市场主体的身份开展业务还是履行国家职能言之不详情有可原。在 2009 年对《邮政法》进行修订的时候，立法者于第 2 条增加规定：“国家保障中华人民共和国境内的邮政普遍服务。邮政企业按照国家规定承担提供邮政普遍服务的义务。……”至此，邮政企业履行“邮政普遍服务”这一公共职能的定位终于得到了明确。邮政企业履行这一公共职能时的授权行政主体地位，可以说有了法律上的依据。在发展过程中，邮政与电信服务逐渐分家，分别组建了各级邮政局与电信公司，从事固定电话服务的电信公司的市场主体身份日渐明显，但是各级邮政局同时具有公用企业与行政主体身份的情况仍没有改变。

在中国特色社会主义市场经济体系中，许多开展市场经营活动的公共企业同时承担着公共服务与管理职能，有时甚至是一块牌子、两套人马。例如，各级烟草专卖局与烟草公司，根据《烟草专卖法》的规定，组织管理国家的烟草专卖许可证制度。《烟草专卖法》第10条第1款规定："烟叶由烟草公司或者其委托单位按照国家规定的收购标准统一收购，其他单位和个人不得收购。"对烟草的收购和销售也成了国家职能，并由国家强制力保证专买专卖，以实现《烟草专卖法》第1条规定的"提高烟草制品质量，维护消费者利益，保证国家财政收入"的立法目的。

本案产生争议的地方在于县邮电局在为县中医院安装"120"急救电话等硬件设备后，却始终不为其开通电话。县邮电局决定着县中医院的设备是否能够被正式投入使用，县中医院无法寻找第二家电信服务商为其开通急救电话，这鲜明地反映出了县邮电局的市场垄断地位，而这种垄断地位的产生，是由国家授权和保障的，与烟草专卖制度有着高度的相似性。

政府决定运营"120"急救电话是在履行一种公共职能，是向社会提供紧急医疗服务这种公共服务。诚然，如果政府不介入急救电话的建设和运营活动、不在一定的区域内建立统一的"一个号码"急救电话系统，急病患者同样可以通过拨打相关医疗机构急救电话的方式获得救治，但是这有可能使得不同医疗机构的急救资源得不到有效利用，即当有的医疗机构的急救资源在特定的时期供不应求时，有的医疗机构的急救资源却可能处于闲置状态。急救活动与患者的生命健康息息相关，急病患者能否得到及时有效的救治，也是一个国家社会公共健康卫生事业发展水平的体现。只有将一定区域内各种医疗机构的急救资源，通过统一的"一个号码"系统整合起来，才能实现对整个社会急救资源的最有效利用。

从邮电局对电信服务的垄断服务地位、急救电话承载的公共服务职能来看，本案中县邮电局行使的无疑是一种公共职能，县邮电局是无法用其公用企业的身份将此项职能推脱成市场行为的。

五、实践问题：国有公用企业的利益冲突

本案不仅鲜明地反映了在中国特色社会主义市场经济体制中，公用企业在特定的场合具有授权行政主体身份的情况，还反映出了公用企业在面对各种利益冲突时，有可能在我国建设法治国家的过程中造成的问题。

从本案判决书的描述来看，县邮电局不为县中医院开通"120"急救电

话的直接原因是县邮电局其后又为县人民医院安装并开通了“120”急救电话，而在一个区域内无法同时运营两个相同号码的急救电话，这使得急救电话的安装和运营具有了天然垄断性。这种具有天然垄断性的产品和服务，无法采取市场供给的方式实现，只有采取公共物品供给的方式才能实现，即由政府来协调并提供符合相关质量要求的服务。这也是湖南省卫生厅和湖南省邮电局需要以联合发文的方式规定“120”急救电话设立方式的根本原因。

不过，公共服务的提供者有可能最终还是某个特定的市场主体。例如，在本案中，是由一家医疗机构而不是行政机关来运营“120”急救电话。这种方式可以充分利用市场主体的专业优势和管理经验，但其存在的一个潜在问题是，这种公私合作的方式，有时会使得私益与公益相互竞争，最终导致公益被损害。本案就反映出了这种可能。

本案的判决书没有明确县人民医院开通“120”急救电话的程序是否符合 15 号文件的程序规定，但是各级卫生行政部门显然已经知晓县中医院在此前已经申请开通“120”急救电话的情况，这些行政部门应当不会再去批准同一区域的另一家医疗机构运营“120”急救电话。因此，人们应当可以认定，县邮电局为县人民医院安装并开通“120”急救电话的行为违反了 15 号文件的规定。对于这一违法事实，县邮电局和县人民医院应当是清楚的。违法事实的存在，已经表明公益受到了侵犯。

在明知违法的情况下，县邮电局和县人民医院这两家单位还要安装并开通价格不菲的急救电话系统，背后自然有着更大的利益驱动。急救电话承担着引导急病患者就医的功能，相应地会将这些急病患者引导到特定的医疗机构接受治疗，为特定的医疗机构吸引到患者就医资源。而且，利用急救电话紧急就医的患者通常要接受比较复杂的救治活动，相应地也需要付出比较昂贵的诊疗费用，这对于医疗机构来说是一笔可观的收入。在人类社会生活中，曾经有“救护车一响，黄金万两”的说法，这种说法虽然有些夸张，但是也反映出了急救系统背后的巨大利益。正是受这种利益的驱动，溆浦县人民医院在看到县中医院获得了急救电话的开通权之后，自然会眼红，并担心自己的利益流失。接下来县邮电局一系列看似违规的操作，很有可能是基于某些特殊利益。在本案中，我们可以看到一个非常有趣的现象，县、怀化市和湖南省三级卫生行政管理部门都站在了县中医院的一方，甚至湖南省邮政局也有可能支持县中医院的诉求，但是县邮电局在面对整个湖南省卫生行政管理部门的一致态度时，却依然可以“我行我素”，这再次显示出了在行政诉讼过程中，行政主体之间的利益诉求也会呈现出不同的利益分化，即“行政诉讼的被告必是行政主体，但是行政主体不一定是行政诉讼的被告”。

本案再次表明，在涉及经济利益的公共服务方面，对公共服务提供者的选择和认定，需要注意经济利益对规则的扭曲影响，也就更加应当严格依法办事。

邱某萍与天台县公安局限制人身自由、赔偿行政争议再审案

本案同样涉及行政主体的相关问题，但是与“溆浦县中医院诉溆浦县邮电局不履行法定职责案”的视角不同，其涉及两个理论问题：①行政主体资格的法定性，尤其是只有通过行政法律规范才可以确定行政主体，其他部门法无法创设行政主体；②行政委托的认定以及法律后果。本案对于我国行政法治建设的实践意义在于，行政机关对于受其控制的行政相对人权益的保护义务。

一、判决书原文

文书号：浙江省高级人民法院行政判决书［2001］浙行再字第10号

原审上诉人：邱某萍。

委托代理人：施某，浙江天施律师事务所律师。

原审被上诉人：天台县公安局。

法定代表人：林某荣，局长。

委托代理人：王某周、杨某虎。

原审上诉人邱某萍诉天台县公安局限制人身自由、赔偿行政争议一案，天台县人民法院经审理，于1999年6月20日作出［1997］天行初字第85号行政判决：驳回邱某萍要求确认天台县公安局限制人身自由行为违法并赔偿损失的诉讼请求。邱某萍不服一审判决，提出上诉。台州市中级人民法院于1999年11月7日作出［1999］台行终字第87号行政判决，已经发生法律效力。邱某萍仍不服，向本院提出申诉。本院于2001年12月4日作出［2001］浙行监字第20号行政裁定，决定本案由本院进行提审，并依法组成合议庭，于2001年12月27日公开开庭审理了本案。原审上诉人邱某萍及其

委托代理人施某，原审被上诉人天台县公安局的委托代理人王某周、杨某虎等到庭参加诉讼。本案现已审理终结。

台州市中级人民法院［1999］台行终字第 87 号行政判决认定，1996 年 11 月 10 日下午，上诉人邱某萍与邻居邱某江因排水发生争吵，邱某萍拳打脚踢邱某江，致邱某江受伤住院。同年 11 月 18 日，被上诉人天台县公安局对上诉人留置盘问 2 天，将其关押在临时留置室，与其他男性同室。同年 11 月 20 日，被上诉人对上诉人监视居住，上诉人在临时留置室被继续关押 5 天后转到天台县行政拘留所。1997 年 1 月 1 日，被上诉人撤销监视居住，将上诉人送进法制学校学习，直至同年 3 月 14 日离校回家。在法制学校期间，上诉人缴纳了 2510 元费用。

台州市中级人民法院经审理认为，原审判决认定的事实清楚。被上诉人天台县公安局对上诉人邱某萍采取监视居住刑事侦查强制措施，限制上诉人人身自由，不属行政诉讼的受案范围。1997 年 1 月 1 日被上诉人将上诉人送法制学校学习至 1997 年 3 月 14 日，对其进行法治教育是因上诉人有违法行为存在。上诉人向法院提起行政诉讼，要求确认违法并予以赔偿，没有法律依据。原审判决得当。上诉人上诉理由不足，不予支持。据此判决：驳回上诉，维持原判。

邱某萍仍不服，以其系未满 16 周岁的女性，天台县公安局将其留置盘问且与其他男性共同关押，以及实施监视居住后又送法制学校学习变相限制其人身自由均系违法，严重侵害了其名誉权和作为女性的人格尊严权等为由，向本院提出申诉，请求再审依法撤销原一、二审判决，确认天台县公安局的上述具体行政行为违法，并判令天台县公安局赔偿误工损失和精神损失、退还违法收取的费用等。

在庭审中，双方当事人围绕原审被上诉人天台县公安局于 1996 年 11 月 18 日至 19 日对原审上诉人邱某萍实施留置盘问、于 1996 年 11 月 20 日至 12 月 31 日对邱某萍实施监视居住、于 1997 年 1 月 1 日至同年 3 月 14 日将邱某萍送天台县法制教育学校强制教育的性质及其合法性，原审被上诉人天台县公安局是否应依法承担行政赔偿责任，以及赔偿的范围、数额和方式等争议焦点进行了质证和辩论。双方当事人均未提交新的证据材料。

综合双方质证、辩论的情况，经审查，本院确认：1996 年 11 月 18 日至 19 日，天台县公安局以邱某萍涉嫌故意伤害为由将其留置盘问，并与其他二十余名男性共同关押。1996 年 11 月 20 日至 12 月 31 日，天台县公安局对邱某萍实施监视居住，并仍将邱某萍关押于上述留置室 5 天后转入天台县行政拘留所继续关押。1997 年 1 月 1 日，天台县公安局撤销对邱某萍的监视居住，并于当日将邱某萍送往天台县法制教育学校接受强制教育直至同年 3 月 14 日。这期间，邱某萍的人身自由受到限制，并缴纳了学校费用等总计人民币 2510 元。邱某萍委托律师参加本案一审、二审及再审诉讼活动，共计支付律师代理费人民币 6000 元整。

本院认为，根据《人民警察法》第 7 条、第 9 条之规定，公安机关对符合规定条件的违法犯罪嫌疑人员采取留置盘问措施，是一种限制人身自由的行政强制措施，不属于依照《刑事诉讼法》明确授权实施的行为。原审上诉人邱某萍对原审被上诉人天台县公安局实施的留置盘问措施不服，依法可以提起行政诉讼。天台县公安局认为留置盘问系刑事强制措施，不属行政诉讼受案范围的诉辩理由缺乏法律依据。原审被上诉人天台县公安局对未满 16 周岁的邱某萍采取留置盘问 2 天的行政强制措施，且在实施留置时，将身为女性的邱某萍与其他男性关押一室，显属违法，对其提出的留置室正在修建的辩解理由本院不予采信。原审被上诉人天台县公安局对邱某萍实施的监视居住系《刑事诉讼法》明确规定的刑事强制措施，依法不属于行政诉讼的受案范围。至于天台县公安局在执行监视居住时有无违法行为，其仍属于执行刑事强制措施是否合法的问题，亦不属于本案的审理范围。原审上诉人邱某萍要求确认天台县公安局对其实施监视居住违法，并要求赔偿相应损失的诉讼请求，应依照《国家赔偿法》的有关规定另行处理。原审被上诉人天台县公安局在解除对邱某萍的监视居住后，又将其送天台县法制教育学校学习 73 天，且在学习期间限制其人身自由，缺乏法律依据。天台县公安局辩称将邱某萍送法制学校学习是根据有关部门的决定实施的，但未能提供相应的证据证实，本院不予采信；其认为举办法制学校是依据有关部门文件规定，应属合法有据的诉辩理由亦不能成立。原审被上诉人天台县公安局对其违法限制邱某萍人身自由共计 75 天的行政行为，应当依照《行政诉讼法》和《国家赔偿法》的有关规定，支付相应的赔偿金；对邱某萍在法制学校学习期间所缴纳的有关费用（共计人民币 2510 元）应负责返还；对邱某萍因委托律师代理本案诉讼所支出的费用（共计人民币 6000 元），系直接损失，依法亦应予以赔偿。天台县公安局违法对邱某萍实施留置时，将其与男性共同关押，已造成对邱某萍名誉权的损害，根据《国家赔偿法》第 30 条的规定，天台县公安局应当在一定范围内以一定方式为邱某萍消除影响，公开赔礼道歉。原审上诉人邱某萍以天台县公安局对其实施留置时男女共同关押，严重侵害其作为女性的人格尊严权为由，要求赔偿精神损失的诉讼请求，缺乏法治依据，本院不予支持。原一、二审判决认定事实不清，适用法律错误，依法应予纠正。判决如下：

（1）撤销台州市中级人民法院［1999］台行终字第 87 号行政判决和天台县人民法院［1997］天行初字第 85 号行政判决；

（2）确认天台县公安局自 1996 年 11 月 18 日至 19 日对邱某萍留置盘问和自 1997 年 1 月 1 日至 3 月 14 日将邱某萍送天台县法制教育学校学习并限制其人身自由的具体行政行为违法；

（3）天台县公安局赔付邱某萍被违法限制人身自由赔偿金共计人民币 2799. 75 元（按照 2000 年全国职工日平均工资 37. 33 元×75 天计算），委托律师代理本案诉讼所支出的费用 6000 元，返还邱某萍向天台县法制教育学校缴纳的费用 2510 元，以上共计人民币 11 309. 75 元，限天台县公安局在本判决送达之日起 15 日内一次性付清；

（4）驳回邱某萍的其他诉讼请求。

二、本案发展时间线梳理

1996 年 11 月 9 日

16 岁的邱某萍与 11 岁的邻居邱某江因排水发生争吵，邱某萍拳打脚踢邱某江，将其打伤。

1996 年 11 月 11 日

邱某江被送入医院，并查明伤势严重，门诊结论为肾挫伤。

1996 年 11 月 12 日

邱某江家人向天台县公安局报案，称邱某萍打了邱某江。

1996 年 11 月 15 日

天台县公安局受理此案。

1996 年 11 月 18 日

天台县公安局对邱某萍采取留置盘问措施，将其关押在城关派出所的临时留置室，经批准延长羁押至 20 日，期间与其他二十多名男性同室。

1996 年 11 月 20 日

天台县公安局以刑事案件立案须侦查为由，对邱某萍采取监视居住措施，将邱某萍继续关押在临时留置室，5 天后转到天台县行政拘留所，实施监视居住直至 1996 年 12 月 31 日。

1997 年 1 月 1 日

天台县公安局撤销监视居住，将邱某萍送入天台县法制学校学习，在此期间，邱某萍向天台县法制学校缴纳了 2510 元费用，学习了 73 天。

1997 年 3 月 14 日

邱某萍离开法制学校，回到家中。

1997 年 7 月 8 日

邱某萍向法院提起行政诉讼，要求确认天台县公安局限制人身自由行为违法并赔偿损失。

1997 年 8 月 22 日

天台县人民法院决定受理本案。

1999 年 6 月 20 日

天台县人民法院作出判决，认为在本案中天台县公安局不属于行政机关，本案不属于行政诉讼的受案范围，驳回了邱某萍的诉讼请求。

1999 年 9 月 24 日

邱某萍不服一审判决，提起上诉。

1999 年 11 月 7 日

二审法院作出判决，驳回邱某萍的上诉。其后，邱某萍仍不服，不断向浙江省高级人民法院提出申诉，申请再审。

2001 年 12 月 4 日

浙江省高级人民法院作出［2001］浙行监字第 20 号行政裁定，决定再审邱某萍案，并依法组成了合议庭。

2001 年 12 月 27 日

浙江省高级人民法院公开开庭审理本案，审理终结后，作出再审判决，支持了邱某萍的部分诉讼请求。

三、本案涉及的法律规定

《监狱法》（1994 年 12 月 29 日起实施）

三十九条 监狱对成年男犯、女犯和未成年犯实行分开关押和管理，对未成年犯和女犯的改造，应当照顾其生理、心理特点。

监狱根据罪犯的犯罪类型、刑罚种类、刑期、改造表现等情况，对罪犯实行分别关押，采取不同方式管理。

《看守所条例》（1990 年 3 月 17 日起实施）

第十四条 对男性人犯和女性人犯，成年人犯和未成年人犯，同案犯以及其他需要分别羁押的人犯，应当分别羁押。

《未成年人保护法》（1992 年 1 月 1 日起实施）

第三十八条 对违法犯罪的未成年人，实行教育、感化、挽救的方针，坚持教育为主、惩罚为辅的原则。

第四十条 公安机关、人民检察院、人民法院办理未成年人犯罪的案件，应当照顾未成年人的身心特点，并可以根据需要设立专门机构或者指定专人办理。

公安机关、人民检察院、人民法院和少年犯管教所，应当尊重违法犯罪的未成年人的人格尊严，保障他们的合法权益。

第四十一条 公安机关、人民检察院、人民法院对审前羁押的未成年人，应当与羁押的成年人分别看管。

…………

《人民警察法》（1995 年 2 月 28 日起实施）

第七条 公安机关的人民警察对违反治安管理或者其他公安行政管理法律、法规的个人或者组织，依法可以实施行政强制措施、行政处罚。

第九条 为维护社会治安秩序，公安机关的人民警察对有违法犯罪嫌疑的人员，经出示相应证件，可以当场盘问、检查；经盘问、检查，有下列情形之一的，可以将其带至公安机关，经该公安机关批准，对其继续盘问：

（一）被指控有犯罪行为的；

（二）有现场作案嫌疑的；

（三）有作案嫌疑身份不明的；

（四）携带的物品有可能是赃物的。

对被盘问人的留置时间自带至公安机关之时起不超过二十四小时，在特殊情况下，经县级以上公安机关批准，可以延长至四十八小时，并应当留有盘问记录。对于批准继续盘问的，应当立即通知其家属或者其所在单位。对于不批准继续盘问的，应当立即释放被盘问人。

经继续盘问，公安机关认为对被盘问人需要依法采取拘留或者其他强制措施的，应当在前款规定的期间作出决定；在前款规定的期间不能作出上述决定的，应当立即释放被盘问人。

《刑事诉讼法》（1997 年 1 月 1 日起实施）

第五十一条 人民法院、人民检察院和公安机关对于有下列情形之一的犯罪嫌疑人、被告人，可以取保候审或者监视居住：

（一）可能判处管制、拘役或者独立适用附加刑的；

（二）可能判处有期徒刑以上刑罚，采取取保候审、监视居住不致发生社会危险性的。

取保候审、监视居住由公安机关执行。

第六十五条 公安机关对于被拘留的人，应当在拘留后的二十四小时以内进行讯问。在发现不应当拘留的时候，必须立即释放，发给释放证明。对需要逮捕而证据还不充足的，可以取保候审或者监视居住。

《行政处罚法》（1996 年 10 月 1 日起实施）

第九条 法律可以设定各种行政处罚。

限制人身自由的行政处罚，只能由法律设定。

第十六条 国务院或者经国务院授权的省、自治区、直辖市人民政府可以决定一个行政机关行使有关行政机关的行政处罚权，但限制人身自由的行政处罚权只能由公安机关行使。

《国家赔偿法》(1995 年 1 月 1 日起实施)

第三条 行政机关及其工作人员在行使行政职权时有下列侵犯人身权情形之一的，受害人有取得赔偿的权利：

(一) 违法拘留或者违法采取限制公民人身自由的行政强制措施的；

(二) 非法拘禁或者以其他方法非法剥夺公民人身自由的；

(三) 以殴打等暴力行为或者唆使他人以殴打等暴力行为造成公民身体伤害或者死亡的；

(四) 违法使用武器、警械造成公民身体伤害或者死亡的；

(五) 造成公民身体伤害或者死亡的其他违法行为。

第三十条 赔偿义务机关对依法确认有本法第三条第（一）、(二) 项、第十五条第（一）、(二)、(三) 项规定的情形之一，并造成受害人名誉权、荣誉权损害的，应当在侵权行为影响的范围内，为受害人消除影响，恢复名誉，赔礼道歉。

四、本案涉及的理论问题

(一) 行政主体的法定性

行政主体存在着两大基本分类：职权行政主体与授权行政主体。相对于授权行政主体，职权行政主体较易于确定。职权行政主体自一成立起，就具有履行国家行政职权的使命，其组织运行的经费、人员配置都是通过上级国家机关决定的方式确定，在实践中一般不会出现误认的情况。

但是，本案则显示出，在确定职权行政主体时，司法机关也会遇到的一个棘手问题：某国家机关究竟是行使行政职权的主体（即职权行政主体)，还是行使非行政职权的其他国家机关？本案中的公安机关就是在实践中有可能让人们产生困惑的此类国家机关。

国家机关职权的产生，必须有宪法、组织法或者其他法律的授权。公安机关是各级政府的组成部门，按照《宪法》《地方各级人民代表大会和地方各级人民政府组织法》的规定，作为各级地方人民政府组成部分的公安机关应当是行政机关。在这些组织法之外，其他行政法律规范也赋予了公安机关各种行政职权。例如，《治安管理处罚法》第 2 条规定：“扰乱公共秩序，妨害公共安全，侵犯人身权利、财产权利，妨害社会管理，具有社会危害性，依照《中华人民共和国刑法》的规定构成犯罪的，依法追究刑事责任；尚不够刑事处罚的，由公安机关依照本法给予治安管理处罚。”该条文明确赋予了公安机关给予“刑事处罚”之外的其他行政处罚的权力。

但是，需要注意的是，职权法定原则不仅可以适用于行政法律制度和行政机关，也可以适用于其他涉及国家权力的法律制度和国家机关。对于《宪法》规定的国家行政机关、监察机关、审判机关和检察机关这四类机关，同样可以适用职权法定原则。此时，人们需要注意的是，某类国家机关被称为行政机关、监察机关、审判机关，是因为相关法律赋予了其相应的职权，而不是因为该机关天然地就是某类机关。就像授权行政主体，其在成立伊始并没有履行行政职权的功能，也不能被称为行政主体，只不过在其成立后，行政法律规范赋予了其履行行政职权的法律资格，进而将其转变成了授权行政主体。但是，授权行政主体也仅仅在法律授权的范围内才具有行政主体的法律资格。

例如，在“溆浦县中医院诉溆浦县邮电局不履行法定职责案”中，县邮电局在作出是否安装开通“120”急救电话的决定时，其是在履行行政职权。但是，邮电局在采购办公耗材时，就不能再被视作行政主体了，而是必须采取市场交易的方式、遵守民商事法律的规定。因为没有法律赋予邮电局在采购办公耗材时也以履行职权的方式获得这些材料的法律能力。

法律赋予了某个法律上的主体特定的国家职权，这个法律主体就在被授权的范围内具备了相应的权力主体身份。这就是法律的授权。法律也可以授予同一个法律主体不同的权力，例如国家机关被法律赋予不同的国家权力，使得该国家机关可以在行使不同权力的场合，表现出不同的权力主体身份。公安机关就是此类因不同性质的法律赋予了其不同性质的权力而具备多重权力身份的国家权力机关，从而在实践中是有可能表现出不同权力主体身份的特殊国家机关。

《刑事诉讼法》第 3 条第 1 款规定：“对刑事案件的侦查、拘留、执行逮捕、预审，由公安机关负责。检察、批准逮捕、检察机关直接受理的案件的侦查、提起公诉，由人民检察院负责。审判由人民法院负责。除法律特别规定的以外，其他任何机关、团体和个人都无权行使这些权力。”这是对公安机关作为刑事侦查机关的法律地位的规定。

《治安管理处罚法》第2条规定：“扰乱公共秩序，妨害公共安全，侵犯人身权利、财产权利，妨害社会管理，具有社会危害性，……尚不够刑事处罚的，由公安机关依照本法给予治安管理处罚。”这里的处罚是行政处罚，公安机关在行使治安处罚权时，是以行政机关的身份在行事。另外，《人民警察法》第6条在规定“公安机关的人民警察”的职责时，除了规定“预防、制止和侦查违法犯罪活动”这些刑事侦查权，还规定了“维护社会治安秩序，制止危害社会治安秩序的行为”“维护交通安全和交通秩序，处理交通事故”等职权，这部分职权也都属于行政管理的职权。

通过这些法律规定可以看到，公安机关因为不同的法律授权，相应地在不同的场合会扮演刑事侦查机关或行政机关的角色。在特定的场合确定公安机关究竟是以这两种角色中的哪一种角色在行事，需要考察公安机关是在依据何种性质的法律、行使何种性质的职权。

理论上看似清晰、明确的区分标准，在实践中却会造成许多困惑不清之处，尤其是当公安机关主张自己是在行使刑事侦查权的时候，就会使得公安机关权力作用的相对人无法顺利地利用行政诉讼制度提供的相对便利的救济渠道主张、实现自己的权利。

本案中就出现了这种情况。在一审和二审的时候，两审法院都接受了天台县公安局的主张，认为天台县公安局对邱某萍“采取监视居住刑事侦查强制措施，限制上诉人人身自由，不属行政诉讼受案范围”，封死了邱某萍寻求行政诉讼救济的可能。在经过反复的再审申请后，浙江省高级人民法院终于同意了邱某萍的再审申请，并在再审过程中将邱某萍进入到临时羁押室的前48小时的状态定义为“留置盘问措施”，是《人民警察法》第7条和第9条规定的行政强制措施。而从48小时后开始采取、一直持续到1996年12月31日的“监视居住”措施则被定义为刑事强制措施。相同的地点、方式、当事人，只是适用的法律不同，带来的便是不同的法律后果，法律的“形式化”思维方式在这里得到了鲜明的体现。

虽然从11月18日到12月31日总共44天的时间中，在再审程序中，只有区区2天最终被认定为了采取行政强制措施的时间，但是相对于一、二审完全不认为公安机关行使了行政职权、邱某萍完全没有获得行政救济可能的情况而言，对邱某萍来说，这已经属于天壤之别。而且，从本案的案情和相关的新闻报道来看（参见文后的两篇新闻报道），邱某萍的诉求不仅有获得赔偿，还有“讨个说法”。至少从重审的结果来看，邱某萍“讨个说法”的诉求得到了满足。

（二）行政委托的法律效果

在行政机关即职权行政主体之外，其他组织与个人也有可能履行行政职权。这些组织与个人获得行政职权有两个途径：一是通过法律和行政法规范的授权，授权行政主体独立地行使行政职权；二是通过其他行政主体的委托获得行政职权，但是被委托的组织与个人将不具有行政主体的法律地位，相应的法律后果也需要由作出行政委托的行政主体来承担。需要注意的是，行政主体虽然要对被委托的组织和个人的行为承担责任，但是行政主体是不能随意作出行政委托决定的。例如，《行政处罚法》第21条规定：“受委托组织必须符合以下条件：（一）依法成立并具有管理公共事务职能；（二）有熟悉有关法律、法规、规章和业务并取得行政执法资格的工作人员；（三）需要进行技术检查或者技术鉴定的，应当有条件组织进行相应的技术检查或者技术鉴定。”

本案中，法制学校是否具有独立的行政主体法律地位？如果不具有的话，与天台县公安局之间是否存在着行政委托的关系？这些都是值得研究的问题。在审判过程中，天台县公安局主张将邱某萍送往法制学校强制学习的行为，是“根据有关部门的文件实施的”，但是在诉讼过程中却无法提供这些“有关部门的文件规定”，在没有完成举证责任的情况下，人们只能认为将邱某萍送往法制学校强制学习的决定是由天台县公安局自行作出的。即使天台县公安局能够在审判过程中提供这些文件规定，从邱某萍在法制学校学习的状态来看，其也已经被限制了人身自由。按照《行政处罚法》的规定，限制人身自由的行政处罚只能由公安机关和法律规定的其他机关行使。本案中，天台县公安局所称的有关部门的文件，显然没有达到法律的层级，即使存在这样的法律文件，其也不能成为证明法制学校强制邱某萍学习的行为合法性的依据。在不存在合法的法律依据的情况下，至少在限制邱某萍人身自由的问题上，法制学校是无法成为授权行政主体从而独立地行使行政职权的。接下来的问题就是，法制学校究竟是接受了天台县公安局的委托，还是以某种独立的法律主体身份在限制邱某萍的人身自由。

从天台县公安局的答辩意见来看，天台县公安局倾向于将法制学校强制邱某萍学习的行为认定为法制学校自己的行为，天台县公安局不需要为法制学校限制邱某萍人身自由并强制其交纳学习费用的行为承担责任。但是，邱某萍是被天台县公安局强制移送到法制学校的，邱某萍在法制学校失去人身自由的状态，至少最初是由天台县公安局造成的。人们有理由认为，让邱某萍继续处于被限制人身自由的状态，也是天台县公安局的愿望。1996 年 10 月 1 日实施的《行政处罚法》第 16 条规定“限制人身自由的行政处罚权只能由公安机关行使”。天台县公安局在审判过程中，没有提供法制学校可以限制邱某萍的人身自由、使其在法制学校接受强制学习的法律依据。在法制学校没有限制人身自由的权力也没有独立的行政主体法律地位的情况下，人们有理由认为，法制学校是受天台县公安局的委托，继续限制着邱某萍的人身自由。法制学校与天台县公安局之间构成了行政委托的关系，相应的法律后果还是应当由天台县公安局来承担。

邱某萍在法制学校接受强制学习的状态持续了 73 天，在这 73 天的时间里，邱某萍表示过想离开法制学校回家的愿望，但是法制学校没有同意，还强制其交纳了学习费用。在这一过程中，从本案案情的描述来看，法制学校没有收到天台县公安局的授意，应当是其独立的意思表示。而且，从邱某萍最终被释放回家的经过来看，天台县公安局也没有再登场。这表明，法制学校对当事人权益的处分是由其独立作出的。在这种情况下，如果天台县公安局辩称，法制学校与天台县公安局之间已经不再是一种行政委托关系，也不能说完全于法于理无据。但是，从更好地保护行政相对人的利益、督促行政机关更严格依法行政的目的来看，将天台县公安局与法制学校之间的关系认定为行政委托关系更为恰当。

从再审判决书来看，再审法院认定“原审被上诉人天台县公安局对其违法限制邱某萍人身自由共计 75 天”，这就将邱某萍在临时留置室的 2 天被留置盘问的时间，与其在法制学校强制学习的 73 天时间合并计算，都归结为需要由天台县公安局承担法律责任，再审法院显然是认为天台县公安局与法制学校之间的行政委托关系是成立的。

五、实践问题：对处于行政机关控制中的行政相对人权益的保护

本案在审理后不久便成了受到广泛关注的案件，从中可能也反映出了当时我国在行政法治建设过程中遭遇的一些比较典型的问题。在本案中，一个突出的问题表现为处于行政机关控制下的行政相对人如何获得对其合法权益的充分保护。

许多处于行政机关控制下（例如被行政机关采取限制人身自由）的行政强制措施的当事人，的确存在着在先的违法行为，或者有在先的违法行为的嫌疑。即使这些行政相对人存在在先的违法行为也不意味着他们的其他权益都不再能获得行政机关的保护。例如，在本案中，即使邱某萍的确存在打伤邱某江的行为，但是邱某萍本身的合法权益（例如其人身安全权）也是依然要得到行政机关的尊重与保护的。即使是邱某江及其家人，在邱某萍与邱某江的争执结束后，也不可以采取报复性的伤害行为。按照法律的要求，邱某江及其家人，需要告知行政机关，即天台县公安局，再由天台县公安局采取相应的行政或是刑事强制措施，并给予相应的符合法律要求的处罚。

公民被行政机关限制权利、处于行政机关的控制下时，行政机关实际上对被控制的行政相对人有了更强的保护义务。因为此时公民向行政机关主张获得人身保护的权利依然存在。而当被控制的行政相对人是在行政机关有排他性控制权的场所内遭受侵犯时，就可以推断，行政相对人的权益侵犯与行政机关对该行政相对人的限制行为之间有着很强的因果关系。

这种义务就发生在天台县公安局与邱某萍之间。在行政机关没有作出最终的处罚决定之前，除去为暂时性的行政或者刑事强制措施，天台县公安局不能对邱某萍的合法权益施加进一步的限制。当邱某萍已经处于天台县公安局的控制下后，在其他组织或个人在天台县公安局的办公场所内侵犯邱某萍的合法权益时，天台县公安局需要立即提供救援与保护。否则，天台县公安局对邱某萍遭受的损失，难辞其咎。

天台县公安局应当是意识到了其承担的保护义务，所以在三次审判过程中，我们看到，对于邱某萍在法制学校遭受的限制人身自由、被强制缴纳学习费用的损失，天台县公安局没有否认，而是认为该损失与天台县公安局无关。但是，对于邱某萍在天台县公安局临时留置室中遭受的损失，天台县公安局却拒不承认。此时的案情争议焦点就在于，邱某萍在临时留置室中是否遭受了损失。

从本案再审结束后的新闻报道来看，根据邱某萍的陈述，邱某萍在临时留置室的 7 天时间内，受到了其他二十多名违法嫌疑人的虐待。但是，法院在认定事实的过程中，显然不能只听一方当事人的陈述，还需要有其他证据佐证该当事人的陈述，才可予以认定。但不幸的是，临时留置室的各种监控措施都不到位，出于利益考虑，与其同室的其他男性违法嫌疑人和负责管理临时留置室的公安局工作人员也很难自证其罪。行政诉讼中的举证责任倒置、要求行政主体自证清白的制度设计便是考虑到了行政相对人在举证过程中的弱势地位。但是，对于行政相对人受到的损害，《行政诉讼法》也规定了行政相对人自身的举证责任，即行政相对人至少要负担证明相关损害存在的举证责任。在本案中，邱某萍主张的损害具有特殊性，在事后，她很难举证证明自己受到了损害。如何保护像邱某萍这类当事人的此类权益也是我国行政法治建设的一个难点问题。

本案中，邱某萍的特殊身份实际上使得其很幸运地不需证明像猥亵这些损害其身心健康行为的具体发生，便可要求行政主体提供赔偿。按照《监狱法》第 39 条第 1 款的规定：“监狱对成年男犯、女犯和未成年犯实行分开关押和管理，对未成年犯和女犯的改造，应当照顾其生理、心理特点。”《看守所条例》第 14 条规定：“对男性人犯和女性人犯，成年人犯和未成年人犯，同案犯以及其他需要分别羁押的人犯，应当分别羁押。”从这些法律规定来看，女性和男性、未成年人和成年人都需要被分开羁押。虽然天台县公安局的临时留置室不属于监狱或者看守所，但是从这两部法律规定的精神来看，对接受公安机关强制措施的女性和未成年人的保护措施，应当也可以适用于在公安局内采取的强制措施。邱某萍是女性，在被采取强制措施时还是未成年人，无论其在 7 天 7 夜的时间内是否受到了其他男性违法嫌疑人的侵害，天台县公安局将邱某萍与其他男性成年犯罪嫌疑人共同关押的事实均属于违法，相应地，天台县公安局需要对邱某萍承担赔偿责任。

有些遗憾的是，邱某萍虽然最终讨到了部分说法，但是实际获得的赔偿只有 11 309. 18 万元。其中还有 6000 元是需要支付给律师的律师费。对于一名未成年少女而言，被与众多男性违法嫌疑人共同关押了 7 天 7 夜的事实，无疑会对其名誉造成极大的不利影响，这恐怕也是邱某萍和其母亲在 6 年来，一直不懈地申请再审、讨个说法的主要动力。虽然再审法院要求“天台县公安局应当在一定范围内以一定方式为邱某萍消除影响，公开赔礼道歉”。但是 6 年过去了，天台县如何为邱某萍消除影响？这是令人费解的。例如，倘若天台县公安局决定采取向邱某萍公开赔礼道歉的方式为邱某萍消除影响，对于未成年女性被男性违法嫌疑人猥亵这样的事实，这种方式只会使得当事人受到的负面影响的范围进一步扩大。而且，像邱某萍此类经历，即使是在事件发生的当时，可能都没有消除影响的可能。此时，给予受害行政相对人充分的赔偿，可能是唯一一种可以给予其补偿的做法。

但不幸的是，按照《国家赔偿法》第 30 条的规定：“赔偿义务机关对依法确认有本法第三条第（一）、（二）项、第十五条第（一）、（二）、（三）项规定的情形之一，并造成受害人名誉权、荣誉权损害的，应当在侵权行为影响的范围内，为受害人消除影响，恢复名誉，赔礼道歉。”相关机关对于受害人遭受的非经济损害应当履行赔偿责任，但法律未对其精神损害规定相应的责任承担。因此，在本案中，法院对于邱某萍提出的 12 万元精神损失费未予认可。这种结果也显示出了《国家赔偿法》在制度设计上还有进一步改进的空间。

附：相关新闻报道[1]

1996 年，浙江天台县 16 岁少女邱某萍因涉嫌打人被当地县公安局关押。其后，邱某萍被与二十多名男性犯罪嫌疑人同拘一室，时间长达 7 天 7 夜，身心都受尽凌辱、猥亵。2002 年 1 月 11 日，几度状告天台县公安局的邱某

---

[1] “妙龄少女被关男囚室 7 天 7 夜 饱受凌辱身心俱残”，http://news.sina.com.cn/s/2002-01-31/462489.html，2020 年 12 月 10 日访问。

萍收到了浙江省高级人民法院的终审判决书，邱某萍胜诉。至此，长达 5 年、震惊全国的“男女同囚事件”画上了一个句号。

邻里纠纷引出官司

1996 年 11 月 9 日，16 岁的天台县城关镇洋头洪村少女邱某萍和邻居邱某满 11 岁的儿子邱某江发生口角，互相对骂。11 月 11 日，邱某江家人带邱某江来到天台县人民医院，称被人打伤，医院门诊以肾挫伤收住入院。第二天，邱某江家人向天台县公安局报案，说邱某萍打了邱某江。11 月 15 日，天台县公安局受理此案，于 18 日下午对邱某萍实施留置盘问，并将其关押在城关派出所临时羁押室，后经批准延长羁押至 20 日下午。到了 20 日，天台县公安局以刑事案件立案需侦查为由，对邱某萍继续关押。

关于邱某萍到底是否打了人，村子里曾做过一个调查，村民委员会出示的报告是这样记载的：“经我村村委及调解组调查、了解当时在场知情人，皆反映说，当时只有口角，根本没有邱某萍动手打邱某江之事，而邱某满用锄头打了邱某萍两下……”

男女同囚少女遭猥亵

据邱某萍的叙述，11 月 18 日晚上，她被关进羁押室，里面不允许穿鞋子，连裤带也被解掉了。18 日、19 日这两天还算相安无事。20 日，羁押室中的“老大”就让人“关心”邱某萍，问她是否有男朋友，是否有过性关系。她回答没有，那人就打她。她要上洗手间，4 个男人也跟了进去，甚至将尿撒在她身上……

前半夜，羁押室中的“老大”让她做“游戏”：常见的是金鸡独立、放电视、推车。做金鸡独立时，“老大”让她举起双手、一脚着地；放电视就是身上的部位随男人摸摸捏捏，说鼻子是电源开关，耳朵换选频道，头发是天线；玩到后来还让她推车，即双手着地，男人们抓起她的两只脚，让她在地上爬行。

后半夜，羁押室中的灯突然被人关掉。邱某萍被人捂着嘴巴，然后拖到中间的地板上……

1997 年 1 月 1 日，当地公安部门撤销监视居住决定书，没有说明理由，于当天将邱某萍送至天台县法制教育学校进行强制教育学习。邱某萍一直被

“教育”到1997年3月14日。

为讨说法告公安局

在关押了117天后才被释放，邱某萍感到受了莫大的耻辱。而且，在被派出所关押期间，男女同囚，严重侵犯了她的人格尊严。

1997年7月28日，邱某萍和她母亲王某贞向天台县人民法院提起行政诉讼，要求确认被告天台县公安局限制其人身自由的行为违法，并给予一定的经济赔偿，要求返还现金2510元，赔偿误工费等损失6000元，精神损失费12万元，并赔礼道歉。

天台县人民法院于1997年8月22日受理此案。开庭审理时，被告天台县公安局承认了非法关押邱某萍并将她与男性犯罪嫌疑人一起关押的事实。但在诉状中辩称：“因当时的羁押室正在修建，将原告与男性犯罪嫌疑人一起关押在临时羁押室内，但该室内一切活动都在看守人员视线范围内，故不可能发生对原告人身实施侵权的行为。”对此，邱某萍则表示，羁押室进去就是洗手间，在门口只能看到里面的一部分空间。而关在这间屋子里的都是犯罪嫌疑人，根本无法保证他们每个人都循规蹈矩。

诉讼历时五年证据装满一箱

1999年6月20日，即在2年之后，天台县法院才下达了行政判决书。判决认为：被告以原告涉嫌伤害罪立案侦查，采取监视居住刑事强制措施，不属于行政诉讼范围；因原告有致伤他人的违法行为，根据当时的有关规定，被告将原告送进法制学校学习。故被告不负赔偿责任。驳回原告邱某萍的诉讼请求。由于种种原因，直到9月中旬，邱某萍及家人才拿到这份判决书。9月24日，邱母代女儿向二审法院递交了上诉状。11月7日，二审法院判决维持原判，驳回了邱某萍的诉讼请求。离家在外打工的邱某萍得知二审法院驳回了她的诉讼请求后，毅然返家和家人继续向浙江省高级人民法院提出申诉。2001年12月底，记者在杭州邱家现租住的屋子里看到，几年来为了打官司，诉讼的材料和证据几乎装满了一只木箱子。

公安局最终被判道歉赔偿

2001年12月27日上午，浙江省高级人民法院开庭审理此案。庭审认为，天台县公安局违法对邱某萍实施留置时，将其与男性共同关押，已造成对邱某萍名誉权的损害。根据《国家赔偿法》第 30 条的规定，天台县公安局应当在一定范围内以一定方式为邱某萍消除影响，公开赔礼道歉。法院判决：天台县公安局对邱某萍留置盘问和送法制教育学校学习并限制其人身自由的具体行政行为违法，判决天台县公安局赔偿邱某萍被违法限制人身自由赔偿金共计人民币 2799.75 元，委托律师代理本案诉讼所支出的费用 6000 元，返还邱某萍向天台县法制教育学校交纳的费用 2510 元，以上共计人民币 11 309.75 元；驳回邱某萍的其他诉讼请求。

乔某祥诉铁道部铁路旅客票价管理案

本案曾经在舆论中引发强烈反响，其中涉及三个理论问题：①抽象行政行为与具体行政行为的区分；②行政诉讼的标的大小对原告诉讼资格的影响；③行政程序本身对于行政法治发展的形式价值。本案对于我国行政法治建设的实践意义在于，法院在行政诉讼中，尤其是在对一些具有重大社会影响力案件的审判中发挥的具体作用，以及表现出来的地位。

一、判决书原文

（一）首部

1. 判决书字号

一审判决书：北京市第一中级人民法院［2001］一中行初字第149号。

二审判决书：北京市高级人民法院［2001］高行终字第39号。

2. 案由

铁路旅客票价管理行为案。

3. 诉讼双方

原告（上诉人）：乔某祥，河北三和时代律师事务所律师。

被告（被上诉人）：中华人民共和国铁道部。

法定代表人：傅某寰，部长。

委托代理人：刘某，中国政法大学研究生院副教授。

委托代理人：张某江，北京市正平律师事务所律师（二审期间改为北京市国源律师事务所律师）。

第三人：北京铁路局。

法定代表人：李某田，局长。

委托代理人：朱某，北京铁路局干部。

第三人：上海铁路局。

法定代表人：陆某福，局长。

委托代理人：沈某平，上海铁路局干部。

第三人：广州铁路（集团）公司。

法定代表人：张某清，董事长。

委托代理人：陈某真，广州铁路（集团）公司干部。

4. 审级

二审。

5. 审判机关和审判组织

一审法院：北京市第一中级人民法院。

合议庭组成人员：审判长，林民华；代理审判员，强刚华、何君慧。

二审法院：北京市高级人民法院。

合议庭组成人员：审判长，王振清；审判员，吉罗洪、何谢忠。

6. 审结时间

一审审结时间：2001 年 11 月 5 日。

二审审结时间：2002 年 2 月 27 日。

（二）一审诉辩主张

1. 被诉具体行政行为

2000 年 12 月 21 日被告向第三人发布了《关于 2001 年春运期间部分旅客列车实行票价上浮的通知》(以下简称《通知》)。原告认为《通知》侵害了其合法权益，向被告提起行政复议。2001 年 3 月 19 日，被告对原告作出铁复议［2001］1 号“行政复议决定书”(以下简称《复议决定》)，《复议决定》维持了《通知》。

2. 原告诉称

（1）《通知》的作出违反了法定程序。依据《铁路法》《价格法》的有关规定，制定火车票价应报经国务院批准，而被告未经该程序报批。同时，依据《价格法》的有关规定，票价上浮应召开价格听证会，而被告未召开听证会。故请求判决撤销《通知》。

（2）依据《行政复议法》的有关规定，其在对《通知》申请复议时，一并提出了对原国家计委计价格［2000］1960号批复（以下简称《计委批复》）的效力予以审查或转送有关部门审查的请求，但被告未予转送，故要求判令予以转送。

3. 被告辩称

（1）请求裁定驳回对《通知》行为的起诉。理由为《通知》是针对不特定的对象发布的，且是可以反复适用的抽象行政行为，故依法不能提起行政诉讼。

（2）请求裁定驳回对《复议决定》的起诉。理由为《复议决定》是维持《通知》的行为，依据《行政诉讼法》的有关规定，原告不能对维持原行政行为的复议行为提起诉讼。

（3）请求依法支持《通知》的行为。理由为《计委批复》是经过国务院审批的，其批复内容未超越权限。被告依据该批复作出的《通知》是合法的，未侵害原告的权益，且《通知》与原告也没有法律上的利害关系。

4. 第三人述称

北京铁路局以被诉行为没有行政强制力，是抽象行政行为，且乔某祥不具有原告主体资格，没有诉权等为由，请求判决驳回原告的诉讼请求。

上海铁路局以《通知》合法合理为由请求判决维持；第三人按照《通知》实施涨价的行为属于铁路运输企业的经营行为，其合法权益应得到法律保护。

广州铁路（集团）公司以《通知》合法为由请求判决维持；第三人的铁路运输经营行为合法，应予保护。

（三）一审事实和证据

北京市第一中级人民法院经审理查明：1999年11月8日，原国家计委以计价格［1999］1862号文件向国务院请示关于对部分旅客列车运价实行政府指导价的有关问题。该文件请示了“允许部分铁路客运票价适当浮动”，包括“允许客流较大线路、经济发达地区线路和春运、暑运、节假日客运繁忙线路的铁路旅客票价适当上浮”等问题。并请示拟将原由国务院行使的制定和调整铁路客运票价的审批权部分授予原国家计委，包括“跨局行驶的旅客列车，由铁道部负责确定浮动的区域、线路和时间，报原国家计委批准后实施”等请求授予权限的问题。1999 年 11 月，国务院以国办［1999］2921 号批复批准了该请示。2000 年 7 月 25 日，被告根据国务院批准的计价格［1999］1862 号请示，以铁财函［2000］253 号《关于报批部分旅客列车政府指导价实施方案的函》向原国家计委上报，拟定对部分旅客列车实行政府指导价，其中包括在春运期间实行票价上浮的有关实施方案，如涨价起止时间、涉及的铁路局、涨价条件及幅度等。2000 年 11 月 8 日，原国家计委依据国务院的授权，以《计委批复》批准了被告的上述实施方案。2000 年 12 月 21 日，被告根据《计委批复》作出《通知》。《通知》确定 2001 年春节前 10 天（即 1 月 13 日至 1 月 22 日）及春节后 23 天（即 1 月 26 日至 2 月 17 日）北京铁路局、上海铁路局、广州铁路（集团）公司等始发的部分直通列车的票价上浮 20%~30%。为此，原告于 2001 年 1 月 17 日、22 日分别购买的 2069 次列车到磁县、邯郸的车票共计多支付了 9 元。

上述事实有下列证据证明：

（1）《国家物价局及国家有关部门分工管理价格的重工商品和交通运输目录》。

（2）原《国家计委关于对部分旅客列车实行政府指导价的请示》（计价格［1999］1862 号）。

（3）《国务院对国家计委［1999］1862 号请示的批复》（国办［1999］2921 号）。

（4）国务院办公厅《国家行政机关公文处理办法》(国办发［1993］81 号)。

（5）《铁道部关于报批部分旅客列车政府指导价实施方案的函》（铁财函［2000］253 号）。

（6）《国家计委对铁道部〈实施方案［2000］253 号〉的批复》，即《关于部分旅客列车票价实行政府指导价有关问题的批复》（计价格［2000］1960 号）。

（7）《国家计委办公厅关于颁布“铁路旅客票价表”有关问题的复函》（计办价格［2000］931 号）。

（8）铁路旅客运输管理规程之旅客票价表。

(9) 乔某祥在提起行政复议时提供的1月17日石家庄开往磁县、1月22日石家庄开往邯郸的火车票各1张。

(10) 铁复议［2001］1号《复议决定》。

(11) 被告出具的收到原告提交的2张火车票的收据。

(四) 一审判案理由

北京市第一中级人民法院根据以上事实和证据认为,《通知》是针对有关铁路企业作出并设定和影响有关铁路企业经营权利和义务的行为,故应被认定为具体行政行为,对其提起的行政诉讼应当属于人民法院的受案范围。原告作为购票乘客,虽不是该行为所直接指向的相对人,但因有关铁路企业为执行《通知》而实施的经营行为影响到了其经济利益,使其与该行为间产生了法律上的利害关系,故其有权就《通知》提起行政诉讼。被告和第三人所提《通知》不是具体行政行为,不能对其提起行政诉讼及乔某祥不具备原告主体资格的意见缺乏法律依据,法院不予支持。

被告所作的《复议决定》,因其认定的事实、适用的依据、论述的理由及复议的结论均与原行政行为相一致,没有改变或作出新的行政行为,故应认定《复议决定》是维持原行政行为的行为。原告对其不服,应以作出原行政行为的行政机关为被告,对原行政行为提起行政诉讼。原告坚持对《通知》和"行政复议"同时提起行政诉讼的请求缺乏法律依据,法院不予支持。原告请求确认被告不当履行复议职责的请求,因复议行为不属于本案的审查范围,故对该请求本院不予审理。

根据《铁路法》第20条、第25条,《价格法》第5条的规定,被告有对全国铁路客运价格调查拟定和管理实施的法定职责。近年来,随着国家经济的全面发展,全国范围内的人口流动数量越来越大,致使历年春节期间铁路旅客运输量骤增、骤减的状况越来越突出,在一些重点城市已经造成了一些严重的社会问题。因此,调整和缓解春运期间客运量与铁路运能的突出矛盾是保证铁路客运正常发展的客观需要。为此,被告根据《价格法》第21条"制定政府指导价、政府定价,应当依据有关商品或者服务的社会平均成本和市场供求状况、国民经济与社会发展要求以及社会承受能力,实行合理的购销差价、批零差价、地区差价和季节差价"的规定,依职权拟定的《通知》包含了市场需求、地区差别、季节变化和社会承受力等因素，符合上述法律规定及客运市场的价值规律。但是，由于铁路客运价格关系到广大群众的切身利益，属于国家重要的服务性价格，为保证其统一和规范，保证国家和广大群众的利益，客运价格依法被纳入了政府定价、政府指导价范畴，其制定和实施均应当经过法定程序申报和批准。被告作出的2001年春运期间部分旅客列车价格上浮的决定，是经过有关程序作出的，即被告经过有关市场调查、方案拟定、报送原国家计委审查，原国家计委在国务院授其批准的权限范围内予以批准，被告依据原国家计委的批准文件作出《通知》的程序未违反有关法律的规定。原告认为被告所作的“通知”未经国务院批准，被告未能提供已组织价格听证会的证据，因而应判定被诉行为违反法定程序的诉讼请求缺乏事实依据和法律依据。并且，依据《价格法》第23条的规定，主持价格听证会不属于被告的法定职责，故该诉并不涉及价格听证及其相关问题。对原告据此认为被告所作《通知》程序违法，要求予以撤销的诉讼请求本院不予支持。

（五）一审定案结论

北京市第一中级人民法院依照《行政诉讼法》第2条、第12条第2项、第25条第2款，《最高人民法院关于执行〈中华人民共和国行政诉讼法〉若干问题的解释》第3条、第12条、第56条第4项，《铁路法》第25条，《价格法》第5条、第20条、第21条，作出如下判决：

驳回原告的诉讼请求。

（六）二审情况

1. 二审诉辩主张

上诉人（原审原告）诉称：请求撤销一审判决，撤销《通知》，判决确认被告在复议中未履行转送职责的行为违法。

被上诉人和第三人同意一审判决。

2. 二审事实和证据

二审法院认定的事实和证据与一审基本相同。

3. 二审判案理由

北京市高级人民法院根据上述事实和证据认为：铁道部所作《通知》是

铁路行政主管部门对铁路旅客票价实行政府指导价所作的具体行政行为。该行为与铁路经营企业和乘客均有行政法律上的权利义务关系。上诉人认为该具体行政行为侵犯其合法权益向人民法院提起行政诉讼，是符合《行政诉讼法》规定的受案范围的。但在对原具体行政行为提起诉讼的同时一并请求确认复议机关不履行转送的法定职责，不符合《行政诉讼法》的规定，且其在复议申请中亦未提出转送审查的请求，故一审法院判决驳回上诉人的该项请求并无不当。同时认为，铁路列车旅客票价直接关系到群众的切身利益，政府在必要时可以实行政府指导价或者政府定价。铁路列车旅客票价调整属于铁道部的法定职责。铁道部上报的调价实施方案所依据的计价格［1999］1862号文已经国务院批准，其所作《通知》是在经过市场调查的基础上又召开了价格咨询会，是在向有权机关上报了具体的实施方案并得到了批准的情况下作出的，应视为履行了必要的正当程序。虽然《价格法》第25条规定“制定关系群众切身利益的公用事业价格、公益性服务价格、自然垄断经营的商品价格等政府指导价、政府定价，应当建立听证会制度”，但由于在铁道部制定《通知》时，国家尚未建立和制定规范的价格听证制度，要求铁道部申请价格听证缺乏具体的法规和规章依据。据此，上诉人请求确认《通知》的制定程序违法并请求撤销的理由不足。一审判决认定事实清楚，适用法律正确，程序合法。

4. 二审定案结论

北京市高级人民法院依照《行政诉讼法》第61条第1项的规定，作出如下判决：

驳回上诉，维持原判。

二、本案发展时间线梳理

1999年11月8日

原国家计划委员会（以下简称“国家计委”）向国务院请示对部分旅客列车运价实行政府指导价的有关问题。

1999年11月间

国务院以［1999］办2921号批复批准了原国家计委的该项请示。

2000 年 7 月 25 日

铁道部根据国务院的批示，向原国家计委上报，拟对部分旅客列车实行政府指导价，其中包括在春运期间实行票价上浮的有关实施方案。

2000 年 11 月 8 日

原国家计委根据国务院的授权，批准了铁道部的实施方案。

2000 年 12 月 21 日

铁道部根据《计委批复》作出了《通知》，确定 2001 年春节前 10 天（即 1 月 13 日至 1 月 22 日）及春节后 23 天（即 1 月 26 日至 2 月 17 日）北京铁路局、上海铁路局、广州铁路（集团）公司等始发的部分直通列车票价上浮 20%~30%。

2000 年 1 月 17 日

原告乔某祥购买 2069 次列车石家庄到磁县的车票。

2001 年 1 月 22 日

乔某祥购买 2069 次列车石家庄到邯郸的车票。乔某祥在两次购票时，相对于平时的价格，共计多支付 9 元。

2001 年 2 月

乔某祥认为《通知》侵害了其合法权益，向铁道部针对《通知》提起了行政复议申请。

2001 年 3 月 19 日

铁道部对乔某祥作出了复议决定，维持《通知》。

2001 年 4 月

原告不服复议决定，向北京市第一中级人民法院提起行政诉讼。

2001 年 11 月 5 日

本案一审审结，驳回原告的诉讼请求。

2001 年 11 月 15 日

原告不服一审判决，向北京市高级人民法院提起上诉，请求撤销一审判决，撤销《通知》，判决确认被告在复议中未履行转送职责的行为违法。但是对于《通知》本身，法院认为不存在违法情况。

2002 年 2 月 27 日

本案二审审结，驳回上诉，维持原判。

三、本案涉及的法律规定

《铁路法》（1991 年 5 月 1 日起实施）

第二十五条 国家铁路的旅客票价率和货物、包裹、行李的运价率由国务院铁路主管部门拟订，报国务院批准。国家铁路的旅客、货物运输杂费的收费项目和收费标准由国务院铁路主管部门规定。国家铁路的特定运营线的运价率、特定货物的运价率和临时运营线的运价率，由国务院铁路主管部门商得国务院物价主管部门同意后规定。

地方铁路的旅客票价率、货物运价率和旅客、货物运输杂费的收费项目和收费标准，由省、自治区、直辖市人民政府物价主管部门会同国务院铁路主管部门授权的机构规定。

兼办公共旅客、货物运输营业的专用铁路的旅客票价率、货物运价率和旅客、货物运输杂费的收费项目和收费标准，以及铁路专用线共用的收费标准，由省、自治区、直辖市人民政府物价主管部门规定。

第二十六条 铁路的旅客票价，货物、包裹、行李的运价，旅客和货物运输杂费的收费项目和收费标准，必须公告；未公告的不得实施。

《价格法》（1998 年 5 月 1 日起实施）

第五条 国务院价格主管部门统一负责全国的价格工作。国务院其他有关部门在各自的职责范围内，负责有关的价格工作。

县级以上地方各级人民政府价格主管部门负责本行政区域内的价格工作。县级以上地方各级人民政府其他有关部门在各自的职责范围内，负责有关的价格工作。

第二十条 国务院价格主管部门和其他有关部门，按照中央定价目录规定的定价权限和具体适用范围制定政府指导价、政府定价；其中重要的商品和服务价格的政府指导价、政府定价，应当按照规定经国务院批准。

省、自治区、直辖市人民政府价格主管部门和其他有关部门，应当按照地方定价目录规定的定价权限和具体适用范围制定在本地区执行的政府指导价、政府定价。

市、县人民政府可以根据省、自治区、直辖市人民政府的授权，按照地方定价目录规定的定价权限和具体适用范围制定在本地区执行的政府指导价、政府定价。

第二十一条 制定政府指导价、政府定价，应当依据有关商品或者服务的社会平均成本和市场供求状况、国民经济与社会发展要求以及社会承受能力，实行合理的购销差价、批零差价、地区差价和季节差价。

第二十三条 制定关系群众切身利益的公用事业价格、公益性服务价格、自然垄断经营的商品价格等政府指导价、政府定价，应当建立听证会制度，由政府价格主管部门主持，征求消费者、经营者和有关方面的意见，论证其必要性、可行性。

《行政诉讼法》（1990年10月1日起实施）

第一条 为保证人民法院正确、及时审理行政案件，保护公民、法人和其他组织的合法权益，维护和监督行政机关依法行使行政职权，根据宪法制定本法。

第十二条 人民法院不受理公民、法人或者其他组织对下列事项提起的诉讼：

（一）国防、外交等国家行为；

（二）行政法规、规章或者行政机关制定、发布的具有普遍约束力的决定、命令；

（三）行政机关对行政机关工作人员的奖惩、任免等决定；

（四）法律规定由行政机关最终裁决的具体行政行为。

《最高人民法院关于执行〈中华人民共和国行政诉讼法〉若干问题的解释》（2000年3月10日起实施）

第三条 行政诉讼法第十二条第（二）项规定的“具有普遍约束力的决定、命令”，是指行政机关针对不特定对象发布的能反复适用的行政规范性文件。

第十二条 与具体行政行为有法律上利害关系的公民、法人或者其他组织对该行为不服的，可以依法提起行政诉讼。

四、本案涉及的理论问题

（一）抽象行政行为与具体行政行为的区分

具体行政行为与抽象行政行为的区分是行政诉讼法中的一个难点问题。

1990 年 10 月 1 日起实施的《行政诉讼法》通过正面定义与反面排除两种方式将行政诉讼的受案范围限制在了具体行政行为上。该法第 2 条规定："公民、法人或者其他组织认为行政机关和行政机关工作人员的具体行政行为侵犯其合法权益，有权依照本法向人民法院提起诉讼。"即明确规定只接受针对具体行政行为的诉讼。该法第 12 条还规定"行政法规、规章或者行政机关制定、发布的具有普遍约束力的决定、命令"不在行政诉讼的受案范围内，将学理上所称的"抽象行政行为"排除出了行政诉讼的受案范围。这一规定也被 2014 年《行政诉讼法》第 13 条所保留。但是 2014 年《行政诉讼法》第 2 条没有再使用"具体行政行为"这一用语，而是直接使用了"行政行为"。这一用语上的改变其实也反映出对于"具体行政行为"的过分强调有可能会限制行政相对人的诉讼权利。这也是本案存在的问题。

从理论上说，将行政诉讼的受案范围限制在具体行政行为上是正确的。首先，在任何诉讼程序中，法院处理的都是具体的争议。对于抽象行政行为本身而言，它没有借助具体行政行为这个中介，通过行政机关的具体执法行为转变成现实中会影响当事人权利义务的决定，遑论由此产生具体的争议了。如果允许针对抽象行政行为提起诉讼，就会让法院去处理一些假想的、"有可能会"发生的争议，这不符合法院处理具体争议的职能和定位。其次，退一步讲，即使不考虑法院只处理具体争议的职能定位，抽象行政行为的作出也往往会涉及很强的行政政策判断，这些政策判断与决策应当更多地留给行政机关作出，若允许司法机关审查抽象行政行为，则会产生越俎代庖的问题，这不符合宪法上权力分工合作的原则。

从理论上说，具体行政行为与抽象行政行为似乎也不难区分。最高人民法院在 2000 年的司法解释中对抽象行政行为给出了一个朗朗上口的定义，即"行政机关针对不特定对象发布的能反复适用的行政规范性文件"。由此为抽象行政行为提出了两个认定标准：对象的不特定性、场合的不特定性。

相应地，人们可以认为具体行政行为就是针对特定对象且仅适用一次、具有法律意义的决定。

但是，理论上的清晰划分，总会碰到实践中各种错综复杂的情况。首先，何谓“不特定对象”？我们可以以一个假想的教育部发布的命令为例。

如果教育部在2021年新学年开始的时候作出规定，自2021年起，新入学法学类的本科生在毕业前必须有在其所属高校指定的法律实务部门6个月以上的实习经历，并经考核合格，才能参与毕业论文答辩。对于这一规定，人们可能觉得它肯定是抽象行政行为。

接下来，江西省教育厅为执行教育部的这一命令，规定江西省内法学专业本科生，自2021级本科生起，必须要在其所属高校指定的法律实务部门有6个月以上的实习经历并考核合格方可毕业。相对于教育部的规定，江西省教育厅规定的适用人群范围已经缩小，缩小到了江西省内的高校在校生，适用对象的范围也随之明确。但是，对此规定，人们可能还是会认为它也是一个抽象行政行为。

故事继续。南昌大学为了执行江西省教育厅的规定，在听取南昌大学法学院的意见后，出台了实习规定，同样要求自南昌大学法学院2021级本科生新生起，需要在列表上的实习单位有6个月以上的专业实习经历并考核合格方可毕业。南昌大学还将制定本规定实施细则的权力委托给了南昌大学法学院。到了南昌大学这个层面，有多少法学本科在校生已经是可以确定的了。此时，该规定的适用对象已经不再属于最高人民法院司法解释中的“不特定对象”了。但因为其看起来在以后会反复适用，所以好像勉强还可称得上是一个抽象行政行为。

接下来，南昌大学法学院针对2021级新生的情况出台了实习办法，并提供了一份实习单位名单。结果学生发现，这些实习单位都位于南昌，而这也引起了部分家庭住址不在南昌的学生的不满。他们提出，本来他们计划寒暑假期间在家庭住址所在地的实务部门实习，可以将回家探亲与参加实习结合起来。但是，南昌大学法学院认为，如果学生不在南昌所在地的单位实习，便无法有效地监控学生的实习过程，从而保证实习质量，或者会使得监控的成本大大上升。

在与南昌大学法学院甚至南昌大学协商未果的情况下，这些学生针对南昌大学法学院的实习规定提起了行政诉讼。南昌大学所在的红谷滩新区人民法院在受理本案时，是否可以以该实习规定属于抽象行政行为而不属于行政诉讼的受案范围为由驳回起诉？

南昌大学法学院的这份规定，适用的对象已经非常明确——法学院 2021 级的新生，而且对于 2021 级的新生来说，适用的时间也是明确的——他们在校学习的这 4 年间，适用的次数也是明确的——适用一次的规定。如果说，大家对于教育部的规定没有异议，认为它是一个抽象行政行为的话，那么在内容没有发生本质变化的情况下，在哪个环节上出现了变化，使得一份相同内容的行政决定或者说使得一个行政行为从抽象行政行为转变成了具体行政行为？在行政诉讼实践中，这个问题其实不是很好认定。

本案的情况跟我们上面提出的假想类似，都是行政机关的决定不断具体化、明确化的过程。本案涉及 6 家行政机关：国务院、国家计划委员会、铁道部、北京铁路局、上海铁路局、广州铁路（集团）公司。按照《铁路法》第 25 条的规定，“国家铁路的旅客票价率……由国务院批准”，铁路票价的最终决定权掌握在国务院（也即我国的最高行政机关）手中。

原国家计委于 1999 年 11 月 8 日向国务院请求对部分旅客列车运价实行政府指导价，并获得了国务院的同意，这就从国务院的手中获得了对“部分”旅客列车运价的定价权。掌握在国务院手中的涉及不特定列车且可以反复适用的定价权由此被转到了原国家计委手中，这就进一步地具体化了，但是这只是在权力适用范围上的具体化，不同于权力使用时间的具体化。

2000 年，铁道部向原国家计委申报，申请在春运期间对铁路票价实行上浮，并获得了原国家计委的批准。从定价权的适用时间范围来看，这一权力又进一步具体化，从不限定于一年中的特定时期具体化到了一年的春运期间。

具体化的过程继续推进。时至 2000 年底，铁道部根据原国家计委的授权，对 2001 年春运期间的旅客票价作出了具体的上浮决定，即作出了在春节前 10 天、春节后 23 天这个特定的时间段中，在特定的线路上票价上浮的决定。到了这里，在层层授权和具体决定的作出之后，铁道部针对 2001 年的涨价决定看起来已经非常明确了，至少在时间上已经非常明确、具体了。

但需要注意的是，最高人民法院的司法解释对“抽象行政行为”的解释，不仅要求时间上具体明确，也要求适用对象上具体明确。到了铁道部的决定这里，或许可以说，至多只是解决了适用时间上的具体性问题，但在适用对象上还未明确。

本案的上诉人乔某祥非常机智。他指出，铁道部发布的《通知》针对的对象不是2001年春运期间将受到这份《通知》影响的不确定的旅客，而是该《通知》涉及的三个铁路企业，这三个铁路企业无疑是具体、明确的。这样，这份《通知》不仅在时间上具体、在适用对象上也具体了。当然，乔某祥以及其他春运期间的旅客，无疑不是这份《通知》直接针对的对象。但是《行政诉讼法》没有将提起行政诉讼的原告资格限制为行政行为直接针对的当事人。相反，只要是合法权益受到行政行为影响的当事人都可以提起行政诉讼。这样，在本案中，原告乔某祥首先证明了铁道部作出的这份《通知》是一个具体行政行为；其次，又证明自己的合法权益受到了该行政行为的不利影响（相对于平时多支付了9元），从而成功证明了自己具有原告资格，摆脱了“抽象行政行为”的认定对其行政诉讼原告资格的不利影响。

（二）行政诉讼标的的大小不影响到原告的诉讼资格

在本案中，一个需要注意的细节是，原告乔某祥只是多支付了9元，即如果被诉的《通知》违法的话，原告将受到9元的损失。对于民事诉讼或者刑事诉讼而言，如果当事人因为9元的损失提起诉讼请求，法院会以诉讼标的过小或者刑事违法情节过于轻微为由不予受理案件。

在民事诉讼与刑事诉讼中，法院不受理标的过小的案件，一个重要的考虑是以免浪费国家宝贵的诉讼资源。但是，按照1990年10月1日起实施的《行政诉讼法》第1条的规定，行政诉讼同时具有“保护公民、法人和其他组织的合法权益”以及“维护和监督行政机关依法行使行政职权”的目的。这意味着，行政诉讼不仅负有保护行政相对人权益的职责，也负有监督行政机关依法行政的职责。当事人的合法权益受到了实际、具体的损失是发动行政诉讼的前提，但是在此基础上，司法机关还有审查存在争议的行政行为是否合法的职责。所以，无论诉讼标的的大小，只要行政相对人受到了现实的损失，司法机关出于保证行政机关依法行政的目的，都需要受理相应的案件。换言之，对行政诉讼制度本身而言，保证行政机关依法行政可能是相对于保护行政相对人利益而言更加重要的制度设计目的。通过制度分析，人们也可以看到，《行政诉讼法》为了实现这一制度设计的目的，还设计了其他方便行政相对人行使其权利的制度，例如行政机关的举证责任、实践中低廉的案件受理费用。这些都表明，行政诉讼制度的目的在于保护行政相对人权益、监督行政机关依法行政。

（三）行政程序的形式价值

按照《价格法》第 23 条的规定："制定关系群众切身利益的公用事业价格、公益性服务价格、自然垄断经营的商品价格等政府指导价、政府定价，应当建立听证会制度，……"从本案的发展历程来看，2001 年部分旅客列车票价涨价决定的作出，经历了从国务院到铁道部三级行政机关的审批过程，决策过程慎重。这一相当慎重的决策过程反映了旅客列车票价无疑属于"关系群众切身利益的……商品价格"，按照《价格法》的规定，应当建立听证会制度。

但令人遗憾的是，《价格法》制定于 1997 年，一直到 2001 年本案发生时，铁道部都承认，它还没有建立相应的价格听证制度。从判决书的内容来看，铁道部的辩护理由是，2001 年春运期间部分旅客列车价格上浮的决定已经经过了有关程序，即该决定的作出包含了市场调查、方案拟定、报送原国家计委审查，原国家计委最终在国务院授权批准的权限范围内予以批准。从铁道部的辩护理由来看，铁道部显然是认为经历了这些"程序"上的规定，就相当于在"实质上"满足了《价格法》要求的听证会程序要求。

但是，法定程序的价值就在于它的形式价值，就在于它以特殊的方式、步骤和过程来作出会涉及各方利益的决定。在许多时候，庄严慎重的程序形式会给其决定披上正当的外衣，这是程序形式本身的价值，是无法由其他方式来"实质"替换的。而且，在《价格法》规定的听证会程序中，社会公众与行政机关会以相对平等的地位对话、辩驳，这与由行政机关主导的调查和信息收集机制具有本质上的不同，铁道部认为"由行政机关主导的调研程序'实质'上满足了《价格法》听证会程序要求"的主张是很难站稳脚跟的。

从本案结束后的新闻报道来看，北京市高级人民法院的一位负责人认为：

> 乔某祥诉铁道部部分旅客列车票价上浮没有履行听证程序，这是事实。但如果脱离当时实际，以没有经过听证程序，就断然认定铁道部作出票价上浮通知不合法也是不可取的。由于《价格法》对听证制度的规定比较原则，实际运用中还需要一部具体的操作规程，而在当时缺乏相应的配套程序予以实施的情况下，铁道部组织有关物价等与消费者权益密切相关的单位进行过类似于听证会性质的咨询会，就价格上浮进行可行性论证，并在此基础上向有关主管部门履行批准手续，这是符合行政程序要求的。再次，票价上浮行为已经实施，涉及面广，加上时过境迁，证据难以收集，实施起来不仅难度较大，而且会直接影响到整个社会的安定团结。（见本案例评析后所附新闻报道一）

从该负责人的意见来看，北京市高级人民法院认为因为《价格法》的规定过于原则抽象，所以铁道部一时无法建立关于票价的听证会制度，是有理由的。但是，在法律制定之后，当事人可能会有各种各样的理由无法按照法律规定行事，如果法律规定是有效的话，当事人就需要承担没有遵守法律规定的不利后果。如在《刑法》中，自然人不能因为不知道法律规定，或者对法律的认识存在错误，就免于承担刑事责任。自然人如此，国家机关更应当如此。况且，许多公民在特定法律条款的制定过程中，因为对相关问题的关注不够或者精力有限，可能自始至终都没有参与或了解过法律的出台过程。本案中的铁道部却自始便参与了处理旅客列车票价问题的程序以及《价格法》的制定与修改过程。因此，铁道部很难以不知道《价格法》对听证程序的规定为由减轻自己的法律责任。退一步讲，即使的确存在铁道部不知道《价格法》对听证程序的规定的情况，但《价格法》是由掌握国家权力的立法机关制定的，铁道部行使的也是国家权力，在公民不能因不知法而免责的情况下，国家机关却享有这样的特殊待遇，显然是不合理的。因此，铁道部也不能以此为由免责。

从对本案的描述来看，铁道部是明确知道《价格法》中有关程序的规定的。因此，无论铁道部如何论证自己已经“实质上”履行了程序义务，其没有按照《价格法》的规定建立听证会制度，没有在作出 2001 年的涨价决定前举行听证会，这些是不争的事实。其实，在《价格法》出台后，铁道部就已经有义务建立关于旅客列车票价的听证会制度，3 年过去了，听证会制度还迟迟没有建立，这已经是一种持续存在的违法情况了。基于此，法院支持铁道部提出自己已经实质上“履行”了听证会义务的说法，不认为铁道部存在程序违法的情况，其实是让人比较费解的。

实际上，在本案二审的审理过程中，铁道部就 2002 年的票价上浮决定举行了听证会（见本案之后所附的新闻报道二）。当然，听证会的结果是大多数代表都支持铁道部的涨价决定。但是，在 3 年多的时间里，铁道部一直没有建立听证会制度。在面对行政诉讼和公众舆论的压力时，却能迅速建立听证会制度并举行首次听证会，对于此种情况，人们更难支持审判过程中铁道部提出的没有举行听证会并未违反法律规定的理由了。

五、实践问题：法院在行政诉讼中的地位

本案有着非常有趣的时代背景，从判决结果来看，其也反映出了法院非常有趣的立场。

当铁道部最初作出在春节期间以市场价格的手段调节客流量的决定时，编者正在北京的一所大学学习。无论当时的列车票价如何，编者都会在春节期间回家。所以，铁道部的市场价格手段对于当时的编者来说是没有影响的。

除去学生群体，还有其他许多在外地工作的群体，他们一般需要工作到除夕将近的日子，才能踏上返乡与亲人团聚的列车。在这个特定时间段中获得一张返乡的车票，对于大多数希望能够在春节期间与远方家人团聚的中国人来说都是可以完全不去顾及价格的刚性需求。在这种情况下，铁道部却以市场价格手段调节客流量的名义来上浮旅客列车票价，在不可能对客流量产生实质性调节效果的同时，很容易招来指责。实际上，从 2001 年到 2006 年这 6 年间，自铁道部实行春节期间铁路票价浮动的政策以来，人们并没有看到票价上浮段的客流量出现了下降，票价浮动的客运量调节效果是不明显

的。在政策目的落空的同时，铁道部却从票价的上浮中获益，这显然使得人们更难以支持铁道部的这一政策。所以，在执行6年之后，在可能再次面临公民提起的行政诉讼之后，铁道部终于宣布结束春节期间实行浮动票价的政策(见文后所附新闻报道三)。

当然，人们需要看到的是，旅客列车票价长期以来没有发生变动，在此期间，整个国家的劳动力和各种生产资料的价格却已明显上升。再加上老牌国有企业生产经营效率相对不高的痼疾，在此情况下，如果没有来自公共预算的补贴和支持，铁路运营企业将很难保持收支平衡，这是因为运营中的经济压力是始终存在的。但是，如果采取完全市场化的定价方式，至少在一开始，公众就会面临旅客列车票价上升的局面。对于长期习惯于相对低廉的旅客列车票价的公众来说，心理上的冲击会比较大，这种冲击很容易转变成社会舆论压力。

本案的审判法院显然是非常清楚铁道部面对的这种两难局面的，所以本案的判决结果非常有趣，也显示出了法院的智慧。法院首先肯定了铁道部作出的《通知》不属于抽象行政行为，因此可以在行政诉讼程序中受理本案，这一方面肯定了本案原告的请求，给予了原告表述其不满的制度化渠道，会让原告在这一问题上感到满意；另一方面，肯定了《通知》属于具体行政行为，这意味着铁道部未来作出的此类文件也同样会成为行政诉讼的受案范围，对于法院来说，这是法院对自我管辖权的肯定甚至是扩张。但在铁道部眼中，却有可能是对铁道部决策权的干涉甚至侵入，极有可能会引发铁道部的不满。如果铁道部再将原告视作麻烦制造者，那么支持原告诉求的法院会招致铁道部更大的不满。

法院显然也意识到了自己的以上决定会在铁道部那里形成争议和不满。所以，在肯定了原告提出的诉讼请求属于行政诉讼的受案范围以及《通知》属于具体行政行为后，法院认定铁道部作出的涨价决定是合理合法的。于是，在判决理由中，我们不仅看到了法院对听证会的程序采取了“实质性要求”的理解，还支持了铁道部的涨价理由：“近年来随着国家经济的全面发展，全国范围内的人口流动数量越来越大，致使历年春节期间铁路旅客运输量骤增、骤减的状况越来越突出，在一些重点城市已经造成一些严重的社会问题。因此，调整和缓解春运期间客运量与铁路运能的突出矛盾，是保证铁路客运正常发展的客观需要。为此，被告根据《价格法》第二十一条……的规定，依职权拟定的'通知'包含了市场需求、地区差别、季节变化和社会承受力等因素，符合上述法律规定及客运市场的价值规律。"

从整个判决结果来看，法院一方面肯定了《通知》的具体行政行为性质，给了原告一个在公堂之上挑战并质疑铁道部的机会，肯定甚至是扩张了法院自己的审查权；另一方面，法院又积极肯定铁道部涨价决定的合理、合法性，使得铁道部可以摆脱尴尬的处境，并在其后6年的时间中维持着年年涨价的决定。

新闻报道一

状告铁道部票价上浮上诉案 律师乔某祥终审败诉[1]

本报北京2月27日讯（记者梁士斌　实习生刘晓程）备受人们关注的河北律师乔某祥状告铁道部票价上浮上诉案今日终于尘埃落定。北京市高级人民法院副院长、本案合议庭审判长王振清当庭宣判：驳回上诉，维持一审判决。

2000年12月21日，铁道部发布了《关于2001年春运期间部分旅客列车实行票价上浮的通知》。河北律师乔某祥认为该通知未经价格听证等侵害了其合法权利，向铁道部提起行政复议。铁道部在其后的复议中维持了票价上浮通知。乔遂将铁道部诉至北京市第一中级人民法院，请求判决撤销复议决定；撤销被告的票价上浮通知。同年11月5日，北京市第一中级人民法院一审判决乔某祥败诉。乔不服，遂提出上诉。

二审过程中，双方争议的焦点主要集中在铁道部作出的《关于2001年春运期间部分旅客列车实行票价上浮的通知》的法律依据，铁道部作出上述通知的程序合法性，以及铁道部在行政复议期间是否履行转送法定职责等问题。

北京市高级人民法院一位负责人在庭审结束后指出，就本案而言，乔某

［1］ https://xingzheng.lawtime.cn/xzanli/2010031548510.html，2021年8月17日访问。

祥诉铁道部部分旅客列车票价上浮没有履行听证程序，这是事实。但如果脱离当时实际，以没有经过听证程序，就断然认定铁道部作出票价上浮通知不合法也是不可取的。由于《价格法》对听证制度的规定比较原则，实际运用中还需要一部具体的操作规程，而在当时缺乏相应的配套程序予以实施的情况下，铁道部组织有关物价等与消费者权益密切相关的单位进行过类似于听证会性质的咨询会，就价格上浮进行可行性论证，并在此基础上向有关主管部门履行批准手续，这是符合行政程序要求的。再次，票价上浮行为已经实施，涉及面广，加上时过境迁，证据难以收集，实施起来不仅难度较大，而且会直接影响到整个社会的安定团结。此外，上浮费用取之于民，用之于民，从根本上也符合公众利益的需求。所以，在《价格法》配套规定实施之前，铁道部价格上浮行为并无不当之处。

虽然此案最终以乔某祥的败诉而告终，但这一案件诉诸法院审理的意义并非输赢二字所能涵盖的。正如乔某祥本人所说："官司输赢已经不是重要的了，重要的是这件案子本身所富有的法律价值和社会价值。"本案审判长王振清也指出："我们应当看到本案在整个社会上所产生的良好影响，此案对中国行政法治进程以及公民法律意识提高都将起到积极的推动作用。"

新闻报道二

2002 年 1 月 12 日 首次铁路列车价格听证会举行[1]

2002 年 1 月 12 日，为消费者十分瞩目的"铁路部分旅客列车票价实行政府指导价听证会"在北京铁道大厦举行。这是国家计委主持的首次全国范围的价格听证会，来自各方面的正式代表 33 人，以及 30 名旁听代表出席了听证会。

铁道部在方案中提出，实行政府指导价，是为了运用价格杠杆的作用，调节客运市场的供求关系，以缓解铁路运能与运量之间的矛盾。方案提出了铁路票价实行上下浮动的条件和幅度，以及实施程序：春运、暑运和"五一""十一"期间，对部分旅客列车在日客流超过年平均客流 15%的高峰

〔1〕 http://news.sohu.com/20090112/n261690222.shtml,2021 年 8 月 30 日最后访问。

期，允许票价上浮。其中，春运期间空调列车票价可在20%，其他列车票价可在30%的幅度内上浮；“五一”“十一”期间硬座票价可在15%、其他席别可在30%的幅度内上浮。客流超过能力20%以上的旅客列车，票价可阶段性上浮。对于竞争激烈或者客流在一段时间内明显下降的旅客列车票价可阶段性下浮。

参加会议的大多数代表认为，对部分旅客列车票价实行政府指导价，符合社会主义市场经济体制下，主要由市场形成价格的价格体制。同时，听证代表也对方案和有关说明材料的具体内容提出了一些意见，如：铁道部作为铁路行业主管部门应研究采取切实的措施，来促进铁路的发展，满足消费者的需要，不要单纯地采取提价的方法，抑制旅客需求，缓解供求矛盾，这样不利于旅游业和其他相关行业的发展；铁路运输企业应加强管理，努力降低成本，为消费者提供质优价廉的服务，等等。

国家计委有关负责人表示，听证会结束后，国家计委将按照《政府价格听证决策暂行办法》的有关规定，认真研究各位代表提出的意见，按照暂行办法的规定开展下一步工作。

新闻报道三

铁道部官员称以前春运涨价未能起到分流作用〔1〕

从今年起，延续了5年的春运铁路火车票价上涨制度将彻底停止。

昨天，铁道部新闻发言人王勇平在2007年全国铁路工作会议召开期间透露，今年，铁路春运各类旅客列车一律不再实行票价上浮。

“这是铁路部门继去年春运实行临客票价不上浮后，推出的又一惠民政策。”王勇平表示，去年春运，我国铁路对以农民工、高校学生为主要客流的所有临时旅客列车实行票价不上浮，这一举措受到社会各界的欢迎。因此，今年春运，铁路部门决定在更大范围内实行这一惠民政策，在各类旅客列车中均不再实行票价上浮。

铁道部一位官员昨天在接受《第一财经日报》采访时表示，不只是今年

〔1〕 http://news.sohu.com/20070111/n247539437.shtml，2021年8月31日最后访问。

春运，今后每年春运也将不再会实施票价上浮制度，“这是国家政策导向的调整，以让更多老百姓享受到实惠”。

我国春运票价上浮制度从2001年开始实施。对于这一颇受争议的制度，铁道部当时的解释是，因为目前我国铁路运力极度紧张，难以满足广大旅客的出行需求，只好采用涨价来达到分流旅客的目的。

“铁道部这几年来用涨价制度分流旅客的目的显然没有达到。”上述铁道部官员表示，铁道部之所以取消春运涨价制度，是因为以前涨价也并未发挥分流旅客的作用，反而让铁路这一大众化的交通工具不能真正服务社会、服务大众。其次，最重要的是，近两年来，政府日益注重让利给最普通的老百姓，让“全体人民共享社会改革发展的成果”，取消春运涨价制度正是这一政策导向在铁路领域的体现。

今年春运火车票涨价，本来毫无悬念。事实上，1月5日，铁道部新闻处一位工作人员在回答媒体“今年春运火车票价如何上涨”问题时还表示，今年春运期间的铁路票价如何浮动将于1月中下旬公布，到时将举行新闻发布会详细说明2007年春运铁路票价浮动情况。

虽然取消了春运涨价制度，但铁道部昨天表示，目前铁路运输能力仍很紧张，尤其在春运期间有的线路和方向无法全面满足旅客的出行需求。

新闻报道四

春运不涨价政策出台始末[1]

本链接整理了有关春运涨价从出台到出台7年间发生的各种事件，参考性较强。

---

〔1〕 http://news.sohu.com/s2007/2007chyun/，2021年9月1日最后访问。

北京世纪星碟文化传播有限公司不服北京市工商行政管理局朝阳分局撤销行政登记案

本案涉及一个比较技术化的问题，对于理解行政许可制度具有重要的典型意义。具体而言，本案涉及两个理论问题：①行政许可与行政登记的差别；②第三人效应是否属于应当获得保护的合法权益。本案对于我国行政法治建设的实践意义在于，揭示出了行政许可具备对社会生活的普遍性干涉作用。

一、判决书原文

（一）首部

1. 判决书字号

一审判决书：北京市朝阳区人民法院［2006］朝行初字第258号。

二审判决书：北京市第二中级人民法院［2007］二中行终字第219号。

2. 案由

不服撤销股东变更登记决定。

3. 诉讼双方

原告（被上诉人）：北京世纪星碟文化传播有限公司（以下简称“北京世纪星碟公司”）。

法定代表人：王某京，该公司董事长。

委托代理人：崔某德，北京市天宁律师事务所律师。

委托代理人：郑某远，北京市天宁律师事务所律师。

被告（上诉人）：北京市工商行政管理局朝阳分局（以下简称“朝阳区工商局”）。

法定代表人：方某成，局长。

委托代理人：齐某枫，干部。

委托代理人：张某达，北京市名佳律师事务所律师。

第三人：周某军。

委托代理人：刘某，北京市惠诚律师事务所职员。

第三人：孙某刚。

4. 审级

二审。

5. 审判机关和审判组织

一审法院：北京市朝阳区人民法院。

合议庭组成人员：审判长，朱军巍；代理审判员，杨从亮；人民陪审员，陈萍。

二审法院：北京市第二中级人民法院。

合议庭组成人员：审判长，严勇；代理审判员，徐宁、王小浒。

6. 审结时间

一审审结时间：2006 年 12 月 20 日。

二审审结时间：2007 年 4 月 12 日。

（二）一审诉辩主张

1. 被诉具体行政行为

2006 年 6 月 19 日，北京市朝阳区工商局作出京工商朝注册企许撤字［2006］0000001 号《撤销登记决定书》，以法院判决《转股协议》无效为由，依据《行政许可法》第 69 条的规定，撤销了北京世纪星碟公司于 2003 年 11 月 5 日取得的股东变更登记。

2. 原告诉称

在北京世纪星碟公司设立之初，周某军既未实际出资，也没有作出任何成为股东的意思表示。因此，周某军自始至终都不是该公司的实际股东。该公司于 2003 年进行的股权转让实际上是该公司对成立时注册瑕疵行为的自行纠正。被告作出的《撤销登记决定书》使得已经纠正到合法状态的公司登记情况重新处于不合法状态。同时，原告认为，被告引用的《行政许可法》第 69 条并未规定被诉决定书所依据的情形，属适用法律错误。故请求法院撤销朝阳区工商局作出的京工商朝注册企许撤字［2006］0000001 号《撤销登记决定书》。

3. 被告辩称

2006 年 5 月 31 日，朝阳区工商局接到北京世纪星碟公司原股东周某军的申请，反映该公司在《股东会决议》和《转股协议》等文件上伪造周某军的签名，于 2003 年 11 月 5 日取得了变更该公司股东的行政许可。同时，周某军提交了两审法院的民事判决书，判决书均认定北京世纪星碟公司申请变更登记时向该局提供的《转股协议》《股东会决议》无效。朝阳区工商局经审核确认后依据《行政许可法》第 69 条的规定，作出了撤销原告于 2003 年 11 月 5 日取得的变更股东行政许可的决定。朝阳区工商局认为其作出《撤销登记决定书》的具体行政行为合法，请求人民法院予以维持。

4. 第三人述称

第三人周某军述称，被告作出的《撤销登记决定书》事实清楚，程序合法，请求法院依法维持该决定书。

第三人孙某刚经合法传唤未参加诉讼。

（三）一审事实和证据

北京市朝阳区人民法院经公开审理查明：2003 年 11 月 3 日，原告北京世纪星碟公司向北京市工商行政管理局申请股东变更登记，同时提交了一份《股东会决议》（内容为“全体股东一致同意公司变更股东，原股东周某军所持股份 5 万元全部转让给孙某刚”）和一份《转股协议》（内容为“周某军将自己在北京世纪星碟公司所持 5 万元股权全部转让给孙某刚”），上述文件中均有署名“周某军”的签字。2003 年 11 月 5 日，北京市工商行政管理局对原告的变更登记申请予以核准。随后，在另案中，两审法院经审理，认定北京世纪星碟公司用作办理股东变更登记的《股东会决议》《转股协议》实为冒用周某军名义所形成，内容上不真实，并分别判决上述决议及协议无效。2006 年 5 月 31 日，周某军向朝阳区工商局递交《撤销公司变更登记行为申请书》，要求撤销将其股东身份变更为孙某刚的公司登记行为，并提交了前述生效判决书。2006 年 6 月 19 日，朝阳区工商局以法院判决转股协议无效为由，作出前述京工商朝注册企许撤字［2006］0000001 号《撤销登记决定书》。原告对此不服，申请行政复议。2006 年 9 月 29 日，北京市工商行政管理局作出《行政复议决定书》，维持了原撤销登记决定。

上述事实有下列证据证明：

（1）北京世纪星碟公司《撤销公司变更登记行为申请书》《股东会决议》《转股协议》；

（2）北京市朝阳区人民法院［2005］朝民初字第22333、22334号民事判决书；

（3）北京市第二中级人民法院［2006］二中民终字第03262、03267号民事判决书；

（4）北京市工商局《行政复议决定书》；

（5）当事人陈述。

（四）一审判案理由

北京市朝阳区人民法院经审理认为：依照《公司登记管理条例》的规定，区、县工商行政管理机关有权对符合法定条件的有限责任公司进行公司变更登记，亦有权撤销相应的登记事项。据此，朝阳区工商局撤销原告股东变更登记系履行法定职责的行政行为。

依照《行政许可法》的规定，行政许可是指行政机关根据公民、法人或者其他组织的申请，经依法审查，准予其从事特定活动的行为。据此，《行政许可法》定义的行政许可是赋予行政相对人某种权利和资格，准予当事人从事某种活动的行政行为。依照《公司法》的规定，公司应当将股东的姓名或者名称及其出资额向公司登记机关登记；登记事项发生变更的，应当办理变更登记。未经登记或者变更登记的，不得对抗第三人。据此，公司股东转让股权的民事法律行为，经股东会决议表决通过即发生民事法律效力，登记机关的核准登记并非该民事法律行为的生效要件，不经登记机关办理变更登记只是不产生对抗第三人的效力，登记机关的登记行为不具有赋权性，仅具有对社会公示的法律效力。因此，股东变更登记不具有《行政许可法》规定的行政许可行为的法律属性。被告朝阳区工商局将股东变更登记定性为行政许可事项，并依据《行政许可法》作出《撤销登记决定书》，属适用法律错误。

（五）一审定案结论

北京市朝阳区人民法院依照《行政诉讼法》第54条第2项第2目之规

定，作出如下判决：

撤销被告北京市工商行政管理局朝阳分局于2006年6月19日作出的京工商朝注册企许撤字［2006］0000001号《撤销登记决定书》。

案件受理费80元，由被告北京市工商行政管理局朝阳分局负担。

（六）二审情况

1. 二审诉辩主张

（1）上诉人（原审被告）诉称：股东变更登记赋予了行政相对人对抗第三人的权利，是一种赋权性的行政行为。《行政许可法》第12条第5项"企业或者其他组织的设立等"的规定，包含了变更登记，属于行政许可的事项。股东的变更会直接影响企业主体资格的存废，故股东变更登记属于行政许可。此外，《公司登记管理条例》及北京市工商行政管理局、北京市人民政府法制办公室所作的有关通知亦将企业变更登记确定为行政许可。将股东变更登记作为行政许可事项符合我国现阶段经济生活的需要。故请求依法改判。

（2）被上诉人（原审原告）辩称：同意一审法院所作判决，请求予以维持。

2. 二审事实和证据

北京市朝阳区人民法院经审理，确认了一审法院认定的事实和证据。

3. 二审判案理由

北京市第二中级人民法院经审理认为：朝阳区工商局作出《撤销登记决定书》是在法定职权范围内履行职责的行为。根据《行政许可法》的有关条款规定，行政许可是指行政机关根据公民、法人或者其他组织的申请，经依法审查，准予其从事特定活动的行为。企业或者其他组织的设立等需要确定主体资格的事项，可以设定行政许可。公民、法人或者其他组织能够自主决定的，可以不设行政许可。

本案中，北京世纪星碟公司股东变更前后的股东人数和股东出资总额等情况未发生变化，该股东变更未涉及需要确定主体资格的事项，且根据相关法律规定，北京世纪星碟公司上述股东转让股权的情形，经股东会决议通过即发生民事法律效力，登记机关的核准登记并非该民事法律行为的生效要件，股东对股东会通过的股东转让股权决议、协议有异议的，可请求人民法院予以撤销或宣告无效。依照《行政许可法》的规定，北京世纪星碟公司涉案股东变更登记并非行政许可。朝阳区工商局将涉案股东变更登记认定为行政许可，并依据《行政许可法》作出《撤销登记决定书》，一审法院将此认定为适用法律错误并无不当。

朝阳区工商局上诉所提《行政许可法》关于"企业或其他组织的设立等"的规定明确了企业变更登记是行政许可的主张，以及股东符合法定人数等是设立有限责任公司的法定要件，股东的变更直接影响企业主体资格的存废，故股东变更登记属于行政许可的主张，因涉案股东变更登记不涉及确定主体资格问题，也与朝阳区工商局上述股东变更登记的情形不同，故二审法院对涉案股东变更登记属于行政许可的主张不予采信。此外，朝阳区工商局上诉所称股东变更登记赋予了行政相对人对抗第三人的权利，有关法律规范将企业变更登记确定为行政许可，将股东变更登记作为行政许可事项符合我国现阶段经济生活的需要等主张，均不能成为涉案北京世纪星碟公司股东变更登记属于行政许可的充分理由。朝阳区工商局要求维持《撤销登记决定书》的上诉理由不能成立，二审法院对其上诉请求不予支持。

4. 二审定案结论

北京市第二中级人民法院依照《行政诉讼法》第 61 条第 1 项之规定，作出如下判决：

驳回上诉，维持一审判决。

一审案件受理费 80 元，由北京市工商行政管理局朝阳分局负担（于判决生效后 7 日内交纳）；二审案件受理费 80 元，由北京市工商行政管理局朝阳分局负担。

二、本案发展时间线梳理

2003 年 11 月 2 日

北京世纪星碟公司的部分股东伪造了一份《转股协议》，约定"周某军将自己在北京世纪星碟公司所持 5 万元股权全部转让给孙某刚"。其后，北京世纪星碟公司召开股东大会，根据这份《转股协议》，股东大会以一致同意的方式形成了《股东会决议》，决定变更公司的股东名单，并向工商行政管理部门提交股东注册信息变更申请。后经民事诉讼程序查明，这两份文件上周某军的签名均系伪造。

2003 年 11 月 3 日

北京世纪星碟公司向北京市工商行政管理局申请股东变更登记，要求将周某军从公司的股东信息中除名，变更为孙某刚。作为对申请材料的补充，北京世纪星碟公司同时提交了《股东会决议》和《转股协议》。

2003 年 11 月 5 日

北京市工商行政管理局核准了北京世纪星碟公司的股东登记信息变更申请，北京世纪星碟公司取得了变更该公司股东的行政许可。

2005 年 11 月 16 日

另案发生的“周某军诉北京世纪星碟文化传播有限公司确认股东会决议效力案”一审审结（北京市朝阳区人民法院［2005］朝民初字第 22334 号判决书），法院判决于 2003 年 11 月 2 日形成的北京世纪星碟公司的《股东会决议》《转股协议》无效。北京世纪星碟公司不服一审判决，提起上诉，要求撤销原审判决，驳回周某军的诉讼请求，并由周某军负担诉讼费用。

2006 年 4 月 11 日

“周某军诉北京世纪星碟文化传播有限公司确认股东会决议效力案”二审判决（北京市第二中级人民法院［2005］二中民终字第 3262 号），驳回上诉，维持原判。

2006 年 5 月 31 日

周某军向朝阳区工商局递交《撤销公司变更登记行为申请书》，要求撤销将其股东身份变更为孙某刚的公司登记行为，周某军同时还提交了前述两份民事诉讼判决书。

2006 年 6 月 19 日

朝阳区工商局作出《撤销登记决定书》，撤销了北京市工商局于 2003 年 11 月 5 日作出的，将北京世纪星碟公司的股东周某军变更为孙某刚的变更登记。北京世纪星碟公司对朝阳区工商局的这一撤销登记决定不服，向北京市工商行政管理局申请了行政复议。

2006 年 9 月 29 日

北京市工商行政管理局作出《行政复议决定书》，维持朝阳区工商局作出的撤销登记决定。北京世纪星碟公司不服，向法院提起了行政诉讼。

2006 年 12 月 20 日

本案一审审结，一审法院判决撤销朝阳区工商局作出的《撤销登记决定书》。

2007 年 4 月 12 日

本案二审审结，二审法院驳回上诉，维持原判。

三、本案涉及的法律规定

《行政许可法》（2004 年 7 月 1 日起实施）

第二条 本法所称行政许可，是指行政机关根据公民、法人或者其他组织的申请，经依法审查，准予其从事特定活动的行为。

第十二条 下列事项可以设定行政许可：

（一）直接涉及国家安全、公共安全、经济宏观调控、生态环境保护以及直接关系人身健康、生命财产安全等特定活动，需要按照法定条件予以批准的事项；

（二）有限自然资源开发利用、公共资源配置以及直接关系公共利益的特定行业的市场准入等，需要赋予特定权利的事项；

（三）提供公众服务并且直接关系公共利益的职业、行业，需要确定具备特殊信誉、特殊条件或者特殊技能等资格、资质的事项；

（四）直接关系公共安全、人身健康、生命财产安全的重要设备、设施、产品、物品，需要按照技术标准、技术规范，通过检验、检测、检疫等方式进行审定的事项；

（五）企业或者其他组织的设立等，需要确定主体资格的事项；

（六）法律、行政法规规定可以设定行政许可的其他事项。

第十三条 本法第十二条所列事项，通过下列方式能够予以规范的，可以不设行政许可：

（一）公民、法人或者其他组织能够自主决定的；

（二）市场竞争机制能够有效调节的；

（三）行业组织或者中介机构能够自律管理的；

（四）行政机关采用事后监督等其他行政管理方式能够解决的。

第六十九条 有下列情形之一的，作出行政许可决定的行政机关或者其上级行政机关，根据利害关系人的请求或者依据职权，可以撤销行政许可：

（一）行政机关工作人员滥用职权、玩忽职守作出准予行政许可决定的；

（二）超越法定职权作出准予行政许可决定的；

（三）违反法定程序作出准予行政许可决定的；

（四）对不具备申请资格或者不符合法定条件的申请人准予行政许可的；

（五）依法可以撤销行政许可的其他情形。

被许可人以欺骗、贿赂等不正当手段取得行政许可的，应当予以撤销。

依照前两款的规定撤销行政许可，可能对公共利益造成重大损害的，不予撤销。

依照本条第一款的规定撤销行政许可，被许可人的合法权益受到损害的，行政机关应当依法给予赔偿。依照本条第二款的规定撤销行政许可的，被许可人基于行政许可取得的利益不受保护。

《公司法》（2006 年 1 月 1 日起实施）

第二十二条 公司股东会或者股东大会、董事会的决议内容违反法律、行政法规的无效。

股东会或者股东大会、董事会的会议召集程序、表决方式违反法律、行政法规或者公司章程，或者决议内容违反公司章程的，股东可以自决议作出之日起六十日内，请求人民法院撤销。

股东依照前款规定提起诉讼的，人民法院可以应公司的请求，要求股东提供相应担保。

公司根据股东会或者股东大会、董事会决议已办理变更登记的，人民法院宣告该决议无效或者撤销该决议后，公司应当向公司登记机关申请撤销变更登记。

第三十三条 有限责任公司应当置备股东名册，记载下列事项：

（一）股东的姓名或者名称及住所；

（二）股东的出资额；

（三）出资证明书编号。

记载于股东名册的股东，可以依股东名册主张行使股东权利。

公司应当将股东的姓名或者名称及其出资额向公司登记机关登记；登记事项发生变更的，应当办理变更登记。未经登记或者变更登记的，不得对抗第三人。

《公司登记管理条例》(2006 年 1 月 1 日起实施)

第三条 公司经公司登记机关依法登记，领取《企业法人营业执照》，方取得企业法人资格。

自本条例施行之日起设立公司，未经公司登记机关登记的，不得以公司名义从事经营活动。

第七十三条 公司登记事项发生变更时，未依照本条例规定办理有关变更登记的，由公司登记机关责令限期登记；逾期不登记的，处以 1 万元以上 10 万元以下的罚款。其中，变更经营范围涉及法律、行政法规或者国务院决定规定须经批准的项目而未取得批准，擅自从事相关经营活动，情节严重的，吊销营业执照。

公司未依照本条例规定办理有关备案的，由公司登记机关责令限期办理；逾期未办理的，处以 3 万元以下的罚款。

四、本案涉及的理论问题

（一）行政许可与行政登记

本案中的一个核心问题是企业在工商局登记股东名录的行为是否属于申请行政许可的行为。按照《行政许可法》第 2 条的规定，行政机关根据行政相对人的申请，经审查后准予其从事特定活动的行为，被称为行政许可，相应地也将适用《行政许可法》的各种规定。根据这一定义，行政许可具有赋权性，在行政许可行为作出后，相对于没有申请并获得许可的公民、法人和其他组织，申请许可的行政相对人获得了新的权利。反过来说，如果行政相对人与行政主体之间发生了一定的交往活动，但这一交往活动的结果不会增加行政相对人的权利，那么这样的行为就不能被称为行政许可。

在实践中，非常易于与行政许可产生混淆的一类活动，可能就是行政登记。目前，我国还没有制定统一的《行政登记法》，所以人们还无法从立法层面获知我国对行政登记的定义。从实践中看，比较典型的行政登记行为是行政相对人在从事某类活动之前或者之后，将相应的信息提交给行政机关，由行政机关存档备案的行为。有一些行政登记活动不会决定行政相对人权利的增减。例如，实践中的婚姻登记活动，如果一对恋人希望他们共同生活的家庭关系得到政府的承认和保护，从而确认夫妻共有财产，他们就需要到婚姻登记机关进行婚姻登记。但如果这对恋人认为没有必要获得政府的承认和保护，或者对双方关系的存续稳定性还没有足够的信心，两人可以在不进行婚姻登记的情况下，长期以事实上的家庭生活状态共同生活，甚至生育子女，就这两人的同居关系本身而言，不会存在什么违法现象，也即原则上不存在“非法同居”一说。从这一意义上看，婚姻登记的确只是一种“登记”行为，而不是行政许可。

但是，在实践中，行政登记与行政许可的区分可能没有那么清晰。再以婚姻登记为例，经过婚姻登记之后，婚姻关系一方的权利实际上是能够获得来自政府更好的保护的。例如，法律对婚内财产的规定非常有利于在婚姻关系中保护弱势一方的权利。就此而言，婚姻登记又具有一定的赋权性。

本案中的股东信息登记就是具有一定争议性的登记行为。从股东信息登记的作用来看，在股东信息发生变更后，法人是否及时地到工商行政管理部门提出变更登记申请会对实践中法人的经营活动产生直接影响。在提出变更登记申请并且工商行政管理部门批准了变更申请后，法人的权利义务没有发生直接的变换。在这种情况下，本案一、二审法院认为这种登记行为不具有赋权性，所以不属于行政许可。在不属于行政许可的情况下，朝阳区和北京市两级工商行政管理部门却对这种行为适用《行政许可法》的规定，并撤销了经北京世纪星碟公司申请后作出的变更登记行为，属于适用法律错误。从这一意义上说，一、二审法院的审判理由是正确的。

但需要注意的是，本案当事人周某军甚至包括本案涉及的北京市的两级工商行政管理部门，将股东信息变更登记也视作为行政许可，其实存在着法律上的可能。按照当时施行的《公司登记管理条例》第 3 条的规定，“未经公司登记机关登记的，不得以公司名义从事经营活动”。从本条的内容来看，公司不在工商行政管理部门登记，就没有以公司名义从事经营活动的资格，即不具有法人的法律地位。这种“登记”属于比较典型的行政许可。只是因为在中国行政法治的实践中，长期以来都采用“登记”一词，大家约定俗成地就继续沿用了“登记”的说法。

（二）“第三人效应”是否应当保护

虽然股东信息的变更对于法人的权利义务没有直接影响，因此对于法人来说也不属于行政许可的事项。但是，对于涉案的股东来说，其却会产生“第三人效应”，即对于善意第三人来说，他们会认为法人在工商局登记在案的股东信息就是该法人真实的股东信息。由此，该善意第三人根据该信息作出的一些民事法律行为应当获得保护。例如，在本案中，如果其他市场主体不知道北京世纪星碟公司的股东孙某刚是通过非法手段获得了该公司的股东身份，也不知道在民事诉讼程序中，法院已经判定北京世纪星碟公司的《转股协议》和《股东会决议》这两份文件系伪造，那么这些市场主体基于孙某刚是该公司股东的认定而做出的各种民事法律行为便是合法有效的。此时，如果其他市场主体，例如千年月盘公司，完全不知晓周某军与北京世纪星碟公司之间的股权纠纷，千年月盘公司就属于善意第三人。

如果千年月盘公司与北京世纪星碟公司签订合同，希望获得孙某刚在北京世纪星碟公司中的股份，那么北京世纪星碟公司就有向千年月盘公司转移这些股份的合同义务，如果交易活动已经完成，这些交易就是合法有效的。此时，周某军就不能主张该交易行为无效，要求千年月盘公司退还获得的股份。相反，周某军只能向北京世纪星碟公司主张赔偿损失。甚至对于世纪星碟公司本身而言，其也不能主张因为自己存在着伪造签名的欺诈行为，所以合同无效，承诺退还对方已经支付的为获得孙某刚股份而支付的价款，以获得千年月盘公司已经获得的公司股份。对此，千年月盘公司是否退还其已经获得的股份，完全取决于千年月盘公司的自愿决定。

保护善意第三人制度的目的是保证交易的稳定和安全，降低交易成本。对善意第三人的保护，也是来自国家的强制力。如果不存在股东登记对抗第三人的效应，那么周某军是否去工商局恢复自己在北京世纪星碟公司的股东身份便不会实质上影响到第三人的民事权利义务。从这一意义上说，工商局的股东登记行为还是会对周某军的权利义务产生影响的。即使对北京世纪星碟公司而言，因为善意第三人效应的存在，也会对其经营活动产生影响，因而不能说股东登记行为完全不影响法人的权利义务。在这种情况下，股东登记行为实际上也具有了一定的赋权性，将之完全排除出行政许可的范畴，似乎也有不大妥当之处。

五、实践问题：行政许可制度对社会生活的普遍干涉

如果仅仅看行政许可的定义，人们可能会认为这是一种纯粹的授益行政行为：在行政相对人主动申请之后，行政机关赋予行政相对人从事特定活动的权利，行政相对人可以借此获得更大的利益。

但应注意的是，在这种表面的授益行政行为背后却是一种普遍禁止行为，即一旦确定了一种行政许可制度，那么从原则上说，任何公民、法人或者其他组织，在没有获得行政主体许可的情况下，就不可以从事行政许可管辖事项范围内的活动。在表面赋权性背后却是一种全面的禁止，使得社会公众原来不需要获得许可就可以从事的活动，现在却需要在向行政机关申请后才可以从事。即使在申请许可的过程中，社会公众不需要支付任何费用，但是付出的时间成本和等待期内的行为不便，依然是对社会公众的限制。

从这一意义上说，行政许可事项范围的扩大，非但不会扩大社会公众的权利范围，反而是对社会公众自由的限缩。所以，对于行政许可事项的设立，需要慎重，以免行政行为过度侵入社会公众可以自主自治决定的领域，从而打击社会公众生产生活的积极性。对此，《行政许可法》的规定也有所反映。如《行政许可法》第 12 条规定，“下列事项可以设定行政许可”。注意，在此处，立法者使用的词语是“可以设定”。“可以设定”的隐含义就是“可以不设定”。所以，在《行政许可法》第 12 条规定的 6 种可以设定行政许可的事项范围内，国家机关有权力但是没有义务设定行政许可。是否设定行政许可、在何时设定行政许可，完全在国家机关的裁量范围内。

在此基础上，《行政许可法》第 13 条进一步规定：“本法第十二条所列事项，通过下列方式能够予以规范的，可以不设行政许可……”也就是说，

如果存在着该法第 13 条规定的各种情况（主要是社会公众、市场和行业组织可以自行调节）不需要政府公权力干涉的话，那么国家机关也有权不设定相应的行政许可。

但如果仔细分析就会发现，《行政许可法》第 12 条、第 13 条都是对国家机关的赋权性规定。第 13 条的规定，初读起来像是对国家机关的限制性规定，即希望在该条规定的情况成就时，就不要设定行政许可，不对社会公众施加普遍性的禁止。但是，从字面上来说，“可以不设定”的隐含义就是“可以设定”，按照该条的规定，国家机关在获得了不设定行政许可权力的同时，也依然保留着设定行政许可的权力。至少从第 12 条、第 13 条的法律规定来看，其没有对国家机关设定行政许可的权力设置实质性的约束。另外，第 12 条规定的 6 项可以设定行政许可的事项涉及的范围非常宽泛。仅从第 1 项来看，就涉及国家安全、公共安全、经济宏观调控、生态环境保护、人身健康、生命财产安全等各方面的问题，这些方面实际上已经涵盖了现代社会生活的方方面面。这进一步扩大了国家机关设定行政许可事项的范围。是否针对特定的事项设定行政许可，实际上更多是由国家机关自行决定、自我克制的结果。

本案中，股东登记信息的变更登记就涉及其究竟是属于法人自主经营范围内的事项，还是需要获得行政机关许可才可以从事的事项。本案的判决书对此进行了比较详细的分析，最终得出了股东登记信息的变更不会影响到法人的经营行为，因此不属于行政许可的事项的结论。尽管基于第三人效应，股东登记行为还是会对法人本身的权益产生一定的影响。但是，从本案判决书的描述来看，北京市的两级工商行政管理机关在变更股东登记信息时，主要考虑的不是更好地保护北京世纪星碟公司的利益，而是北京世纪星碟公司有欺骗工商行政管理部门的事实，为了纠正这一事实，或者说为了惩罚北京世纪星碟公司，在没有通知北京世纪星碟公司的情况下就作出了变更股东登记信息的决定。北京世纪星碟公司欺骗行政机关，无疑应当承担不利的法律后果，但这种不利的法律后果的法律依据在本案中不应当是《行政许可法》。北京市的两级工商行政管理机关在本案中可以撤销的应当是北京世纪星碟公司在工商行政管理机关的登记，即注销世纪星碟公司的法人资格。在本案中，北京世纪星碟公司股东登记信息存在着民事争议不会对外影响到该公司与其他主体的市场交往活动，仅仅因为这一事实就撤销或者说注销该公司在工商行政管理部门的登记信息，使其不再具有法人资格，看起来也是过于严重了。

实际上，在本案进行过程中还有效的《公司登记管理条例》第 73 条就涉及对这一问题的处理。其规定："公司登记事项发生变更时，未依照本条例规定办理有关变更登记的，由公司登记机关责令限期登记；逾期不登记的，处以 1 万元以上 10 万元以下的罚款。……" 所以，在本案中，当周某军通知朝阳区工商局，自己的股东身份被北京世纪星碟公司以非法方式变更登记后，朝阳区工商局更可行的做法应当是通知北京世纪星碟公司重新进行变更登记，如果北京世纪星碟公司不理会朝阳区工商局的要求，朝阳区工商局可以作出行政处罚决定。至于周某军在北京世纪星碟公司股东身份的恢复，则完全可以通过执行民事判决书来实现。但如果北京世纪星碟公司的其他股东执意不想恢复周某军的股东身份，便可以说明该公司存续的合意基础已经不存在，该公司应当被注销。但是，行政机关自身不可能以单方面行使公权力的方式介入到北京世纪星碟公司的经营中，否则就扩大了行政许可的范围，属于公权力的扩张。从防止公权力过度扩张以免造成对公众经济生活过度介入的目的来看，本案法院认为股东登记不属于行政许可事项的观点是正确的。

大连市旅顺口区住房和城市建设局与合生帝景苑小区业主委员会案

本案继续讨论行政许可的相关问题，相对于上一案，本案涉及的法律制度和法条更加繁杂。具体而言，本案涉及两个理论问题：①备案行为与行政许可行为的本质差别，尤其是对一些备案许可行为的认定；②行政许可的设定条件，尤其是当上位法已经设定了类似的行政许可时，下位法是否可以增加新的规定并相应地扩大原有行政许可的范围，甚至达到增设新的行政许可的程度。本案对于我国行政法治建设的实践意义在于，行政机关以行政许可的方式干涉市民生活的必要性。

一、判决书原文

［2020］辽02行终310号

上诉人（原审被告）：大连市旅顺口区住房和城市建设局。

负责人：刘某男，局长。

委托代理人：田某荣，该局物业办主任。

委托代理人：王某勇，北京大成（大连）律师事务所律师。

被上诉人（原审原告）：合生帝景苑小区业主委员会。

负责人：金某学，主任。

委托诉讼代理人：于某娣，辽宁得一律师事务所律师。

上诉人大连市旅顺口区住房和城市建设局因与被上诉人合生帝景苑小区业主委员会备案纠纷一案，不服大连市中山区人民法院［2019］辽0202行初48号行政判决，向本院提起上诉。本院受理后依法组成合议庭公开开庭审理了本案。上诉人大连市旅顺口区住房和城市建设局的委托代人田某荣、王某勇，被上诉人合生帝景苑小区业主委员会的负责人金某学及其委托代理人于某娣出庭参加了诉讼。本案现已审理终结。

原审法院认定，2019年2月18日，合生帝景苑小区首次业主大会在大连市旅顺口区铁山街道办事处的指导协助下召开，会议通过两项内容：①表决通过由以下13人组成业主委员会，王某伯、林某国、曹某轲、王某、李某、李某梅、王某莉、金某学、王某福、于某、王某阳、于某岩、于某丽。②表决通过了《管理规约》《业主大会议事规则》。2019年2月25日，合生帝景苑小区业主委员会向大连市旅顺口区铁山街道办事处申请备案登记，该办事处在备案登记表上盖章确认。同日，原告向被告申请备案登记，大连市旅顺口区住房和城市建设局于2019年3月27日向合生帝景苑小区业主委员会下发《备案告知》。告知以下备案材料需补正：①未提供业主委员会选举办法通过业主大会表决决议；②业主大会表决议项一、二、三未注明具体事项；③根据业主大会表决会议纪要所附的公告结果，仅体现业主委员会候选人同意票数，未体现同意票数专有部分占建筑物总面积百分比，且王某阳、于某丽、于某岩同意票数未达到占总人数过半数要求。原告按被告的《备案告知》要求进行补正：修改业主大会表决决议，将表决决议项一、二、三注明具体事项，将原业主委员会名单13人去掉王某阳、于某丽、于某，因委员会需保留单数人数，去掉第十位于某，最终决议将第一次业主大会选举出的9名业主委员申请备案，修改后的业主大会决议由6位业主委员及铁山街道办事处负责人王某军签字，并在小区内将变更公告予以张贴。3月27日，原告将以上补正材料递交被告，被告收取后，于4月15日向原告下发《关于合生帝景苑小区业主委员会不予备案的告知》，告知原告补正材料后，备案材料存在如下问题，作出不予备案的决定：①《合生帝景苑住宅小区业主大会议事规则》第六章第17条规定业主委员会由13人组成，业主大会决议选举9名业主委员会委员，未达到《议事规则》规定的人数。②补充提交的《合生帝景苑住宅小区业主委员会选举办法》未提供经业主大会表决的证明材料。且“如果前13位候选人得票数不足半数的，以获得多数票人当选(取单数)，落选的候选人可当选为候补委员”不符合候补委员也是经专有部分占建筑物总面积过半数的业主且占总人数过半数的业主同意的规定。

③选举当选的业主委员中存在欠交物业服务费及违建的情况。合生帝景苑小区物业公司广东康景物业服务有限公司大连分公司盖章确认业主委员林某国、曹某轲、王某、李某、李某梅、王某莉、金某学、王某福、王某伯、于某欠缴物业服务费，并盖章确认了王某福、金某学、曹某轲、王某莉违建图片。2019 年 6 月 20 日，合生帝景苑小区召开第二次业主大会，大会修改了《议事规则》，将《议事规则》第 17 条业主委员会人数更改为 5 名以上 15 名以下单数组成。6 月 22 日，原告将修改后的《议事规则》及备案申请通过 EMS 邮寄给被告，被告签收后无音信。为此，原告诉至法院请求撤销不予备案告知。

原审法院认为，合生帝景苑小区第二次业主大会召开并修改《议事规则》，是涉案被诉行政行为的一部分，即 2019 年 4 月 15 日被告向原告下发《关于合生帝景苑小区业主委员会不予备案的告知》是本案审查的客体，本案应围绕对原告的申请备案进行实体审查或程序审查。

本案被告大连市旅顺口区住房和城市建设局系大连市旅顺口区房地产行政主管部门，负有对本行政区域内物业管理活动的监督管理职责。合生帝景苑小区业主依照国务院《物业管理条例》、住房和城乡建设部《业主大会和业主委员会指导规则》《辽宁省物业管理条例》《大连市实施〈物业管理条例〉办法》的相关规定，依照法定程序成立首次业主大会会议筹备组、召开业主大会、选举业主委员会委员，大连市旅顺口区铁山街道办事处在选举过程中派员参加并签章确认，原告的选举程序符合业主大会会议的筹备条件。原告合生帝景苑小区业主委员会向旅顺铁山街道提出备案申请通过后，依法向被告提出备案申请，同时按照被告的要求补齐相关材料，依法公示，原告此时提交的备案申请材料已经按照被告的要求具备《物业管理条例》备案登记的条件。

关于被告主张原告主体不适格的问题，本院认为，被告作出案涉行政行为，即其下发的《不予备案的告知》针对的主体即是原告合生帝景苑小区业主委员会。《物业管理条例》中的备案仅为告知性备案，不具有行政许可的性质，原告依法选举产生，虽未完成备案，但不影响其诉讼主体资格，故对于被告的主张，本院不予采纳。

被告主张原告备案材料中的《议事规则》人数要求与实际备案人数不符。对此，本院认为，《物业管理条例》中的备案，仅是告知性备案，行政机关仅对备案材料进行形式审查，业主委员会的资格来源于业主大会的选举和授权。本案中，原告首次申请被告知尚需继续补正材料后，备案的业主委员人数为9人，虽不符合《议事规则》中13人的人数规定，但该9人是首次业主大会的全体业主共同意思自治、共同选举的结果，且符合《辽宁省物业管理条例》对业主委员人数的规定。对于是否必须为固定人数，《辽宁省物业管理条例》没有作出限制性规定，对此备案机关应进行指导或告知，不应作为行政机关不予备案的审查理由。本院认为，告知性备案是一种信息收集型的事后备案，行政机关并不做实质审查，不应以行政权干涉业主自治组织的权利。对于被告的该项主张，本院不予支持。

被告主张原告委员存在欠交物业费的事实，不符合《辽宁省物业管理条例》所规定的业主委员会按时交纳物业服务费的条件。对此，本院认为，根据《物权法》第75条“业主可以设立业主大会，选举业主委员会”的规定，法律将业主委员会的选举权赋予了全体业主，由全体业主决定业主委员的资格，而非行政机关参与决定。虽然《辽宁省物业管理条例》作出了业主委员会按时交纳物业服务费的规定，但国务院颁布的《物业管理条例》并无该项规定，《关于审理行政案件适用法律规范问题的座谈会纪要》明确，下位法的规定不符合上位法的，人民法院原则上应当适用上位法，故本院认为，拖欠物业费不能成为不予备案的法定要件。对于原告辩称其并无拖欠物业费的事实，本院认为，该欠费问题是业主与物业管理公司之间的民事合同纠纷，本案对此不予审查。而对于被告主张的原告部分业主存在违建行为的事实，本院认为，被告提供的证据不足以证明其主张的违建事实，即使违建事实成立，也应由行政执法单位依法制裁，而非由备案机关将之作为备案的排除条件，对原告的抗辩观点，本院不予支持。综上，依照《行政诉讼法》第70条和《辽宁省物业管理条例》第32条第2款之规定，判决如下：①撤销被告大连市旅顺口区住房和城市建设局于2019年4月15日作出的《关于对合生帝景苑小区业主委员会不予备案的告知》；②责令被告大连市旅顺口区住房和城市建设局于本判决生效后30日内对原告合生帝景苑小区业主委员会的备案申请重新办理。案件受理费50元，由被告负担。

上诉人大连市旅顺口区住房和城市建设局上诉称。①撤销大连市中山区人民法院［2019］辽0202行初48号行政判决书；②判决驳回被上诉人的诉讼请求或将本案发回重审。

事实与理由：被上诉人不具有本案的诉讼主体资格。《最高人民法院关于适用〈中华人民共和国行政诉讼法〉的解释》第18条第1款规定："业主委员会对于行政机关作出的涉及业主共有利益的行政行为，可以自己的名义提起诉讼。"但业主委员会并非一经选举产生，即可以自己的名义起诉。《物业管理条例》第16条第1款规定："业主委员会应当自选举产生之日起30日内，向物业所在地的区、县人民政府房地产行政主管部门和街道办事处、乡镇人民政府备案。"物业所在地的区、县人民政府房地产行政主管部门和街道办事处、乡镇人民政府有权依据《物权法》第75条第2款的规定，对设立业主大会和选举业主委员会给予指导和协助。《业主大会和业主委员会指导规则》第34条第1款规定："业主委员会办理备案手续后，可持备案证明向公安机关申请刻制业主大会印章和业主委员会印章。"《辽宁省物业管理条例》第33条第1款规定："业主委员会办理备案后，可以持备案证明、申请人身份证等刻章材料，到所在地具有公章刻制资质的刻章企业，申请刻制业主大会印章和业主委员会印章。……"按照上述规定，不依法取得业主大会印章和业主委员会印章不能对外代表业主大会和业主委员会从事法律行为。上诉人对被上诉人的备案申请应尽的审查义务是审慎的程序审查，不是简单的信息收集型的事后备案。《物权法》第75条第2款和《业主大会和业主委员会指导规则》第6条规定，地方人民政府有关部门应当对设立业主大会和选举业主委员会给予指导和协助。《物业管理条例》第19条第2款规定："业主大会、业主委员会作出的决定违反法律、法规的，物业所在地的区、县人民政府房地产行政主管部门或者街道办事处、乡镇人民政府，应当责令限期改正或者撤销其决定，并通告全体业主。"上诉人在对合生帝景苑小区首次业主大会的会议决议内容进行审查时发现了众多问题：《辽宁省物业管理条例》第31条、《大连市实施〈物业管理条例〉办法》第15条均明确规定，业主委员会委员需按时交纳物业费，《合生帝景苑小区业主大会议事规则》第 19 条也明确规定业委会委员应模范履行按时交纳物业服务费的义务，合生帝景苑小区首次业主大会报送的业委会委员名单中有 8 人（林某国、曹某轲、王某、李某、李某梅、王某莉、金某学、王某福）存在未按时交纳物业费的情形，不符合备案条件。《合生帝景苑小区首次业主大会会议决议公告》载明的业委会成员名单包括王某伯、林某国、曹某轲、王某、李某、李某梅、王某莉、金某学、王某福、于某、王某阳、于某岩、于某丽，《合生帝景苑成立业委会选举投票结果公布》未能体现同意上述业主当选业委会委员的业主比例，王某阳、于某岩、于某丽的人数未达到全体业主人数的一半，不符合《物业管理条例》第 12 条的规定，未取得经专有部分占建筑物总面积过半数的业主且占总人数过半数的业主同意。2019 年 3 月 27 日重新提交的《大连旅顺口区合生帝景苑小区首次业主大会决议》将委员会的备案人数由 13 人改为 9 人，与已经于 2019 年 2 月 18 日通过的《议事规则》第 17 条规定的人数不符，不符合备案条件。合生帝景苑小区“第二次业主大会”系在 2019 年 6 月 20 日召开，而上诉人作出《关于对合生帝景苑小区业委会不予备案的告知》的时间是 2019 年 4 月 15 日，被上诉人诉请撤销的也是该备案告知，一审判决将“第二次业主大会”召开并修改《议事规则》内容作为涉案被诉行政行为一并审理缺乏法律依据，违背了不告不理原则。上诉人并未收到合生帝景苑小区“第二次业主大会”召开的具体文件，例如业主大会的召开公告、表决结果记录等，故不能对“第二次业主大会”的召开及资料的合法性进行审查。一审判决认为下位法相较于上位法多出来的内容均不符合上位法，故不得作为上诉人的履责依据的观点系法律认识错误。

根据《辽宁省物业管理条例》第 23 条之规定，2019 年 6 月 20 日业主大会会议应由筹备组组织召开，确定业主大会会议召开的时间、地点和内容。根据《物业管理条例》第 14 条的规定，召开业主大会会议，应当于会议召开 15 日以前通知全体业主，并且应当同时告知相关的居民委员会。案涉小区未成立居民委员会，应向街道告知召开业主大会会议的具体情况，但涉案小区街道并未收到 2019 年 6 月 20 日召开业主大会会议的通知，无法进行监督指导及核实确认会议召开程序的合法性。《大连旅顺口区合生帝景苑小区业主关于修改〈业主大会议事规则〉的业主大会决议》《议事规则》和《业主委员会备案申请书》体现的人数（1101 人）和总建筑面积（138 308 平方米）与 2017 年 7 月 14 日筹备组公告和 2019 年 2 月 18 日的《合生帝景苑小区首次业主大会会议决议公告》体现的业主人数（898 人）和总建筑面积（120 237 平方米）均不符，投票的计票工作也没有街道办事处的核实确认加以证明，这份证据不能作为对业主委员会依法备案的依据。经上诉人核实，9 人名单中的业主“李某梅”已经在一审开庭前将房屋对外出售，不具有委员资格，9 人名单中的委员在选举前后均未按照《议事规则》履行按时交纳物业服务费的义务。

被上诉人合生帝景苑小区业主委员会辩称，上诉人的上诉请求无法律依据。《物权法》第 75 条、第 76 条，《物业管理条例》第 11 条规定，业主可以设立业主大会，由业主共同决定选举业主委员会。业主享有在物业管理区域内自我管理的权利，业主委员会的委员是否被选举、是否具备相关资格，决定权属于业主，并不属于行政机关。“指导和协助”并不具有强制管理权力。《辽宁省物业管理条例》第 32 条第 2 款规定，符合备案条件的，行政机关应在收到材料后 10 日内进行备案。该条没有给行政机关更多的不予备案的限制条件，包括本案上诉人提出的物业费、业主大会决议的人数。《国务院法制办关于〈物业管理条例〉第十六条请示的答复》（国法秘函［2005］439 号）称：备案为告知性备案（湖南省法制办关于《物业管理条例》第 16 条据此答复，业主委员会需经房地产主管部门批复同意才能取得合法主体资格违背条例本意）。业主大会作出实质性决议，行政机关仅对条例规定的备案材料进行形式审查、信息收集，以便满足日后管理需要。行政机关指导和协助是按《大连市实施〈物业管理条例〉办法》的规定，相关行政机关在业主大会、业主委员会成立阶段进行指导，而不是业主大会决议作出后才指导。上诉人提出的欠缴物业费问题无法律规定，本案中的业主委员会并不欠缴物业费，业主与物业的纠纷应属民事诉讼范围。《辽宁省物业管理条例》第 31 条和《物业管理条例》第 16 条对此并未作出限制。《辽宁省物业管理条例》第 31 条其实是给业主增设了义务，给行政机关增设了权力，是实质性地产生法律抵触，在下位法与上位法且新法发生抵触矛盾的情况下，应遵守《物权法》及《物业管理条例》的规定。本案中的业主委员会成员均是

2017 年 8 月 9 日业主大会筹备组公告的候选人名单中的成员，对于该公告，此前大连市中山区人民法院［2017］辽 0202 行初 53 号判决、大连市中级人民法院［2018］辽 02 行终 321 号判决均认定合法有效，本案中的业主委员会选举是延续此前公告的继续程序，本次选举合法有效。《辽宁省物业管理条例》实施的时间是 2018 年 2 月 1 日，故不应限制本案。此前上诉人就业主委员会欠交物业费发布撤销选举公告，小区业主诉至法院，经大连市中山区人民法院及大连市中级人民法院两审判决，均否决了行政机关的违法行为。大连市中山区人民法院［2017］辽 0202 行初 53 号判决已经查明业主不欠物业费。小区业主已按政府指导价的最高标准交纳了物业费，小区物业公司并不具备物业收费许可，且收费标准显著高于大连市政府的指导价，物业服务存在重大瑕疵，小区水暖、电网均未通过验收，此前物业公司起诉本小区业主欠交物业费，大连市中级人民法院判定物业存在服务瑕疵等问题也并未全额支持物业收费标准，物业公司再审被驳回。对于上诉人仅凭物业公司提供的照片便认定违建，偏袒性过强。物业公司无权认定违建，应由相关行政机关认定是否违建。关于上诉人提出的业主大会决议与投票结果不能一一对应、未列明投同意票的业主比例、人数不符等问题。上诉人 2019 年 3 月 27 日下发补正告知后，小区业主大会通过《业主大会决议》，按上诉人要求补正了投票比例，通过业主委员会变更并公告，业主委员变更为 9 人，街道负责人王某军指导并签字。行政机关的备案并不决定业主委员会的成立生效，法律法规均规定业主委员会的选举和更换由业主大会决定，其决定权在于业主大会而非行政机关。国务院明确回复，备案为告知式备案，并非对业主委员会成员资格的授权和批准。上诉人的上诉意见也明确了其进行的是指导和协助。本案被告对合生帝景苑小区业主委员会不予备案的告知主体是被上诉人，即已承认了被上诉人的主体资格。2018 年 2 月 8 日开始施行的《最高人民法院关于适用〈中华人民共和国行政诉讼法〉的解释》第 18 条规定，业主委员会对于行政机关作出的涉及业主共有利益的行政行为，可以自己的名义提起诉讼。

本院经审理查明，2019 年 2 月 18 日，合生帝景苑小区首次业主大会在大连市旅顺口区铁山街道办事处的指导协助下召开，会议通过了两项内容：

①表决通过由以下13人组成业主委员会，王某伯、林某国、曹某轲、王某、李某、李某梅、王某莉、金某学、王某福、于某、王某阳、于某岩、于某丽。②表决通过了《管理规约》《业主大会议事规则》。2019年2月25日，合生帝景苑小区业主委员会向大连市旅顺口区铁山街道办事处申请备案登记，该办事处在备案登记表上盖章确认。同日，被上诉人向上诉人申请备案登记，大连市旅顺口区住房和城市建设局于2019年3月27日向合生帝景苑小区业主委员会下发《备案告知》。告知以下备案材料需补正：①未提供业主委员会选举办法通过业主大会表决决议；②业主大会表决议项一、二、三未注明具体事项；③根据业主大会表决会议纪要所附的公告结果，仅体现业主委员会候选人同意票数，未体现同意票数专有部分占建筑物总面积的百分比，且王某阳、于某丽、于某岩的同意票数未达到占总人数过半数的要求。被上诉人按上诉人的《备案告知》要求进行补正：修改业主大会表决决议，将表决决议项一、二、三注明具体事项，将原业主委员会名单13人，去掉王某阳、于某丽、于某，因委员会需保留单数人数，去掉第十位于某，最终决议将第一次业主大会选举出的9名业主委员申请备案，修改后的业主大会决议由6位业主委员及铁山街道办事处负责人王某军签字。并在小区内将变更公告予以张贴。3月27日，被上诉人将以上补正材料递交上诉人，上诉人收取后，于4月15日向被上诉人下发《关于合生帝景苑小区业主委员会不予备案的告知》，告知上诉人补正材料后，备案材料存在如下问题，作出不予备案的决定：①《合生帝景苑住宅小区业主大会议事规则》第六章第17条规定业主委员会由13人组成，业主大会决议选举9名业主委员会委员，未达到《议事规则》规定的人数。②补充提交的《合生帝景苑住宅小区业主委员会选举办法》未提供经业主大会表决的证明材料。且“如果前13位候选人得票数不足半数的，以获得多数票人当选（取单数），落选的候选人可当选为候补委员”不符合候补委员也是经专有部分占建筑物总面积过半数的业主且占总人数过半数的业主同意的规定。③选举当选的业主委员中存在欠交物业服务费及违建的情况。合生帝景苑小区物业公司广东康景物业服务有限公司大连分公司盖章确认业主委员林某国、曹某轲、王某、李某、李某梅、王某莉、金某学、王某福、王某伯、于某欠缴物业服务费，并盖章确认

了王某福、金某学、曹某轲、王某莉违建图片。2019 年 6 月 22 日，被上诉人将修改后的《议事规则》及备案申请通过 EMS 邮寄给上诉人。为此，被上诉人诉至法院请求撤销不予备案告知。

本院认为，《物业管理条例》第 16 条第 1 款规定："业主委员会应当自选举产生之日起 30 日内，向物业所在地的区、县人民政府房地产行政主管部门和街道办事处、乡镇人民政府备案。"《物业管理条例》第 19 条第 2 款规定："业主大会、业主委员会作出的决定违反法律、法规的，物业所在地的区、县人民政府房地产行政主管部门或者街道办事处、乡镇人民政府，应当责令限期改正或者撤销其决定，并通告全体业主。"《辽宁省物业管理条例》第 5 条第 1 款规定："省住房城乡建设行政主管部门和市、县房地产行政主管部门（以下简称物业行政主管部门）负责本行政区域内物业管理活动的监督管理工作。"《辽宁省物业管理条例》第 32 条第 1、2 款规定："业主委员会应当自选举产生之日起三十日内，持下列资料到县物业行政主管部门办理备案：（一）业主大会成立和业主委员会选举决议；（二）管理规约；（三）业主大会议事规则；（四）业主委员会主任、副主任及其他成员名单；（五）业主大会决定的其他重大事项。符合备案条件的，县物业行政主管部门自收到备案资料后十日内予以备案并出具备案证明。"上诉人作为物业所在地的大连市旅顺口区的人民政府房地产行政主管部门，负有对本行政区域内物业管理活动的监督管理职责，有做出被诉具体行政行为的法定职权。同时依据《物权法》第 75 条第 2 款的规定"对设立业主大会和选举业主委员会给予指导和协助"。《业主大会和业主委员会指导规则》第 6 条规定："物业所在地的区、县房地产行政主管部门和街道办事处、乡镇人民政府负责对设立业主大会和选举业主委员会给予指导和协助，负责对业主大会和业主委员会的日常活动进行指导和监督。"上诉人对业主大会、业主委员会有监督、管理的职责，对业主大会的召开、业主委员会的选举、管理规约、议事规则等有权审查是否依法依规。

关于被上诉人的主体资格问题，原审法院认为上诉人的《不予备案的告知》针对的主体即是被上诉人合生帝景苑小区业主委员会，因此对被上诉人主体适格的认定为"适当"。被上诉人的主体是否适格并不能以是否取得业主大会印章和业主委员会印章来认定。

关于上诉人于2019年4月15日作出的《关于对合生帝景苑小区业主委员会不予备案的告知》是否应撤销的问题。上诉人的《关于对合生帝景苑小区业主委员会不予备案的告知》认为：①《合生帝景苑住宅小区业主大会议事规则》第六章第17条规定业主委员会由13人组成，业主大会决议选举9名业主委员会委员，未达到《议事规则》规定的人数。②补充提交的《合生帝景苑住宅小区业主委员会选举办法》未提供经业主大会表决的证明材料。且“如果前13位候选人得票数不足半数的，以获得多数票人当选（取单数），落选的候选人可当选为候补委员”不符合候补委员也是经专有部分占建筑物总面积过半数的业主且占总人数过半数的业主同意的规定。③选举当选的业主委员中存在欠交物业服务费及违建的情况。被上诉人的《合生帝景苑小区业主大会议事规则》第17条规定“委员会委员由13人组成”，而被上诉人于2019年3月27日补正材料提交的《大连旅顺口区合生帝景苑小区首次业主大会决议》将委员会的备案人数由13人改为9人。根据《辽宁省物业管理条例》第24条第1、2款的规定：“业主大会会议讨论决定下列事项：（一）制定和修改管理规约、业主大会议事规则、业主委员会选举办法、业主委员会工作规则；（二）选举、罢免或者更换业主委员会成员。……”《合生帝景苑住宅小区业主大会议事规则》的制定和修改应当经过业主大会会议讨论，被上诉人于2019年3月27日提交的《大连旅顺口区合生帝景苑小区首次业主大会决议》将委员会的备案人数由13人改为9人没有证据证明经过业主大会会议讨论通过。因此，上诉人的《关于对合生帝景苑小区业主委员会不予备案的告知》中的第1条和第2条理由成立。对于上诉人认为选举当选的业主委员中存在欠交物业服务费及违建的情况。根据《辽宁省物业管理条例》第31条及《大连市实施〈物业管理条例〉办法》第15条，当选的业主委员应当按时交纳物业费，上诉人对此有审查的权利。但上诉人的现有证据不足以支持其主张，应承担举证不能的法律后果。原审法院认为《关于对合生帝景苑小区业主委员会不予备案的告知》应予撤销的裁判适用法律不当，应予纠正。综上，上诉人的上诉请求成立，本院予以支持。依照《行政诉讼法》第69条、第89条第1款第2项之规定，判决如下：

(1) 撤销大连市中山区人民法院［2019］辽0202行初48号行政判决；

(2) 驳回被上诉人合生帝景苑小区业主委员会的诉讼请求。

一审案件受理费人民币50元，二审案件受理费人民币50元，合计100元，由被上诉人合生帝景苑小区业主委员会负担。

本判决为终审判决。

审判长　车兆东
审判员　李　健
审判员　徐建海
书记员　周　丹
二〇二〇年七月三十一日

二、本案发展时间线梳理

2017年6月

合生帝景苑小区业主通过合法程序组建首次业主大会会议筹备组，铁山街道办事处发布公告确认筹备组名单。

2017年7月11日

筹备组第一次会议，确认业主总户898人，总建筑面积120 237平方米。

2017年8月8日

合生帝景苑小区首次业主大会会议筹备组确定业主委员会候选名单并公示。

2017年8月9日

业主大会筹备组公告候选人名单，公示期间向大连市旅顺口区住房和城市建设局发出请求对此次工作进行指导的函。

2017年9月6日

大连市旅顺口区住房和城市建设局和铁山街道办事处发出公告，提出筹备组应重新推选候选人，此次选举无效。在获悉此公告后，小区的部分业主诉至大连市中山区人民法院，法院判决两行政机关作出的撤销选举结果的决定无效。其后，大连市旅顺口区住房和城市建设局和铁山街道办事处向辽宁省大连市中级人民法院提起上诉。二审维持了原判。

2019 年 2 月 18 日

合生帝景苑小区举行首次业主大会，通过了业主委员会名单、《管理规约》以及《业主大会议事规则》。

2019 年 2 月 25 日

合生帝景苑小区业主委员会向铁山街道办事处申请备案登记，办事处盖章确认。合生帝景苑小区业主委员会向大连市旅顺口区住房和城市建设局提交了备案材料 。

2019 年 3 月 27 日

大连市旅顺口区住房和城市建设局向合生帝景苑小区业主委员会下发《备案告知》，要求补正材料。合生帝景苑小区业主委员会补正了相关材料，并将修改后的决议提交给铁山街道办事处负责人签字，并在小区张贴变更公告。当日，大连市旅顺口区住房和城市建设局收取了补正后的材料。

2019 年 4 月 15 日

大连市旅顺口区住房和城市建设局向合生帝景苑小区业主委员会下发了《不予备案告知书》。

2019 年 6 月 20 日

合生帝景苑小区举行第二次业主大会，修改了《业主大会决议》中对业主委员会组成人数的规定。

2019 年 6 月 22 日

合生帝景苑小区业主委员会将《议事规则》备案申请 EMS 邮寄给大连市旅顺口区住房和城市建设局，但一直未收到回复。合生帝景苑小区业主委员会遂诉至法院。

三、本案涉及的法律规定

《立法法》(2015 年 3 月 15 日起实施)

第八条 下列事项只能制定法律：

(一) 国家主权的事项；

(二) 各级人民代表大会、人民政府、人民法院和人民检察院的产生、组织和职权；

（三）民族区域自治制度、特别行政区制度、基层群众自治制度；

（四）犯罪和刑罚；

（五）对公民政治权利的剥夺、限制人身自由的强制措施和处罚；

（六）税种的设立、税率的确定和税收征收管理等税收基本制度；

（七）对非国有财产的征收、征用；

（八）民事基本制度；

（九）基本经济制度以及财政、海关、金融和外贸的基本制度；

（十）诉讼和仲裁制度；

（十一）必须由全国人民代表大会及其常务委员会制定法律的其他事项。

《行政许可法》（2019年4月23日起实施）

第二条 本法所称行政许可，是指行政机关根据公民、法人或者其他组织的申请，经依法审查，准予其从事特定活动的行为。

第十三条 本法第十二条所列事项，通过下列方式能够予以规范的，可以不设行政许可：

（一）公民、法人或者其他组织能够自主决定的；

（二）市场竞争机制能够有效调节的；

（三）行业组织或者中介机构能够自律管理的；

（四）行政机关采用事后监督等其他行政管理方式能够解决的。

第十五条 本法第十二条所列事项，尚未制定法律、行政法规的，地方性法规可以设定行政许可；尚未制定法律、行政法规和地方性法规的，因行政管理的需要，确需立即实施行政许可的，省、自治区、直辖市人民政府规章可以设定临时性的行政许可。临时性的行政许可实施满一年需要继续实施的，应当提请本级人民代表大会及其常务委员会制定地方性法规。

地方性法规和省、自治区、直辖市人民政府规章，不得设定应当由国家统一确定的公民、法人或者其他组织的资格、资质的行政许可；不得设定企业或者其他组织的设立登记及其前置性行政许可。其设定的行政许可，不得限制其他地区的个人或者企业到本地区从事生产经营和提供服务，不得限制其他地区的商品进入本地区市场。

《物业管理条例》（2018 年 3 月 19 日起实施）

第八条 物业管理区域内全体业主组成业主大会。

业主大会应当代表和维护物业管理区域内全体业主在物业管理活动中的合法权益。

第十条 同一个物业管理区域内的业主，应当在物业所在地的区、县人民政府房地产行政主管部门或者街道办事处、乡镇人民政府的指导下成立业主大会，并选举产生业主委员会。但是，只有一个业主的，或者业主人数较少且经全体业主一致同意，决定不成立业主大会的，由业主共同履行业主大会、业主委员会职责。

第十一条 下列事项由业主共同决定：

（一）制定和修改业主大会议事规则；

（二）制定和修改管理规约；

（三）选举业主委员会或者更换业主委员会成员；

（四）选聘和解聘物业服务企业；

（五）筹集和使用专项维修资金；

（六）改建、重建建筑物及其附属设施；

（七）有关共有和共同管理权利的其他重大事项。

第十二条 业主大会会议可以采用集体讨论的形式，也可以采用书面征求意见的形式；但是，应当有物业管理区域内专有部分占建筑物总面积过半数的业主且占总人数过半数的业主参加。

业主可以委托代理人参加业主大会会议。

业主大会决定本条例第十一条第（五）项和第（六）项规定的事项，应当经专有部分占建筑物总面积 2/3 以上的业主且占总人数 2/3 以上的业主同意；决定本条例第十一条规定的其他事项，应当经专有部分占建筑物总面积过半数的业主且占总人数过半数的业主同意。

业主大会或者业主委员会的决定，对业主具有约束力。

业主大会或者业主委员会作出的决定侵害业主合法权益的，受侵害的业主可以请求人民法院予以撤销。

第十四条 召开业主大会会议，应当于会议召开 15 日以前通知全体业主。

住宅小区的业主大会会议，应当同时告知相关的居民委员会。

业主委员会应当做好业主大会会议记录。

第十五条 业主委员会执行业主大会的决定事项，履行下列职责：

（一）召集业主大会会议，报告物业管理的实施情况；

（二）代表业主与业主大会选聘的物业服务企业签订物业服务合同；

（三）及时了解业主、物业使用人的意见和建议，监督和协助物业服务企业履行物业服务合同；

（四）监督管理规约的实施；

（五）业主大会赋予的其他职责。

第十六条 业主委员会应当自选举产生之日起30日内，向物业所在地的区、县人民政府房地产行政主管部门和街道办事处、乡镇人民政府备案。

业主委员会委员应当由热心公益事业、责任心强、具有一定组织能力的业主担任。

业主委员会主任、副主任在业主委员会成员中推选产生。

第十九条第二款 业主大会、业主委员会作出的决定违反法律、法规的，物业所在地的区、县人民政府房地产行政主管部门或者街道办事处、乡镇人民政府，应当责令限期改正或者撤销其决定，并通告全体业主。

《业主大会和业主委员会指导规则》（2010年1月1日起实施）

第六条 物业所在地的区、县房地产行政主管部门和街道办事处、乡镇人民政府负责对设立业主大会和选举业主委员会给予指导和协助，负责对业主大会和业主委员会的日常活动进行指导和监督。

第七条 业主大会根据物业管理区域的划分成立，一个物业管理区域成立一个业主大会。

只有一个业主的，或者业主人数较少且经全体业主同意，不成立业主大会的，由业主共同履行业主大会、业主委员会职责。

第八条 物业管理区域内，已交付的专有部分面积超过建筑物总面积50%时，建设单位应当按照物业所在地的区、县房地产行政主管部门或者街道办事处、乡镇人民政府的要求，及时报送下列筹备首次业主大会会议所需的文件资料：

（一）物业管理区域证明；

（二）房屋及建筑物面积清册；

（三）业主名册；

（四）建筑规划总平面图；

（五）交付使用共用设施设备的证明；

（六）物业服务用房配置证明；

（七）其他有关的文件资料。

第九条 符合成立业主大会条件的，区、县房地产行政主管部门或者街道办事处、乡镇人民政府应当在收到业主提出筹备业主大会书面申请后60日内，负责组织、指导成立首次业主大会会议筹备组。

第十条 首次业主大会会议筹备组由业主代表、建设单位代表、街道办事处、乡镇人民政府代表和居民委员会代表组成。筹备组成员人数应为单数，其中业主代表人数不低于筹备组总人数的一半，筹备组组长由街道办事处、乡镇人民政府代表担任。

第十一条 筹备组中业主代表的产生，由街道办事处、乡镇人民政府或者居民委员会组织业主推荐。

筹备组应当将成员名单以书面形式在物业管理区域内公告。业主对筹备组成员有异议的，由街道办事处、乡镇人民政府协调解决。

建设单位和物业服务企业应当配合协助筹备组开展工作。

第十二条 筹备组应当做好以下筹备工作：

（一）确认并公示业主身份、业主人数以及所拥有的专有部分面积；

（二）确定首次业主大会会议召开的时间、地点、形式和内容；

（三）草拟管理规约、业主大会议事规则；

（四）依法确定首次业主大会会议表决规则；

（五）制定业主委员会委员候选人产生办法，确定业主委员会委员候选人名单；

（六）制定业主委员会选举办法；

（七）完成召开首次业主大会会议的其他准备工作。

前款内容应当在首次业主大会会议召开 15 日前以书面形式在物业管理区域内公告。业主对公告内容有异议的，筹备组应当记录并作出答复。

第十三条 依法登记取得或者根据物权法第二章第三节规定取得建筑物专有部分所有权的人，应当认定为业主。

基于房屋买卖等民事法律行为，已经合法占有建筑物专有部分，但尚未依法办理所有权登记的人，可以认定为业主。

业主的投票权数由专有部分面积和业主人数确定。

第十四条 业主委员会委员候选人由业主推荐或者自荐。筹备组应当核查参选人的资格，根据物业规模、物权份额、委员的代表性和广泛性等因素，确定业主委员会委员候选人名单。

第十五条 筹备组应当自组成之日起 90 日内完成筹备工作，组织召开首次业主大会会议。

业主大会自首次业主大会会议表决通过管理规约、业主大会议事规则，并选举产生业主委员会之日起成立。

第十六条 划分为一个物业管理区域的分期开发的建设项目，先期开发部分符合条件的，可以成立业主大会，选举产生业主委员会。首次业主大会会议应当根据分期开发的物业面积和进度等因素，在业主大会议事规则中明确增补业主委员会委员的办法。

第三十四条 业主委员会办理备案手续后，可持备案证明向公安机关申请刻制业主大会印章和业主委员会印章。

业主委员会任期内，备案内容发生变更的，业主委员会应当自变更之日起 30 日内将变更内容书面报告备案部门。

《辽宁省物业管理条例》（2018 年 2 月 1 日起实施）

第十六条 房屋的所有权人为业主。

依法登记取得或者根据物权法有关规定取得建筑物专有部分所有权的人，应当认定为业主。

基于房屋买卖等民事法律行为，已经合法占有建筑物专有部分，但尚未依法办理所有权登记的人，可以认定为业主。

第十七条 物业管理区域内全体业主组成业主大会，选举产生业主委员会作为业主大会的执行机构。业主大会和业主委员会代表和维护全体业主在物业管理活动中的合法权益。

第十八条 符合下列条件之一的，街道办事处或者乡镇人民政府应当会同县物业行政主管部门组织成立首次业主大会会议筹备组、召开首次业主大会会议：

（一）交付的专有部分面积超过建筑物总面积百分之五十的；

（二）交付的房屋户数达到总户数百分之五十的；

（三）自交付首位业主之日起满二年且已交付户数比例达到百分之三十的。

只有一个业主的，或者业主人数较少且经全体业主一致同意，决定不成立业主大会的，由业主共同履行业主大会、业主委员会职责。

第十九条 建设单位应当将物业管理内房屋交付情况定期报送县物业行政主管部门，并抄送街道办事处或者乡镇人民政府。

符合成立首次业主大会会议筹备组、召开首次业主大会会议条件的，县物业行政主管部门应当及时书面通知街道办事处或者乡镇人民政府，也可以由建设单位、居（村）民委员会或者十人以上业主联名向街道办事处或者乡镇人民政府提出成立申请；街道办事处或者乡镇人民政府应当在收到通知或者申请后六十日内，组建首次业主大会会议筹备组，并书面通知建设单位或者委托的物业服务企业向其及时报送物业管理区域划分资料、房屋等建筑物面积清册、业主名册、建筑规划总平面图等筹备首次业主大会会议必要的资料。

第二十一条 首次业主大会会议筹备组由业主代表、建设单位代表、街道办事处或者乡镇人民政府代表、居（村）民委员会代表组成，人数为七人以上至十五人以下单数，其中业主代表由街道办事处或者乡镇人民政府征求业主意见后确定，所占比例不得低于筹备组总人数的二分之一。筹备组组长由街道办事处或者乡镇人民政府的代表担任。

筹备组应当自成立之日起七日内，将其成员名单和工作职责在物业管理区域内显著位置进行不少于七日的公告。百分之二十以上业主对筹备组成员有异议的，由街道办事处或者乡镇人民政府协调更换。

筹备组正式工作前，县物业行政主管部门、街道办事处或者乡镇人民政府应当对筹备组成员进行物业管理相关知识的培训。

第二十三条 首次业主大会会议筹备组履行下列职责：

（一）确定首次业主大会会议召开的时间、地点和内容；

（二）草拟管理规约、业主大会议事规则、业主委员会工作规则；

（三）确认业主身份，确定业主人数、所拥有的专有部分面积，以及业主在首次业主大会会议上的投票权数；

（四）制定首届业主委员会委员、候补委员选举办法，确定候选人名单；

（五）依法确定首次业主大会会议表决规则；

（六）召开首次业主大会会议的其他准备工作。

对前款规定的内容，筹备组应当在首次业主大会会议召开十五日前，在物业管理区域内显著位置进行不少于七日的公告。业主对业主身份、投票权数和管理规约、业主大会议事规则草案等提出异议的，业主大会筹备组应当予以复核或者修改，并告知异议人。

筹备组应当自组成之日起六十日内组织召开首次业主大会会议。业主大会自首次业主大会会议表决通过管理规约、业主大会议事规则，并选举产生业主委员会之日起成立。筹备组在业主大会成立后自行解散。

第二十四条 业主大会会议讨论决定下列事项：

（一）制定和修改管理规约、业主大会议事规则、业主委员会选举办法、业主委员会工作规则；

（二）选举、罢免或者更换业主委员会成员；

（三）确定物业管理方式，选聘、续聘和解聘物业服务企业；

（四）确定物业服务内容、标准以及物业服务收费方案；

（五）筹集和使用住宅专项维修资金；

（六）改建、重建建筑物及其附属设施；

（七）改变共有部分的用途；

（八）制定公共绿地管护办法

（九）共用部位、共用设施设备经营方式和所得收益的管理、分配、使用；

（十）业主大会、业主委员会工作经费的筹集、管理、使用，以及业主委员会委员津贴的来源、支付标准；

（十一）改变或者撤销业主委员会作出的不适当决定；

（十二）法律、法规或者管理规约规定的应由业主共同决定的其他事项。

第三十一条 业主委员会由业主大会会议选举产生，委员候选人由居（村）民委员会、业主推荐和业主自荐，经业主大会会议选举产生。业主委员会由五至十一名委员单数组成，每届任期不超过五年，可以连选连任。业主委员会应当自选举产生之日起七日内召开首次业主委员会会议，推选产生业主委员会主任一人，副主任一至二人，并在物业管理区域内显著位置进行不少于七日的公告。

业主委员会委员应当是物业管理区域内的业主，并符合下列条件：

（一）具有完全民事行为能力；

（二）遵守国家有关法律、法规以及管理规约、业主大会议事规则，履行业主义务；

（三）按时交纳物业服务费用和住宅专项维修资金；

（四）热心公益事业，责任心强，公正廉洁；

（五）具有一定的组织能力和文化水平；

（六）具备与履行职责相适应的时间；

（七）本人、配偶及其亲属未在为本物业管理区域提供服务的物业服务企业任职。

业主大会在选举业主委员会委员的同时，可以选举出业主委员会候补委员。候补委员列席业主委员会会议，不具有表决权。在个别业主委员会委员资格终止时，经业主委员会决定，从候补委员中按照得票多少依次递补，并在物业管理区域内显著位置进行不少于七日的公示。

第三十二条 业主委员会应当自选举产生之日起三十日内，持下列资料到县物业行政主管部门办理备案：（一）业主大会成立和业主委员会选举决议；（二）管理规约；（三）业主大会议事规则；（四）业主委员会主任、副主任及其他成员名单；（五）业主大会决定的其他重大事项。符合备案条件的，县物业行政主管部门自收到备案资料后十日内予以备案并出具备案证明。

符合备案条件的，县物业行政主管部门自收到备案资料后十日内予以备案并出具备案证明。

业主委员会任期内，备案内容发生变更的，业主委员会应当自变更之日起三十日内将变更内容书面报告备案部门。

第三十三条 业主委员会办理备案后，可以持备案证明、申请人身份证等刻章材料，到所在地具有公章刻制资质的刻章企业，申请刻制业主大会印章和业主委员会印章。设立监事会或者执行监事的，业主大会印章应当由其保管并监督使用。

…………

《大连市实施〈物业管理条例〉办法》（2009 年 10 月 1 日起实施）

第十五条 业主委员会委员应当符合下列条件：

（一）是本物业管理区域内具有完全民事行为能力的业主；

（二）模范履行按时交纳物业服务费用及其他业主义务；

（三）热心公益事业，责任心强，公正廉洁，具有一定的组织能力；

（四）具备与物业管理相关的专业知识；

（五）身体健康，有必要的工作时间。

《物权法》（2007 年 10 月 1 日起实施）

第七十五条 业主可以设立业主大会，选举业主委员会。

地方人民政府有关部门应当对设立业主大会和选举业主委员会给予指导和协助。

《国务院法制办对关于〈物业管理条例〉第十六条的请示的答复》（2005 年 12 月 7 日）

备案为告知性备案（湖南省法制办关于《物业管理条例》第十六条据此答复，业主委员会需经房地产主管部门批复同意才能取得合法主体资格违背条例本意）。业主大会做出实质性决议，行政机关仅对按条例规定的备案材料进行形式审查，信息收集，以便日后管理需要。

四、本案涉及的理论问题

（一）备案行为的法律性质

本案的一个争议焦点是：一个小区的业主委员会在选举产生后，到当地的物业行政主管部门备案时，这种备案行为是一种告知式行为还是一种行政许可行为？相应的，物业行政主管部门在备案的过程中履行的是一种材料归档备案的职责，即最多具有一些形式审查的权力，还是一种实体权力，即可以审查相应业主委员会是否符合相应的法律资格、具备相应法律主体地位的条件。

在我国的法制实践中，“备案”是一个经常出现并被使用的词语。例如，2015 年《立法法》第 98 条对各种法律规范规定了明确的备案程序，即在制定之后，需要向相应的上级权力机关备案。但是，这种备案程序的进行，不会影响到相应的法律规范性文件的生效。而对相应的法律规定是否符合上位法和宪法规定的审查活动被规定在该法第 87 条以下。从这种立法规定来看，“备案”与“审查”是完全不同的两种程序。在备案程序中，上级权力机关更多的是获得材料并归档，以方便以后的审查监督活动。

在本教材的前一个案件“北京世纪星碟文化传播有限公司不服北京市工商行政管理局朝阳分局撤销行政管理登记案”中，人们同样看到了，当公司的股东大会在变革股东组成后，应当在当时的工商行政管理部门进行登记。但是，登记与否只会产生对抗第三人的效力，对于法人本身的权利义务而言，没有必然的影响，所以在“北京世纪星碟文化传播有限公司不服北京市工商行政管理局朝阳分局撤销行政登记案”中，两级审判机关都认为股东信息变更行为只是一种登记行为，而不属于行政许可行为。在类似的意义上，人们也可以将股东信息的变更活动视作一种在工商行政部门的备案行为。

从本案涉及的各种法律规定来看，没有一项法律明文规定了房地产或者物业行政主管部门可以审查业主委员会的资格。相关法律规定都只是称相应的业主委员会成立后，应当在指定的期限内向相关行政主管机关提交各种资料以备案。这种备案的要求首先具有公示性，以便第三人与由业主委员会代表的全体业主展开活动，例如由业主委员会作为代表聘请物业服务公司。

从法律实践来看，即使某物业管理区域内的业主委员会没有在行政主管部门备案，该物业管理区域内的全体业主同样可以共同与第三方开展各种民事法律活动，这些活动也应当获得民事法律规范的保护。从这种法律实践的现实情况来看，成立业主委员会与物业管理区域内的所有业主的民事行为能力之间没有必然的联系。某物业管理区域的全体业主组织业主委员会并备案后，只具有对社会宣示的效力。在不会对该物业管理区域内的业主民事行为能力产生实质性影响的情况下，业主委员会在行政主管部门的备案活动应当只是一种资料提交与被归档的过程。当然，从本案涉及的各种法律规定来看，在业主委员会成立后，房地产与物业行政主管部门可以对业主委员会的活动作出一定的规制，并纠正其违法行为。但是，就业主委员会成立本身这一活动过程而言，如果认为向房地产与物业行政主管部门（即本案中的住建局）提交相应材料的行为属于法律规定的备案行为，那么行政主管部门便是不具有审查权的。

（二）行政许可设定的条件

本案中，无论是住建局还是二审法院，实际上都是对业主委员会的备案行为作出了行政许可的认定，即没有在住建局备案的业主委员会就不具有业主委员会的法律行为能力，即使住建局不承认备案行为是一个实质上的行政许可行为。从本案的案情和涉及的《辽宁省物业管理条例》来看，业主委员会只有在成功备案后，才可以持备案证明去刻制业主大会的印章和业主委员会的印章。在我国的法治实践中，拥有“印章”是当事人尤其是组织形式的当事人行使自己权利的一个重要前提。没有在住建局成功备案，就会带来严重影响业主委员会权利行使的后果。业主委员会想真正具备履行业主委员会权利的能力，便需要获得住建局对其业主委员会资格的承认。此时，按照《行政许可法》第 2 条的规定，在住建局的备案行为，实际上已经成为一种行政许可行为。

按照《行政许可法》第 15 条第 1 款的规定，地方性法规在上位法没有设定行政许可时，只要不违反该条第 2 款的规定，就可以设定相应的行政许可。本案中的《辽宁省物业管理条例》由辽宁省人大常委会制定，属于省级地方性法规。虽然《辽宁省物业管理条例》依然将业主委员会在选举产生之后的登记行为定义成“备案行为”，但是根据《辽宁省物业管理条例》第31条的规定，入选业主委员会的业主应当满足一定的条件，尤其是“按时交纳物业服务费用和住宅专项维修资金”。这一规定是在上位法尤其是《物业管理条例》规定框架内的进一步细化规定，它增加了业主担任业主委员会委员的资格条件，甚至会影响到业主委员会的成立资格。需要注意的是，《大连市实施〈物业管理条例〉办法》第15条也作出了类似的规定。本案中的住建局也以业主委员会中有不符合条件的业主为由拒绝为其备案。从《辽宁省物业管理条例》的规定以及本案中住建局的执法方式来看，被规定在《辽宁省物业管理条例》中的“业委会备案”程序实际上是一种行政许可程序，《辽宁省物业管理条例》以“备案”程序来描述相关的程序，实际上是不恰当的。

本案中的当事人提出，《辽宁省物业管理条例》第31条增设了业主的义务，扩大了行政机关的权力，从而产生了与上位法抵触的现象。但如果仅仅从《行政许可法》《物业管理条例》和《辽宁省物业管理条例》三部法律的规定来看，《辽宁省物业管理条例》的规定还不构成对上位法的抵触。

虽然从相关法律的规定看，辽宁省人大常委会的确有权通过地方性法规的形式设定行政许可。但是，从本案的审判过程来看，《辽宁省物业管理条例》设定的这一行政许可，实际上限制了业主委员会以及业主委员会代表的众多业主以集体方式行使其不动产物权。按照《物业管理条例》第15条的规定，业主委员会可以代表业主大会履行许多职责。在我国的物业管理制度实践中，业主委员会也是决定一定物业管理区域内物业共同管理事项的主要组织。不成立业主委员会或者业主委员会不能有效运作的物业管理区域，所有业主不动产的权利都会受到实质性的影响。因此，《辽宁省物业管理条例》设定的这一行政许可限制了不动产所有权的效力。考虑到不动产所有权在我国物权制度中的重要地位，《辽宁省物业管理条例》对成立业主委员会的这种限制性规定实际上已经触及了物权制度这一基本民事和经济制度。

按照2015年《立法法》第8条的规定，“民事基本制度”和“基本经济制度”只能以法律的形式作出规定。在本案中，《辽宁省物业管理条例》是否可以以设定行政许可的方式对民事和经济基本制度作出规定，这一点其实是非常值得探讨的。本案中的当事人对《辽宁省物业管理条例》中限制业主委员会成立资格的规定提出了质疑意见，但法院没有直接回应当事人的质疑，这种审判立场是非常值得商榷的。

五、实践问题：行政机关以行政许可方式干涉市民生活的必要性

本教材在上一个案件中对行政许可之于社会生活的普遍干涉现象已经进行了讨论。每当一个行政许可被设置出来，也就意味着公民原先可以享有的自由将受到限制。本案中，《辽宁省物业管理条例》对当选业主委员会的业主资格的限制性规定实质上限制了业主自由当选业主委员会委员的条件。

也许，从立法初衷上看，《辽宁省物业管理条例》的这种限制性规定具有良善的立法目的。换句话说，如果某位业主连按时支付物业服务费用和住宅专项维修资金都做不到，那么其很有可能是无法积极履行业主委员会委员职责的。但正如本案中当事人提出的那样，没有按时交付相关费用只是业主与物业管理组织之间的民事争议，并没有侵犯到其他业主的利益，更谈不上因此而不去积极履行业主委员会委员职责。而且，业主不按时交纳物业服务费用和住宅专项维修费用，尤其是物业服务费用情况的发生，不一定是相关业主缺乏诚信的表现，也有可能是业主与物业服务单位之间产生争议的结果。就像在大多数的民事争议中，争议一方当事人拒绝履行自己的民事义务，不一定就是该方当事人道德品行败坏的体现。如果出现了业主与物业管理单位之间的争议，行政机关作为第三方就利用自己的职权限制业主的重要民事权利，很容易使得人们产生行政机关偏袒物业管理单位一方的印象。

实际上，《行政许可法》在没有对地方立法权限作出原则性禁止的同时，也对一些不需要设定行政许可的事项作出了提示性规定，尤其是如该法第13条“可以不设行政许可”的规定。从这四项规定来看，《行政许可法》立法者显然是不希望行政机关以设定行政许可的方式过多地介入市场活动和市民生活。当市场活动和市民生活中已经存在相应的机制解决相应的问题时，行政机关不应当耗费人力、财力创设新的行政许可。

从本案的具体情况来看，当业主不向物业管理单位交付物业服务费用时，物业管理单位完全可以通过民事诉讼的方式要求业主交付费用。至于有

观点提出，某些不按时交付物业服务费用的业主当选业主委员会的委员后，有可能不会积极履行其业主委员会委员的职责问题，就这一点担心而言，完全可以通过业主委员会的选举过程以及业主大会对业主委员会的监督机制来解决，即属于由“公民、法人或者其他组织能够自主决定的事项”。以行政许可的方式来规制业主委员会的活动，并限制特定业主当选业主委员会委员的资格，这不仅构成本案中当事人所提出的“强制管理”行为，也存在着过度侵入物业业主自治活动的嫌疑，很有可能构成一种不必要的行政许可。

唐某与广州市人民政府行政复议纠纷上诉案

本案是一个比较典型的关于行政不作为的案件。其中涉及两个理论问题：①在行政不作为案件中，行政主体是否存在相应职权的证明问题；②行政法治对于行政相对人的保护作用，尤其是不同的行政法律对于行政相对人的叠加保护作用。本案对于我国行政法治建设的实践意义在于，本案比较鲜明地显示出了行政相对人没有按照法律规定行事时行政主体依然不能免除履行法定职责的义务。

一、判决书原文

广东省高级人民法院行政判决书［2013］粤高法行终字第183号

上诉人（原审原告）：唐某。

被上诉人（原审被告）：广州市人民政府。

法定代表人：陈某华，市长。

委托代理人：黄某成，广州市人民政府法制办公室干部。

委托代理人：蔡某敏，广州市公职律师事务所律师。

就唐某诉广州市人民政府行政复议纠纷一案，广东省广州市中级人民法院于2012年12月5日作出［2012］穗中法行初字第69号行政判决。唐某不服该判决，向本院提起上诉。本院依法组成合议庭审理了本案，现已审理终结。

原审法院经审理查明：唐某于2011年10月26日通过电话向广州市工商行政管理局反映，中国电信股份有限公司广州号百信息服务分公司（以下简称“中国电信公司”）不履行告知有关服务的真实信息，未提供警示服务，导致其财产被骗，要求市工商局根据国家工商行政管理总局《关于处理侵害消费者权益行为的若干规定》，责令被申诉人改正违法行为，强制其提供警示服务。2011 年 10 月 30 日，唐某向广州市工商行政管理局邮寄申诉书，提出中国电信公司不履行告知有关服务的真实信息义务，造成唐某财产被骗，要求广州市工商行政管理局对该公司的违规服务问题责令改正，强制该公司提供警示服务，并要求中国电信公司赔偿经济损失和精神损失等。2011 年 11 月 9 日，广州市工商行政管理局作出 12315 案件受理通知书，并告知了唐某“因你之前已通过电话进行投诉，我中心已受理，并通过中国电信公司处理，经联系，你不满意中国电信公司的处理结果，要求通过工商部门申诉，我中心决定予以受理，交由天河分局处理”等内容。2011 年 11 月 15 日，唐某向广州市工商行政管理局邮寄 2 份信访书，要求广州市工商行政管理局调查处理中国电信公司的违规服务，称该公司不提供真实信息，导致其财产被骗，要求责令该公司改正违规服务，建议该公司提供强制警示服务，并处 1 万元以下罚款。2011 年 11 月 30 日，唐某通过邮寄方式向广州市人民政府提出行政复议申请，认为广州市工商行政管理局对其 2011 年 10 月 30 日的申诉存在不作为，要求广州市工商行政管理局按照《工商行政管理机关受理消费者申诉暂行办法》和《工商行政管理所处理消费者申诉实施办法》的规定履行职责。2011 年 12 月 12 日，广州市工商行政管理局作出穗工商群［2011］208 号《信访答复件》。答复唐某：“1. 我局于 2011 年 10 月 26 日收到你的申诉后，曾联系中国电信公司处理你的申诉事项，但由于你不接受这一处理方式，我局于 11 月 9 日受理你的申诉，并通过邮寄方式将受理通知书送达给你，同时将有关材料转天河工商分局处理；2. 根据《中华人民共和国电信条例》第 3 条的规定，工商部门非电信主管部门，无权对电信企业作出改正违法行为，强制其提供警示服务等行为。因此，你要求工商部门处理电信公司于法无据，我局无法予以采纳。”2012 年 2 月 20 日，广州市人民政府作出穗府行复［2012］23 号《延迟行政复议审查期限通知书》，延长行政复议期限 30 日。2012 年 3 月 14 日，广州市人民政府作出穗府行复［2012］23 号《驳回行政复议申请决定书》，认为监管中国电信公司不属于工商部门的法定职责，唐某认为广州市工商行政管理局行政不作为没有法律依据，遂依据《行政复议法实施条例》第 48 条第 1 款第 1 项的规定，决定驳回唐某的行政复议申请，并于2012年3月21日将上述决定书邮寄送达给唐某。唐某不服，遂于2012年6月4日向原审法院提起本案行政诉讼，请求：判令撤销广州市人民政府于2012年3月13日作出的穗府行复［2012］23号《驳回行政复议申请决定书》，并责令广州市人民政府重新作出复议决定。

原审法院认为：根据《电信条例》第3条"国务院信息产业主管部门依照本条例的规定对全国电信业实施监督管理。省、自治区、直辖市电信管理机构在国务院信息产业主管部门的领导下，依照本条例的规定对本行政区域内的电信业实施监督管理"，《电信服务规范》第4条"中华人民共和国信息产业部（以下简称信息产业部）组织制定全国的电信服务规范，监督检查电信服务规范在全国的实施。各省、自治区、直辖市通信管理局（以下简称通信管理局）监督检查电信服务规范在本行政区域内的实施。本规范中，信息产业部和通信管理局统称为电信管理机构"以及第19条"电信业务经营者提供的电信服务未能达到本规范或者当地通信管理局制定的服务质量指标的，由电信监管机构责令改正。拒不改正的，处以警告，并处一万元以上三万元以下的罚款"的规定，广东省电信管理机构依法对本省电信业行使监督和管理的职权。在本案中，唐某要求对中国电信公司的服务违规问题进行查处，不属于广州市工商行政管理局的法定职责。

《行政复议法实施条例》第48条第1款第1项规定："有下列情形之一的，行政复议机关应当决定驳回行政复议申请：（一）申请人认为行政机关不履行法定职责申请行政复议，行政复议机关受理后发现该行政机关没有相应法定职责或者在受理前已经履行法定职责的；……"在本案中，唐某认为广州市工商行政管理局拒不查处中国电信公司的服务违规问题属于行政不作为而向广州市人民政府申请行政复议，依法应予驳回。经审查，广州市人民政府作出的穗府行复［2012］23号驳回行政复议申请决定事实清楚，适用法律、法规正确，程序合法，依法应予维持。综上所述，依照《最高人民法院关于执行〈中华人民共和国行政诉讼法〉若干问题的解释》第56条第4项的规定，判决：驳回唐某的诉讼请求。本案受理费50元，由唐某负担。

唐某不服上述判决，向本院提起上诉称：①广州市人民政府作出《驳回行政复议申请决定书》，改变了唐某的行政复议申请事项，未审查唐某主张应赔偿其经济损失和精神损害赔偿的请求。②如果没有工商行政管理部门颁发的营业执照，中国电信公司号码百事通（114 查询台）是不能收取唐某电话费的。因此，中国电信公司号码百事通是经营者而不仅是电信企业。③一审法院也错误认定了唐某主张的行政复议申请事项并作为诉讼请求来审理。请求：将本案发回重审。

广州市人民政府答辩称：①穗府行复［2012］23 号《驳回行政复议申请决定书》认定事实清楚，证据充分，适用依据正确。②唐某所申诉的内容主要是电信行业管理，根据《电信条例》的相关规定，对电信这一特定行业的监督管理职权依法由省电信管理机构行使，不属于广州市工商局的法定职责。因此，穗府行复［2012］23 号《驳回行政复议申请决定书》合法，应予维持。

经审查，原审法院经审理查明的事实清楚，本院予以确认。

本院认为，《电信条例》第 3 条规定："国务院信息产业主管部门依照本条例的规定对全国电信业实施监督管理。省、自治区、直辖市电信管理机构在国务院信息产业主管部门的领导下，依照本条例的规定对本行政区域内的电信业实施监督管理。"《电信服务规范》第 4 条规定："中华人民共和国信息产业部（以下简称信息产业部）组织制定全国的电信服务规范，监督检查电信服务规范在全国的实施。各省、自治区、直辖市通信管理局（以下简称通信管理局）监督检查电信服务规范在本行政区域内的实施。本规范中，信息产业部和通信管理局统称为电信管理机构。"根据上述规定，依法对本辖区电信业行使监督和管理职权的行政主管部门并非工商行政管理部门。唐某向广州市人民政府申请行政复议，请求广州市工商行政管理局对中国电信公司的服务违规问题进行查处，依法不属于广州市工商行政管理局的法定职责。《行政复议法实施条例》第 48 条第 1 款第 1 项规定："有下列情形之一的，行政复议机关应当决定驳回行政复议申请：（一）申请人认为行政机关不履行法定职责申请行政复议，行政复议机关受理后发现该行政机关没有相应法定职责或者在受理前已经履行法定职责的；……"广州市人民政府作出穗府行复［2012］23 号《驳回行政复议申请决定书》，决定驳回唐某的行政复议申请正确，原审法院判决驳回唐某关于撤销被诉行政复议决定的诉讼请求并无不当，依法应予以维持。唐某上诉主张，广州市人民政府未审查唐某主张的精神损害赔偿和经济损失，改变了行政复议申请事项，请求将本案发回重审，因缺乏事实根据和法律依据，上诉理由不成立，本院不予采纳。

综上，根据《行政诉讼法》第 61 条第 1 项的规定，判决如下：

驳回上诉，维持原判。

二审案件受理费 50 元由上诉人唐某负担。

本判决为终审判决。

审判长　林俊盛

审判员　杨雪清

代理审判员　方丽达

二〇一三年七月一日

书记员　陈　丹

二、本案发展时间线梳理

2011 年 10 月 26 日

唐某通过电话向广州市工商行政管理局反映，中国电信公司不履行告知有关服务的真实信息义务，未提供警示服务，导致其财产被骗，要求市工商局根据国家工商行政管理总局《关于处理侵害消费者权益行为的若干规定》，责令被申诉人改正违法行为，强制其提供警示服务。

2011 年 10 月 30 日

唐某向广州市工商行政管理局邮寄申诉书，认为中国电信公司不履行告知有关服务的真实信息义务，造成唐某财产被骗，要求：①广州市工商行政管理局对该公司的违规服务问题责令改正，强制该公司提供警示服务；②要求中国电信公司赔偿经济损失和精神损失。

2011 年 11 月 9 日

广州市工商行政管理局作出 12315 案件受理通知书。告知唐某："因你之前已通过电话进行投诉，我中心已受理，并通过广州市消委会（广州市消费者委员会）转中国电信公司处理，经联系，你不满意中国电信公司处理结果，要求通过工商部门申诉，我中心决定予以受理，交由天河分局（广州市工商管理局天河分局）处理”。

2011 年 11 月 15 日

唐某向广州市工商行政管理局邮寄 2 份信访书，要求广州市工商行政管理局调查处理中国电信公司的违规服务，不提供真实信息，导致其财产被骗问题，要求责令该公司改正违规服务，建议该公司提供强制警示服务，并处 1 万元以下罚款等内容。

2011 年 11 月 30 日

唐某通过邮寄方式向广州市人民政府提出行政复议申请，认为广州市工商行政管理局对其 2011 年 10 月 30 日的申诉存在不作为，要求广州市工商行政管理局按照《工商行政管理机关受理消费者申诉暂行办法》和《工商行政管理所处理消费者申诉实施办法》的规定履行职责。

2011 年 12 月 12 日

广州市工商行政管理局作出穗工商群［2011］208 号《信访答复件》。答复唐某：

（1）我局于 2011 年 10 月 26 日收到你的申诉后，曾联系中国电信公司处理你的申诉事项，但由于你不接受这一处理方式，我局于 11 月 9 日受理你的申诉，并通过邮寄方式将受理通知书送达给你，同时将有关材料转天河工商分局处理；

（2）根据《电信条例》第 3 条的规定，工商部门非电信主管部门，无权对电信企业作出改正违法行为、强制其提供警示服务等行为。因此，你提出的由工商部门处理中国电信公司的要求于法无据，我局无法予以采纳。

2012 年 2 月 20 日

广州市人民政府作出穗府行复［2012］23 号《延迟行政复议审查期限通知书》，延长行政复议期限 30 日。

2012 年 3 月 14 日

广州市人民政府作出穗府行复［2012］23 号《驳回行政复议申请决定书》，认为监管电信公司不属于工商部门的法定职责，唐某认为广州市工商行政管理局行政不作为没有法律依据，依据《行政复议法实施条例》第 48

条第1款第1项的规定，决定驳回唐某的行政复议申请。

2012年3月21日

广州市人民政府将上述决定书（穗府行复［2012］23号《驳回行政复议申请决定书》）邮寄送达给唐某。

2012年6月4日

唐某不服，向广东省广州市中级人民法院提起本案行政诉讼。请求：判令撤销广州市人民政府于2012年3月13日作出的穗府行复［2012］23号《驳回行政复议申请决定书》，并责令广州市人民政府重新作出复议决定。

2012年12月5日

广东省广州市中级人民法院作出一审判决：驳回唐某的诉讼请求。唐某不服该判决，向广东省高级人民法院提起上诉。

2013年7月1日

广东省高级人民法院，作出二审判决，判决维持原判。

三、本案涉及的法律规定

《消费者权益保护法》(2009年8月27日起实施)

第二条 消费者为生活消费需要购买、使用商品或者接受服务，其权益受本法保护；本法未作规定的，受其他有关法律、法规保护。

第三条 经营者为消费者提供其生产、销售的商品或者提供服务，应当遵守本法；本法未作规定的，应当遵守其他有关法律、法规。

《电信条例》(2000年9月25日起实施)

第一条 为了规范电信市场秩序，维护电信用户和电信业务经营者的合法权益，保障电信网络和信息的安全，促进电信业的健康发展，制定本条例。

第二条 在中华人民共和国境内从事电信活动或者与电信有关的活动，必须遵守本条例。

本条例所称电信，是指利用有线、无线的电磁系统或者光电系统，传送、发射或者接收语音、文字、数据、图像以及其他任何形式信息的活动。

第三条 国务院信息产业主管部门依照本条例的规定对全国电信业实施

监督管理。

省、自治区、直辖市电信管理机构在国务院信息产业主管部门的领导下，依照本条例的规定对本行政区域内的电信业实施监督管理。

第七条 国家对电信业务经营按照电信业务分类，实行许可制度。

经营电信业务，必须依照本条例的规定取得国务院信息产业主管部门或者省、自治区、直辖市电信管理机构颁发的电信业务经营许可证。

未取得电信业务经营许可证，任何组织或者个人不得从事电信业务经营活动。

《电信服务规范》(2005年4月20日起实施)

第四条 中华人民共和国信息产业部（以下简称信息产业部）组织制定全国的电信服务规范，监督检查电信服务规范在全国的实施。

各省、自治区、直辖市通信管理局（以下简称通信管理局）监督检查电信服务规范在本行政区域内的实施。

本规范中，信息产业部和通信管理局统称为电信管理机构。

第十九条 电信业务经营者提供的电信服务未能达到本规范或者当地通信管理局制定的服务质量指标的，由电信监管机构责令改正。拒不改正的，处以警告，并处一万元以上三万元以下的罚款。

《关于处理侵害消费者权益行为的若干规定》(2004年3月12日起实施)

第一条 经营者提供商品或者服务，应当按照法律法规的规定、与消费者的约定或者向消费者作出的承诺履行义务。

经营者与消费者有约定或者经营者向消费者作出承诺的，约定或者承诺的内容有利于维护消费者合法权益并严于法律法规强制性规定的，按照约定或者承诺履行；约定或者承诺的内容不利于维护消费者合法权益并且不符合法律法规强制性规定的，按照法律法规的规定履行。

第二条 经营者发现其提供的商品或者服务存在严重缺陷，即使正确使用商品或者接受服务仍然可能对人身、财产安全造成危害的，应当立即停止销售尚未售出的商品或者停止提供服务，并报告工商行政管理等有关行政部门；对已经销售的商品或者已经提供的服务除报告工商行政管理等有关行政部门外，还应当及时通过公共媒体、店堂告示以及电话、传真、手机短信等有效方式告之消费者，并且收回该商品或者对已提供的服务采取相应的补救措施。

对经营者不履行前款规定的义务的行为，工商行政管理部门应当在职权范围内责令其改正，并在市场主体信用监管信息中予以记载。

第三条 经营者拟订的格式合同、通知、声明、店堂告示中不得含有下述对消费者不公平、不合理的内容：让消费者承担应当由经营者承担的义务；增加消费者的义务；排除、限制消费者依法变更、解除合同的权利；排除、限制消费者依法请求支付违约金、损害赔偿、提起诉讼等法定权利。

对经营者拟订的格式合同、通知、声明、店堂告示中含有上述内容的，以及减轻、免除其损害消费者合法权益应当承担的民事责任的行为，工商行政管理部门应当责令其改正，并在市场主体信用监管信息中予以记载。

第四条 消费者接受经营者提供的商品或者服务后，向经营者索要发票、收据、购货卡、服务卡、保修证等购货凭证或者服务单据的，经营者必须出具，并不得加收任何费用。

消费者索要发票的，经营者不得以收据、购货卡、服务卡、保修证等代替。有正当理由不能即时出具的，经营者应当按照与消费者协商的时间、地点送交或者约定消费者到指定地点索取。经营者约定消费者到指定地点索取的，应当向消费者支付合理的交通费用。

对经营者不履行前款规定的义务的行为，工商行政管理部门应当责令其改正，并在市场主体信用监管信息中予以记载。

第五条 经营者以邮购、电视直销、网上销售、电话销售等方式提供商品或者服务的，应当按照约定提供。未按照约定提供的，应当按照消费者的要求履行约定或者退回货款；并应当承担消费者为此必须支付的通讯费、不符合约定条件的商品退回的邮寄费等合理费用。

第六条 经营者提供商品或者服务，造成消费者人身、财产损害的，应当按照法律法规的规定、与消费者的约定或者向消费者作出的承诺，以修理、重作、更换、退货、补足商品数量、退还货款和服务费用或者赔偿损失等方式承担民事责任。

经营者在消费者有证据证明向其提出承担民事责任的合法要求之日起超

过 15 日，并且两次以上没有正当理由拒不承担民事责任的，视为故意拖延或者无理拒绝。但经营者能够证明由于不可抗力的原因超过时限的除外。

对经营者故意拖延或者无理拒绝消费者合法要求的行为，由工商行政管理部门依照《消费者权益保护法》第五十条的规定处罚。

《工商行政管理机关受理消费者申诉暂行办法》（1998 年 12 月 3 日起实施）

第八条 消费者申诉案件，由经营者所在地工商行政管理机关管辖。

第九条 县、市工商行政管理机关管辖本辖区内发生的消费者申诉案件。

工商行政管理机关的派出机构管辖其上级机关授权范围内的消费者申诉案件。

第十条 上级工商行政管理机关有权办理下级工商行政管理机关管辖的案件。

下级工商行政管理机关管辖的案件，认为需要由上级工商行政管理机关办理的，可以报请上级工商行政管理机关确定管辖机关。

第十一条 工商行政管理机关发现消费者申诉的案件不属于自己管辖时，应当及时告知消费者向有管辖权的机关申诉。

四、本案涉及的理论问题

（一）行政不作为案件中对行政主体职权存在的证明

在民事与刑事诉讼中，人们经常看到的情景是各方当事人都在努力证明自己的权利存在以及对方的权利/权力不存在。例如，在民事诉讼中，债权人会努力证明自己拥有相应的债权，债务人没有拒绝履行债务的权利。在刑事诉讼中，犯罪嫌疑人会努力证明自己拥有从事相应活动的权利，而公诉人则会努力证明对方没有从事相应活动的权利。在许多行政诉讼中，人们也会看到类似的场景：作为原告的行政相对人努力证明行政主体无权做某事。例如无权对自己的一处建筑物作出拆除的命令，而作为被告的行政主体则会努力证明自己有权作出该项命令。法律诉讼具有比较强烈的零和游戏色彩，一方的所得就是另一方的所失。如果人们认为权利、权力都是在法律上比较积极的存在，能够提高诉讼过程中当事人的地位，那么证明自己有权而对方无权似乎是各方当事人必然会采取的诉讼立场。

但是，在行政诉讼中，我们还会看到另一种非常奇特的情景：作为原告的行政相对人，会想方设法地证明作为被告的行政主体有从事某种活动的权力，而作为被告的行政主体，则会想方设法地证明自己没有从事某类活动的权力。此类奇特的诉讼场景，一般都发生在证明行政主体存在着不作为的案件中。

按照行政法的理论与制度规定，在证明行政主体存在行政不作为的案件中，首先要证明行政主体存在作为义务。但按照合法性原则尤其是在合法性原则下的法律保留原则，行政主体行使任何公权力都需要具有法律上的依据，没有法律依据，行政主体便不能从事相应的行为。行政主体存在行政不作为情况的案件基本上都发生在行政相对人希望行政主体积极作为、履行其职责的场合。但如果从法律上找不到任何依据，证明行政主体有相应作为的义务，行政相对人也就不能要求行政主体采取相应的行为。所以，在证明行政主体存在不作为情况的案件中，首先需要证明法律赋予了行政主体采取相应行为的权力。为了免除不利的法律后果，此时，行政主体自然不会去积极证明自己存在相应的权力。相反，它会努力证明自己没有权力采取相应的行动。而行政相对人为了证明自己有权要求行政主体采取相应行动，会积极主张行政主体具有采取相应行动的权力。在这种法律制度架构中，人们就会看到，作为被告的行政主体会努力证明自己无权做某事，而作为原告的行政相对人则会努力证明行政主体有权做某事。

在本案中，我们就看到了这一场景。在一、二审的过程中，唐某在努力证明广州市工商行政管理局对于中国电信公司具有管辖权，而广州市工商行政管理局甚至广州市政府都在反复宣称自己没有权力管理并处置该公司。相应的依据和理由都是围绕着《消费者权益保护法》《电信条例》等相关法律文件展开的，并按照法律的规定和精神去探讨广州市工商行政管理局是否对该公司拥有管辖权。

在民法与刑法的制度实践中，在绝大多数场合，人们不会遭遇“闭门家中坐，祸从天上来”的情况。如果当事人不想与其他法律主体建立法律联系，对自己的被监护人、宠物、财物尽到了充分的注意义务，就不会面临不利的法律后果。但是，在行政法的制度实践中，人们却会看到，行政主体“自扫门前雪”的态度会招致不利的法律后果。在收到行政相对人请求援助的申请后，如果行政主体置之不理，一方面会带来行政违法的法律后果，另一方面甚至要对行政相对人遭受的损失承担赔偿的责任。相对于普通公民和当事人来说，行政主体的确因此承担着更大的责任，有时会处于不利的法律地位。但这也是现代国家设置庞大的行政官僚体系，让行政机关在很多时候具有人力、物力优势的目的所在。通过制度设计使得行政主体处于“跋前疐后，动辄得咎”的境地，才可能敦促行政主体谨慎行使国家和人民赋予其的巨大权力。

（二）行政法治对行政相对人的保护作用

本案中的一个争议问题是，在《电信条例》明确规定“省、自治区、直辖市电信管理机构在国务院信息产业主管部门的领导下，依照本条例的规定对本行政区域内的电信业实施监督管理”的情况下，消费者是否还可以根据《消费者权益保护法》的规定，要求工商行政管理部门在电信企业的经营范围内对消费者尽到保护义务？

就行政职权的理论而言，在庞大的行政机关组织体系中，不同的部门具有不同的职权，部门之间不可以超越自己的职权、跨部门行使其他部门的职权。例如，对市场的监督管理属于市场监督管理局的职权，在发现市场上存在哄抬常用药价格的行为时，虽然其与药品监督管理局的职权有一定的联系，但是哄抬药价的行为却依然应当由市场监督管理局来处理，药品监督管理局不能越俎代庖。如果药品监督管理局出于善意干涉了这些哄抬药价的行为，例如处罚了存在哄抬行为的药店，那么这样做的后果便是违法行政，药品监督管理局需要承担违法行政的后果。

在前述“北京世纪星碟文化传播有限公司不服北京市工商行政管理局朝阳分局撤销行政登记案”中我们可以看到，虽然工商行政管理局的确对于提供虚假股东信息的行为具有管辖权，在要求法人提供真实的股东信息、法人信息不允配合时还有处罚的权力，但是工商行政管理部门本身没有主动纠正这些虚假注册信息的权力。这是合法性原则中法律保留原则的鲜明体现。

但是，从制度设计的目的上看，这是基于法律保留原则而设置的有关职权法定、禁止越权的规定，是为了保护行政相对人的合法权益，以阻止行政主体权力过度扩张。这种思想的背后逻辑是，行政权力的行使总会带来行政相对人权益减损的后果，行政相对人的权益与行政主体的权力间存在着一个此消彼长的零和关系。但在当今的行政国家时代，行政主体在更多时候是在保护着行政相对人的权益，或者说，在减损一方行政相对人权益的同时有可能会增加第三人的权益。

在本案中，唐某主张的是广州市工商行政管理部门应当积极履行保护其作为一名消费者的权益。从《消费者权益保护法》和《电信条例》的规定来看，这两部法律文件都没有排他性条款，尤其是《电信条例》，在规定“省、自治区、直辖市电信管理机构”对电信经营企业享有管辖权时，没有排除其他行政主体对电信经营企业的管辖权。而且，从《电信条例》的规定内容来看，该条例对各级电信管理机构管辖权的规定更多的是从电信业务的技术特殊性入手，是一种专业管辖。但是，对于电信经营企业的一般特性以及随之而来可能产生的争议（例如欺诈用户、虚假宣传产品和服务质量等典型的消费争议）却没有作出规定。此时我们可以发现，如果人们将电信经营企业作为一类特殊的市场主体来对待，《消费者权益保护法》与《电信条例》之间就构成了一般法与特殊法的关系。按照特殊法优于一般法的规定，即特殊法相对于一般法具有排他性或者抵触性规定时，应当适用特殊法。但从这两部法律文件目前的规定来看，我们无法清楚地发现这种排他性或是抵触性规定。

从法理的一般原则出发，我们可以发现，《消费者权益保护法》属于由全国人大常委会制定的普通法律，《电信条例》是由国务院制定的行政法规。从位阶上看，《消费者权益保护法》属于上位法，《电信条例》属于下位法。即使人们认为《电信条例》对于电信经营企业的规定暗含着排他性甚至抵触性管辖权，在位阶差异的影响下，这些排他性规定也是无效的。

站在消费者的角度，这两部法律文件其实完全可以“和谐共处”。因为从两部法律的立法内容来看，它们是从不同的视角出发，加强了对消费者的保护，消费者非但没有因为行政主体权力的扩张而面临权益受损的情况，反而会获得更好的权利保护，以更好地实现其权利。当然，对于电信经营企业而言，如果同时适用这两部法律，则会使得其面临更多的监管，相应地也会影响到其经营权利的实现。

但是，在任何国家，电信经营企业都属于一类特殊的经营企业。例如，按照《电信条例》第 7 条第 2 款的规定："经营电信业务，必须依照本条例的规定取得国务院信息产业主管部门或者省、自治区、直辖市电信管理机构颁发的电信业务经营许可证。"这意味着电信企业面临着更高的监管要求。例如，在《电信条例》中，国家对电信企业的运营规定了更严格的监管要求。在本案中，中国电信公司本身没有提出电信管理机构这种排他的专业管辖权问题，而是政府机关在主张这种排他的管辖权。在这种情况下，人们有理由认为，政府主张这种排他性的专业管辖权是为了推卸自身责任。由此看来，二级法院作出的认为广州市工商行政管理局没有管辖权的判决是非常值得商榷的。

五、实践问题：行政主体的执法义务不受行政相对人守法状态影响

在本案中，我们可能看到的是一位"非常焦躁"的行政相对人。

10 月 26 日，唐某向广州市工商行政管理局，通过电话反映了其与中国电信公司的争议，并要求广州市工商行政管理局责令中国电信公司改正违法行为。4 天之后，唐某又向广州市工商行政管理局邮寄申诉书，其诉求在 4 天前提出的要求广州市工商行政管理局责令中国电信公司改正违法行为的基础上，增加了提供经济损失和精神损失赔偿。通过唐某诉求的增加，人们可以体会到唐某心中的愤怒之情。但是，从本案案情的描述来看，唐某与中国电信公司之间发生的纠纷可能是比较常见的电信消费者与电信企业在电信资费问题上的纠纷。

11 月 9 日，也就是唐某打电话后的第 13 天，广州市工商行政管理局作出 12315 案件受理通知书，表示已经进入到处理程序。但是，广州市工商行政管理局的受理答复显然没有平息唐某愤怒的心情。11 月 15 日，也就是 6 天之后，唐某再次向广州市工商行政管理局邮寄 2 份信访书，其诉求更加明确、严厉，在要求广州市工商行政管理局纠正该公司违法行为的同时，进一

步要求广州市工商行政管理局对该公司处以 1 万元以下的罚款。需要注意的是，此时唐某利用的已经是“信访”程序了，而不再是普通的行政诉求反映程序。

“焦躁”的唐某还没有就此罢休，又过了 15 天，也就是 11 月 30 日，唐某又通过邮寄的方式，向广州市人民政府（即广州市工商行政管理局的领导机关）提出了行政复议申请，申请的理由是广州市工商行政管理局对其 2011 年 10 月 30 日的申诉存在不作为。

需要注意的是，广州市工商行政管理局在最初答复唐某时，提到的是唐某以电话的方式向其提出诉求，广州市工商行政管理局对整个处理程序的起算时间显然是在 10 月 26 日，这与唐某所称的 10 月 30 日的申诉行为是不同的。在行政相对人重复提出诉求时，将行政相对人提出诉求的时间向后计算，其实对于行政机关来说更有利，因为这会让行政机关拥有更充裕的处理时间。但是，从本案的案情发展来看，广州市工商行政管理局没有因为唐某自己声称的其诉求发生在 10 月 30 日，就将整个行政处理的程序向后延展 4 天，依然还是以 10 月 26 日作为唐某提出最初申请的时间，履行了自己的法定义务，这一点是值得肯定的。

而且，在 11 月 30 日唐某提出行政复议申请时，广州市工商行政管理局表示受理唐某的申诉后，并没有作出最终的处理决定。从相关的法律规定中，我们目前还找不到要求工商行政管理部门对相关企业作出处罚的期限规定。而且，在本案中，唐某不是要求行政机关对其作出一定的作为，例如提供行政给付，而是要求行政机关对第三方进行行政处罚。在涉及对第三方的不利处分时，行政机关还需要听取第三方的陈述与申请，此时唐某一方将进一步失去推进行政处理程序的主动权。

而且从案情描述来看，本案不涉及非常紧急的事项。行政机关于 11 月 9 日表示正式受理唐某的诉求，对此，一般不会期待其在 21 天的时间内就作出相应的行政处罚行为。尤其是在本案中，唐某已经提出了 1 万元的罚款要求，依据《行政处罚法》的规定，这一金额不能适用简易程序。在此情况下，行政相对人其实是无权要求行政机关快速作出决定的。在行政机关还没有作出相应决定的情况下，行政相对人应当是无权申请行政复议的。

尽管行政相对人唐某完全无视了《行政复议法》和其他行政法律规定，但这并不能免除行政主体依法行政的义务。这一点与行政诉讼制度的双重功能有关，即行政诉讼制度不仅保护行政相对人的利益，还具有监督行政机关依法行使行政职权的功能。在行政相对人对自己的权益主张不清或者不正确的情况下，法院依然需要审查行政机关是否依法行政。如《行政诉讼法》第37条规定："原告可以提供证明行政行为违法的证据。原告提供的证据不成立的，不免除被告的举证责任。"从这一意义上说，行政相对人在行政处理过程中是否存在过错甚至是违法情况，与行政主体行政行为的合法性是没有直接关系的。即无论行政相对人采取的行为是否符合法律规定的要求，都不能免除行政主体依法行政的法定义务。

从案情描述来看，广州市人民政府与广州市工商行政管理局在诉讼过程中都没有主张唐某自己存在大量违反行政复议与行政诉讼程序性规定的情况，而是在认定唐某的复议与诉讼行为合法的情况下，针对唐某的各种诉求、不满，在各种行政法律规范性文件的框架中，以平等的地位提出了各种辩护理由与依据。这些行为都反映出了广州市人民政府与广州市工商行政管理局较高的依法行政认识与素养，是值得称赞与肯定的。

乔某顺与怀远县公安局等道路交通事故认定纠纷上诉案

本案是关于行政事故认定的一个比较典型的案例，为了方便学生们理解，本书编写者在本案例之后还附上了另一份判决结果完全相反的判决书。本案中涉及的两个理论问题是：①交通事故认定行为的法律性质，即它是否属于行政诉讼受案范围内的行政行为；②对于行政机关内部行政行为的认定，尤其是对产生明显外部效果的行政行为的认定。本案对于我国行政法治建设的实践意义在于，充分认识行政机关在行政法治运行过程中的服务义务与专业优势。

一、判决书原文

安徽省蚌埠市中级人民法院行政裁定书［2011］蚌行终字第 00004 号

上诉人（一审原告）：乔某顺。

被上诉人（原审被告）：怀远县公安局。

法定代表人：卫某，该局局长。

被上诉人（一审第三人）：刘某利。

上诉人（一审原告）乔某顺因要求撤销被上诉人（一审被告）怀远县公安局《关于撤销怀公交认字［2010］第 0530 号道路交通事故认定书的通知》一案，不服安徽省怀远县人民法院［2010］怀行初字第 40 号行政裁定，向本院提起上诉。本院受理后，依法组成合议庭进行了审理。本案现已审理终结。

乔某顺在一审时诉称：2010 年 5 月 4 日晚，刘某利驾车将原告撞伤后逃逸，怀远县公安局交通管理大队经调查后认定刘某利负此起事故的全部责任，原告无责任。在原告民事诉讼过程中，怀远县公安局的下属机构怀远县公安局交通管理大队违法撤销了原作出的《交通事故认定书》。怀远县公安局的行为存在以下错误：①滥用职权。刘某利未在 3 日内向上级公安机关交通管理部门申请复核，该认定即生效，怀远县公安局交通管理大队不具有撤销该决定的职权。②无法律依据。怀远县公安局作出的怀公［2010］320 号文件不能作为撤销事故认定书的依据。③程序违法，未告知原告复议权、诉讼权利。鉴于该撤销通知的违法性，请求法院依据《行政诉讼法》等相关法律之规定，撤销怀远县公安局的处理决定。

怀远县公安局在一审时辩称：①根据《道路交通安全法》第 73 条和全国人大常委会答复湖南省人大常委会法规工作委员会的请示答复及《公安机关内部执法监督工作规定》第 13 条的规定，怀公交认字［2010］第 0530 号《道路交通事故认定书》仅仅是认定交通事故的证据，不是具体行政行为，不具有可诉性。②怀远县公安局有权依法责令撤销该责任认定书，该撤销行为是公安机关的内部执法监督行为，不是具体行政行为，也就无所谓告知复议权、诉讼权利。③依据《行政诉讼法》第 25 条第 4 款、《最高人民法院关于适用〈中华人民共和国行政诉讼法〉的解释》第 19 条的规定，怀公交认字［2010］第 0530 号《道路交通事故认定书》以怀远县公安局交通管理大队的名义作出，应以其为被告。综上所述，怀远县公安局在本案中不具有诉讼主体资格，请求驳回原告的起诉。

一审法院经审理查明：2010 年 5 月 4 日 21 时许，怀远县荆芡乡石山村村民乔某顺与怀远县找郢乡佰莲坡村村民吴某坤沿 X049 线步行至怀远县荆芡乡胡桥村路段时被一辆货车撞伤，肇事车逃逸。怀远县公安局交通管理大队于 2010 年 5 月 18 日作出怀公交认字［2010］第 0530 号《道路交通事故认定书》。认定：2010 年 5 月 4 日 21 时许，刘某利驾驶“皖 03/56499 号”变型拖拉机，由本县城关镇驶往兰桥方向，沿 X049 线自东向西行驶至荆芡乡胡桥村路段，会车时剐撞到同向路边行人乔某顺、吴某坤后驾车驶离现场，造成乔某顺、吴某坤受伤的交通事故。刘某利的行为违反了《道路交通安全法实施条例》第 48 条、《道路交通安全法》第 70 条之规定，是导致此起事故的直接原因。根据《道路交通安全法实施条例》第 92 条、《道路交通事故处理程序规定》第 46 条和《安徽省道路交通事故当事人责任确定规则

（试行）》之规定，认定刘某利负此起事故的全部责任；乔某顺、吴某坤无责任。怀远县公安局交通管理大队于2010年5月18日向刘某利、乔某顺送达了该责任认定书并告知了相关权利。刘某利在告知时表示不服该责任认定，后申请复核。2010年5月20日，蚌埠市公安局交通警察支队作出蚌公交受字［2010］第5007号《道路交通事故认定复核受理通知书》。2010年5月26日，蚌埠市公安局交通警察支队以乔某顺已向怀远县人民法院提起诉讼为由作出蚌公交受字［2010］第5007号《道路交通事故认定复核终止通知书》终止复核。2010年8月27日，怀远县公安局作出怀公［2010］320号《关于纠正错误交通事故责任认定书的决定》，责成交通管理大队依据《公安机关内部执法监督工作规定》第19条第1项之规定，对刘某利的交通事故责任认定书予以撤销。怀远县公安局交通管理大队于2010年8月31日作出《关于撤销怀公交认字［2010］第0530号道路交通事故认定书的通知》。乔某顺对该撤销通知不服，于2010年10月6日向法院提起行政诉讼。

一审法院认为：乔某顺要求撤销《关于撤销怀公交认字［2010］第0530号道路交通事故认定书的通知》，因要求撤销的事项不属于具体行政行为，不属于行政审判权限范围，故依照《最高人民法院关于适用〈中华人民共和国行政诉讼法〉的解释》第44条第1款第1项的规定，裁定驳回乔某顺的起诉。

乔某顺上诉称：怀远县公安局下设机构怀远县公安局交通管理大队在不具备撤销原作出的交通事故认定书的法定职权的情况下，滥用职权随意撤销原决定，与上诉人有法律上的利害关系，直接影响到了上诉人的合法权益能否得到切实保护。该撤销行为无论形式、外观还是实质均具备行政行为的显著特征。请求二审法院就该撤销行为是否属于行政行为请示最高人民法院，作出公正判决。

怀远县公安局未向本院提交答辩意见。

刘某利未向本院提交答辩意见。

本院认为：根据《道路交通安全法》第73条的规定，交通事故认定书只是被作为处理交通事故的证据。《最高人民法院、公安部关于处理道路交通事故案件有关问题的通知》第4条规定，当事人仅就公安机关作出的道路交通事故责任认定和伤残评定不服，向人民法院提起行政诉讼或民事诉讼的，人民法院不予受理。因对交通事故认定书不服向法院提起行政诉讼，不属于法院受理行政案件的受案范围，而撤销交通事故认定书的通知与交通事故认定书应属同一性质，也不属于行政案件的受案范围。故对乔某顺的诉请依法不予支持。一审裁定认定事实清楚，适用法律正确，审判程序合法。根据《行政诉讼法》第 61 条第 1 项的规定，裁定如下：

驳回上诉，维持原裁定。

本裁定为终审裁定。

审判长　彭　磊
审判员　匡　伟
审判员　秦　玉
二〇一一年元月十八日
书记员　杨　敏

二、本案发展时间线梳理

2010 年 5 月 4 日 21 时许

怀远县荆芡乡石山村村民乔某顺与怀远县找郢乡佰莲坡村村民吴某坤，沿 X049 线步行至怀远县荆芡乡胡桥村路段时被一辆变型拖拉机撞伤，肇事车辆逃逸。

2010 年 5 月 18 日

怀远县公安局交通管理大队作出怀公交认字［2010］第 0530 号《道路交通事故认定书》，认定变型拖拉机的驾驶员刘某利负此起事故的全部责任，乔某顺、吴某坤无责任。

2010 年 5 月 18 日

怀远县公安局交通管理大队向刘某利、乔某顺送达了该责任认定书并告知了相关权利。刘某利在告知时表示不服该责任认定，随后向蚌埠市公安局交通警察支队申请了对该责任的认定复核。

2010 年 5 月 20 日

蚌埠市公安局交通警察支队作出蚌公交受字［2010］第 5007 号《道路

交通事故认定复核受理通知书》。

2010 年 5 月 23 日

乔某顺、吴某坤两人向怀远县人民法院针对刘某利的伤害行为提起了民事诉讼。

2010 年 5 月 26 日

蚌埠市公安局交通警察支队以乔某顺两人已向怀远县人民法院提起诉讼为由，作出了蚌公交受字［2010］第 5007 号《道路交通事故认定复核终止通知书》终止复核。

2010 年 8 月 27 日

怀远县公安局作出怀公［2010］320 号《关于纠正错误交通事故责任认定书的决定》，责成交通管理大队对刘某利的交通事故责任认定书予以撤销。

2010 年 8 月 31 日

怀远县公安局交通管理大队作出《关于撤销怀公交认字［2010］第 0530 号道路交通事故认定书的通知》。

2010 年 10 月 6 日

乔某顺两人对怀远县公安局交通管理大队的撤销通知不服，向法院提起行政诉讼。

三、本案涉及的法律规定

《道路交通安全法》（2008 年 5 月 1 日起实施）

第七十三条 公安机关交通管理部门应当根据交通事故现场勘验、检查、调查情况和有关的检验、鉴定结论，及时制作交通事故认定书，作为处理交通事故的证据。交通事故认定书应当载明交通事故的基本事实、成因和当事人的责任，并送达当事人。

《道路交通安全法实施条例》（2004 年 5 月 1 日起实施）

第九十二条 发生交通事故后当事人逃逸的，逃逸的当事人承担全部责任。但是，有证据证明对方当事人也有过错的，可以减轻责任。

当事人故意破坏、伪造现场、毁灭证据的，承担全部责任。

《道路交通事故处理程序规定》（2009 年 1 月 1 日起实施）

第十一条 公安机关交通管理部门接到道路交通事故报警或者出警指令后，应当按照规定立即派交通警察赶赴现场。

…………

第五十一条 当事人对道路交通事故认定有异议的，可以自道路交通事故认定书送达之日起三日内，向上一级公安机关交通管理部门提出书面复核申请。

…………

第五十三条 ……复核审查期间，任何一方当事人就该事故向人民法院提起诉讼并经法院受理的，公安机关交通管理部门应当终止复核。

《全国人民代表大会常务委员会法制工作委员会关于交通事故责任认定行为是否属于具体行政行为，可否纳入行政诉讼受案范围的意见》（法工办复字［2005］1 号）

根据道路交通安全法第七十三条的规定，公安机关交通管理部门制作的交通事故认定书，作为处理交通事故案件的证据使用。因此，交通事故责任认定行为不属于具体行政行为，不能向人民法院提起行政诉讼。如果当事人对交通事故认定书牵连的民事赔偿不服的，可以向人民法院提起民事诉讼。

《最高人民法院、公安部关于处理道路交通事故案件有关问题的通知》（1992 年 12 月 1 日起实施）

……四、当事人仅就公安机关作出的道路交通事故责任认定和伤残评定不服，向人民法院提起行政诉讼或民事诉讼的，人民法院不予受理。当事人对作出的行政处罚不服提起行政诉讼或就损害赔偿问题提起民事诉讼的，以及人民法院审理交通肇事刑事案件时，人民法院经审查认为公安机关所作出的责任认定、伤残评定确属不妥，则不予采信，以人民法院审理认定的案件事实作为定案的依据。

《最高人民法院关于适用〈中华人民共和国行政诉讼法〉的解释》（法释［2018］1 号 2017 年 11 月 13 日最高人民法院审判委员会第 1726 次会议通过，自 2018 年 2 月 8 日起施行）

第一条 公民、法人或者其他组织对行政机关及其工作人员的行政行为不服，依法提起诉讼的，属于人民法院行政诉讼的受案范围。

…………

（五）行政机关作出的不产生外部法律效力的行为；

…………

（八）上级行政机关基于内部层级监督关系对下级行政机关作出的听取报告、执法检查、督促履责等行为；

…………

（十）对公民、法人或者其他组织权利义务不产生实际影响的行为。

四、本案涉及的理论问题

（一）交通事故责任认定行为的法律性质

通过本案以及文后所附对比案例“罗某富与泸州市公安局交通警察支队三大队行政事故认定争议案”的判决结果来看，交通事故认定行为的法律性质，在实践中存在着争议。在本案中，怀远县公安局认为，根据《道路交通安全法》的规定，交通事故认定书只是被作为处理交通事故的证据，没有对当事人的权利义务作出直接的处分，因此交警作出事故认定书不属于具体行政行为。两级法院也接受了怀远县公安局的观点，作出了不予受理的决定。

但是，在本案例之后所附的“罗某富与泸州市公安局交通警察支队三大队行政事故认定争议案”（以下简称“罗某富案”）中，人们将看到一个持相反态度的法院。在判决书中，二审法院提出：

公安机关对道路交通事故的责任认定，是依照行政法赋予的职权和规定，对道路交通安全管理所行使的一种行政管理行为。公安机关对道路交通事故责任的认定，是一种行政确认行为，该行为直接涉及当事人是否承担民事赔偿责任或能否得到民事赔偿的前提条件和依据；是当事人是否构成犯罪、是否应当依法追究刑事责任的前提条件和依据。为此，它直接涉及当事人的权利和义务。

虽然该案发生的时间较早，在 2001 年，本案涉及的各种法律文件都发布在 2001 年之后，但是“罗某富案”提示出的对行政事故认定行为的争议，在实践中依然存在着，本案也显示了这一点。

《道路交通安全法》第 73 条明确规定：“……交通事故认定书，作为处理交通事故的证据。……”就此而言，交通事故认定书的证据属性在实践中没有太大的争议。但需要注意的是，交通事故认定书的证据属性对于作出交通事故认定书的行为（即交通事故认定行为的定性）还称不上有决定性作用。在本案中，怀远县公安局提出，各种法律文件认定“《道路交通事故认定书》仅仅是认定交通事故的证据，不是具体行政行为，不具有可诉性”，这种论证具有一定的偷换概念色彩。

例如，以行政处罚行为为例。在作出行政处罚行为时，行政机关最终需要向被处罚对象送达行政处罚决定书，而此决定书在行政和司法程序中也将成为权力机关作出其他行政或司法行为的证据和依据。行政处罚决定书是行政处罚行为的结果，行政处罚行为是行政处罚决定书的前提，但两者之间具有一定的独立性。行政处罚决定书的证据属性，不会使得行政处罚行为丧失具体行政行为的法律属性。在实践中，行政处罚涉及当事人的权利义务关系，既包括行政处罚中的被处罚人也包括第三方。在前引“唐某与广州市人民政府行政复议纠纷上述案”中，我们可以看到，作为第三方的唐某对行政机关的处罚行为反应非常激烈。从法律上说，行政处罚决定书与行政处罚行为是具有完全不同内涵的两个概念。

与此类似，交通事故认定书与交通事故认定行为也是在法律上完全不同、具有相互独立性的两个概念。交通事故认定书的证据属性不会使得作出交通事故认定书的行为丧失具体行政行为的属性，也不会使得作出交通事故认定书的行为当然地不具有处分行政相对人权利义务的属性。

从相关法律规定来看，作出交通事故认定是交通事故认定机关的职责。例如，《道路交通事故处理程序规定》第 11 条规定：“公安机关交通管理部门接到道路交通事故报警或者出警指令后，应当按照规定立即派交通警察赶赴现场。……”此处使用的是“应当”而不是“可以”一词。这说明，交通管理部门在交通事故发生后处理各种事故是其法定义务，而不仅仅是一种权力。《道路交通安全法》第73条也规定：“公安机关交通管理部门应当……及时制作交通事故认定书，作为处理交通事故的证据。交通事故认定书应当载明交通事故的基本事实、成因和当事人的责任，并送达当事人。”从这一规定来看，交通事故认定机关不仅在履行作出交通事故认定书的义务，而且还需要“及时”作出并有义务将交通事故认定书送达事故的各方当事人。基于这种义务规定，还可以反向推论，即如果交通事故认定机关不及时作出事故认定结论的话，是否可以确定交通事故认定机关存在不履行职责的不作为情况？如果这种不作为的情况存在的话，人们可能就更难称事故认定行为是不具有法律意义的行为了。

从这些法律规定来看，交通事故认定机关作出事故认定的行为是具有行政法上的法律意义的，当交通事故认定机关不作出或者不及时作出交通事故认定时，将会带来行政法上的不作为后果。不过，交通事故认定机关不作出或不及时作出交通事故认定书时，受影响的行政相对人还需要基于权益受到了影响和损害才可以向法院提起行政诉讼。就交通事故认定行为的可诉性问题，还需要确定交通事故认定机关的事故认定行为会损害或者影响行政相对人的何种权益。

从交通事故认定书的内容来看，一般涉及对事故发生情况以及事故各方责任划分的问题。对事故发生情况的认定，是交通事故认定机关在收集各方当事人证言的基础上，还原事故发生的过程，此时交通事故认定机关扮演的是一个中立第三方裁判者的角色。交通事故认定机关作出事故认定书后，当事人可以依据该事故认定书提起民事诉讼，如果涉及犯罪的情况，在刑事侦查机关移送检察机关后，检察机关还可以提起诉讼。事故认定书的作出在很多情况下会自动引发其他法律后果。

而且，如果在其他诉讼过程中，案件受理机关否定了事故认定书的法律效力，将涉及如何重新认定事故责任的问题。在实践中，法院往往不具有勘察事故现场、确定事故责任的专业能力，此时还需要借助于交通事故认定机关的专业知识，即由交通事故认定机关来重新认定事故。因为，法院很难介入对交通事故的实体判断，还是需要尊重交通事故认定机关的专业判断。

在这种情况下，简单地将交通事故认定行为排除出行政诉讼的受案判断，否定交通事故认定行为和交通事故认定书的法律效力，不仅不利于简化案件的审理程序，更不利于对当事人尤其是行政相对人权利进行救济。例如，在本案中，当乔某顺两人已经向法院就交通事故损害赔偿提起民事赔偿诉讼时，交通事故认定机关自行撤销了事故认定书，此时距离当时的事故发生已经过去 3 个多月了，作为普通公民的乔某顺两人已经不可能再提出新的证据去证明损害事实存在了。甚至对于交通事故认定机关本身而言，在事故过去 3 个多月后，它再想作出一份具有充分证明效力的事故认定书同样也是不容易的。为了减少这些纠纷的发生，更可行的做法可能是如“罗某富案”中法院的判决意见那样，承认交通事故认定行为的法律效力，肯定其作为具体行政行为的性质，对其施加更严格的法律约束，从而促使交通事故认定机关以更严谨、负责的态度作出事故认定书。

另外需要指出的是，在本案中，《全国人民代表大会常务委员会法制工作委员会关于交通事故责任认定行为是否属于具体行政行为，可否纳入行政诉讼受案范围的意见》与《最高人民法院、公安部关于处理道路交通事故案件有关问题的通知》对于道路交通事故认定行为，都明确提出不属于行政诉讼的受案范围。但全国人大常委会法工委只是全国人大的一个办事机构，其出台意见也许对立法意愿的解释有许多指导作用，然而从法律效力上看，其不属于具有正式法律效力的文件。而最高人民法院与公安部联合发布的通知亦不属于最高人民法院的司法解释或者部门规章。该通知在实践中的指引作用也许较强，但是从法律位阶上说，其不属于行政诉讼审判过程中的正式法律依据。况且，在《道路交通安全法》《道路交通事故处理程序规定》这两份法律文件被修订后，前述两份制定于 2005 年之前文件的指导意义将进一步下降，以这两份文件否定交通事故认定行为在实践中缺乏基础。

（二）内部行政行为的认定

本案中，行政机关的另一个抗辩理由是，撤销事故认定书的行为是行政机关的内部执法监督行为，即不会影响到行政相对人利益的内部行政行为。

但这一看法其实是很难成立的。

本案中，乔某顺等两位当事人反对交通事故认定机关自行撤销事故认定书的行为，是因为在失去事故认定书这份重要的证据之后，乔某顺这两位当事人基本上就没有除他们的证词之外的主张其损害的证据了。而且，考虑到事故发生当时的情景，在事故发生3个多月后，还想再还原事故发生时的情景，收集事故发生现场的各种证据，基本上是不可能的。本案中，怀远县公安局认为其单方面在没有行政相对人申请的情况下撤销交通事故认定书的行为属于内部执法监督行为。从行为的形式上看，该行为的确具有行政机关内部自我纠正错误的表象，但在实践中，该行为却会直接影响到行政相对人权利义务的实现。因此，行政机关做出的行为是否属于内部行政行为，不能仅仅根据行政机关的自我判断来决定。

按照2018年《最高人民法院关于适用〈中华人民共和国行政诉讼法〉的解释》(法释［2018］1号)，在三种情况下，行政机关做出的行政行为有可能成为内部行政行为：

> …………
>
> (五) 行政机关作出的不产生外部法律效力的行为；
>
> …………
>
> (八) 上级行政机关基于内部层级监督关系对下级行政机关作出的听取报告、执法检查、督促履责等行为；
>
> …………
>
> (十) 对公民、法人或者其他组织权利义务不产生实际影响的行为。

从该司法解释的规定上看，一个行政行为是否属于内部行政，关键在于是否会对外产生法律效力、是否会影响到行政相对人的权利义务。行政机关的自我认定对判断一个行为是否属于内部行政行为不具有决定性影响。在行政诉讼的审查过程中，法院显然需要对被争议行为是否对行政相对人的权益造成了实际损害作出符合实际的判断。前文的讨论已经肯定了交通事故认定行为属于具有法律效力的具体行政行为。在这种情况下，行政机关单方面主动撤销事故认定书的行为显然就不可能被认定为内部行政行为了。

五、实践问题：行政机关的服务义务与专业优势

行政机关的传统职能是维护社会的基本秩序、保护公共安全，例如打击犯罪、维护社会秩序、防止危害社会稳定的重大安全事故发生。但是，现代国家早已进入到了“行政国家”时代，行政机关已经不再只是消极地承担维稳功能，还积极介入社会生活的方方面面。例如，提供低价甚至免费的公共教育、医疗资源，提供失业保障、养老保障等社会保障服务。当行政机关履行这些职责时，与其说它们是在履行传统的权力行为，还不如说它们是在为整个社会提供服务。正是基于现代国家行政机关从管理向服务的转向，所以有许多观点认为，现代国家不仅是行政国家，也是服务国家。

从本案中涉及的交通事故认定行为来看，就相关法律制度的规定而言，在交通事故发生后，交通行政管理机关有义务作出事故认定书，这是其法定职责。但是，从行政相对人甚至社会的角度来看，这是交通行政管理机关提供社会服务的表现。在一起交通事故发生后，只有尽快明确事故责任的分配，才可以最大限度地减少由事故引发的各种社会纠纷，使得事故各方当事人的生活尽快恢复到正常状态。从这一意义上说，交通事故认定机关为事故各方当事人提供的也是一种社会服务。试想，在一起交通事故发生后，事故各方当事人在陷入由财产损失和人身伤害引发的各种纠纷的同时，还要四处寻找有权威的事故认定机构，这会给各方当事人的生活带来极大的不利影响。

而且，在日益复杂的现代社会生活中，像交通事故认定这样的活动，具有一定的权威性，如果在事故认定上不存在相对权威的认定机关，不同的事故认定机关会给出不同的认定结论，甚至会受到当事人个人好恶和利害关系的影响，这会进一步提高事故发生后处理事故、平息纠纷的成本。基于人类认识能力的有限性，如果设置各种具有相同地位的事故认定机构，那么即使各认定机构都没有受到事故当事人的影响，基于自己的专业判断作出事故认定结论，这些结论在一些重大问题上也有可能存在差异。这种差异现象会给当事人纠纷的解决带来很大的困扰。退一步讲，即使不同的机构在事故认定结论上没有本质的差别，事故纠纷的各方当事人花费了大量的人力、物力，

最终各自通过不同的事故认定机构得出了相同的事故认定结论，这也是一种对资源的浪费。

正是基于以上原因，为了更好地满足民众对于事故责任认定乃至事故纠纷解决的需要，人们通常会看到，包括交通事故在内的各种事故责任的认定机构都具有排他性的地位，而且通常与行政机关保持着密切的联系，很多时候甚至就具有行政机关的地位。例如，中国的交通事故认定机构本身就是交通行政管理部门的组成部分。此时，身处行政机关体系内的事故认定机构不仅是在履行相应的行政职责，也是在提供一种社会公共服务。也正是这种排他性地位使得行政机关在许多专业问题的判断上具有了其他机构不可比拟的专业优势。如对于本案涉及的交通事故责任认定行为，即使法院在诉讼的审查过程中，基于自己的审查权推翻了行政机关作出的责任认定，当事人对责任分配结论的需求也依然存在。从实践中的情况来看，在重新作出事故责任认定的过程中，无论是当事人还是法院都需要借助交通事故认定机关的专业知识。这也是在实践中法院对交通事故认定机关的认定结论进行实质审查或者完全推翻事故责任认定结论的情况很少发生的重要原因。不过，需要注意的是，法院对事故认定机关的责任认定结论表现出很大的尊重与明确将事故责任认定行为排除出受案范围在法律上具有不同的意义。

正是基于交通事故认定的这种社会服务性，当事故当事人对事故责任认定不服、提起行政诉讼时，事故认定机关会感受到“无奈感”也是情有可原的。交通事故认定机关在向当事人提供事故责任认定书时，并没有收取当事人任何费用，相反还要耗费事故认定机关的各种人力、物力，对于事故认定机关本身而言，是一个纯粹的负担行政行为。况且，无论事故究竟如何发生，在很多情况下最终都是由一方甚至双方当事人的过错造成的。当事人不满事故责任认定、以行政机关作为被告提起行政诉讼，也就意味着事故认定机关因为事故当事人的错误而被卷入了诉讼负担。基于这种“无奈感”，事故认定机构及其主管机关（在本案场合下是公安机关）会想方设法将交通事故责任认定行为排除出行政诉讼的受案范围，其动机也是可以理解的。

国家耗费大量的资源、吸引众多专业人才建立行政机关的目的就是服务于整个社会的发展需要。在各种行政制度的运行过程中，行政机关及其工作人员的舒适感不是制度的主要设置目的。事实上，国家通过公务员终身制、公务员相对优厚的收入待遇为公务员提供了比较舒适的工作环境。在这种情况下，行政机关及其工作人员在服务于社会时的压力感是行政机关及其工作人员事先需要有预期的。在事故责任认定制度中，行政机关的专业优势和垄断地位也是通过国家的强制力保障实现的，在这种情况下，事故责任认定机关更需要积极地履行自己的职责。

对比案例：罗某富与泸州市公安局交通警察支队三大队行政事故认定争议案

四川省泸州市中级人民法院行政判决书

［2001］泸行终字第29号

上诉人（原审原告）：罗某富，女，1955年5月22日出生，汉族，农民，住泸县毗卢镇杨湾村5组。

委托代理人：肖某远，四川泸州五月花律师事务所律师。

委托代理人：阮某宁，四川泸州五月花律师事务所律师。

被上诉人（原审被告）：泸州市公安局交通警察支队三大队。

法定代表人：刘某全，该大队队长。

上诉人罗某富因不服被上诉人泸州市公安局交通警察支队三大队道路交通事故责任认定一案，不服泸州市龙马潭区人民法院2001年2月16日作出的［2001］龙马行初字第5号行政判决，向本院提起上诉。本院依法组成合议庭，公开开庭审理了本案。上诉人罗某富及其委托代理人肖某远、阮某宁到庭参加了诉讼。被上诉人的法定代表人刘某全经本院两次合法传唤，无正当理由拒不到庭。本案现已审理终结。

泸州市龙马潭区人民法院在审理本案的过程中进行了举证、质证和认证，但对法律事实未加认定，认为被上诉人所作出的2000—279号道路交通事故责任认定，事实清楚，证据充分，程序合法，适用法律正确。据此依照《行政诉讼法》第54条第1项之规定，判决维持被上诉人作出的2000—279

号道路交通事故责任认定。

上诉人罗某富不服一审判决，上诉的主要理由是：①事故发生地段不属于修路范围，而施工单位在桥上堆放大量炭渣的行为违法，被上诉人对此未加以认定；②事故发生地的桥堆放的炭渣，占路面宽一半以上，无任何防围设施和安全标志，又是在上诉人之子康某华驾车行驶的顺向一面，与事故的发生有直接原因。被上诉人认定上诉人之子康某华负此次事故的全部责任错误，为此导致上诉人所承担的全部赔偿费用不公正。一审判决认定事实不清，证据不足，请求二审法院撤销一审判决；撤销被上诉人作出的2000—279号道路交通事故责任认定；判令被上诉人对此次事故责任重新认定。

被上诉人泸州市公安局交警支队三大队在二审中未答辩。在一审中辩称，上诉人之子康某华驾驶车辆行经施工路段，遇路面有堆放物时，因措施处置不当，驶出路面翻于桥下，应当承担此次事故的全部责任。被上诉人作出事故责任认定后，告知了上诉人如不服，可在15日内向泸州市公安局交警支队申请重新认定。上诉人在法定期限内未提出，复议期满后，被上诉人召集各方当事人对此事故的损害赔偿问题进行了调解，各方当事人自愿达成了调解协议。此次事故已经结案，上诉人提起诉讼毫无理由。另外，根据《最高人民法院关于执行〈中华人民共和国行政诉讼法〉若干问题的解释》第1条第2款第3项之规定，本案不属于人民法院行政诉讼受案范围，请求一审法院驳回上诉人的起诉。

经审理查明：被上诉人认定，上诉人之子康某华驾驶川E06×××号农用车，于2000年9月5日21时约25分，由隆昌向泸州市方向行至泸隆路41千米施工地段处，为躲避路面堆放物（炭渣），驶出松滩桥面，翻于桥下，造成乘车人李某华当场死亡、康某华经医院抢救无效死亡的重大交通事故。被上诉人认为，康某华因措施处置不当导致翻车，违反了《道路交通管理条例》第7条第2款的规定（该条规定遇到本条例没有规定的情况，车辆、行人必须在确保安全的原则下通行。）。被上诉人依据《道路交通事故处理办法》第19条的规定（该条规定一方当事人的违章行为造成交通事故的，有违章行为的一方应当负全部责任，其他方不负交通事故责任。两方当事人的违章行为共同造成交通事故的，违章行为在交通事故中作用大的一方负主要责任，另一方负次要责任；违章行为在交通事故中作用基本相当的，两方负同等责任。三方以上当事人的违章行为共同造成交通事故的，根据各自的违章行为在交通事故中的作用大小划分责任。）于 2000 年 10 月 19 日作出第 2000—279 号道路交通事故责任认定，认定康某华负此次事故全部责任；李某华不负此事故责任。

在庭审中，被上诉人证明对此次事故责任认定正确所提供的证据为：①道路交通事故报案、立案登记表；②现场勘查原始草图、现场图；③现场勘查笔录；④对事故车辆的勘查笔录；⑤公路情况的照片；⑥泸州蜀泸路业有限公司《关于对泸隆路松滩桥至杨关桥路面改造的报告》；⑦道路交通事故技术鉴定书；⑧泸州市法医学会法医鉴定书；⑨对卢某海、卢某兵、余某良、梁某基的询问笔录；⑩送达回证。

上诉人对上述证据本身的真实性未提出异议。但认为上述证据没有证明修路路道包括事故发生地的松滩桥。事故现场勘查图和现场勘查笔录已经证明松滩桥宽 11.90 米，堆放物占路宽 6.45 米，并且在事故车辆行驶的顺向，无任何警示标志和防围设施，车辆来不及躲避，一侧车轮压在堆放物上，造成方向偏离后驶出桥面，与事故的发生有直接原因。

经审查，本院认为：公路情况的照片，不是事故发生时的现场照片，不具有证明力，该证据本院不予确认；其他证据为有效证据，本院予以确认。上诉人的质证理由成立，本院予以采纳。

在庭审中，被上诉人证明适用法律正确的法律依据为：国务院发布的《道路交通管理条例》第 7 条第 2 款、《道路交通事故处理办法》第 19 条和公安部发布的《道路交通事故处理程序规定》。上诉人对上述法律依据未提出异议，但认为，《道路交通管理条例》第 66 条已明确规定，任何单位和个人未经公安机关批准，不准占用道路，堆物作业，市政、公路管理部门为维修道路需要占用，须与公安机关协商共同采取维护交通的措施后，再行施工，挖掘道路的施工现场，须设置明显标志和安全防卫设施。被上诉人不能证明发生事故的地段松滩桥上的堆放物是依据法律规定堆放的。

经审查本院认为，被上诉人适用的法律为有效依据。上诉人提出异议的理由成立，本院予以采纳。另外，根据公安部《道路交通事故处理程序规定》第4条："交通警察须有三年以上交通管理实践，经过专业培训考试合格，由省、自治区、直辖市公安管理部门颁发证书，方准处理一般事故以上的交通事故。"本案处理交通事故的吕某龙、张某是否具备该规定的条件，被上诉人未提供证据予以证明。

在庭审中，被上诉人认为此次事故经过责任认定，在上诉人未提出异议的情况下，组织各方当事人对赔偿问题已进行了调解，并已达成协议，此次事故已处理终结，提供的证据是：《道路交通事故损害赔偿调解书》。上诉人认为，在公安机关组织调解时，因上诉人仍处于亲人死亡的悲痛之中，相信公安机关会依法公平合理地解决。为此，没有认真考虑，在调解书上签了字。但后来认为，公安机关确定的19项损害赔偿中的尸检费1000元，自己的车辆损失修理费12 813元，车辆停放费360元，车辆施救费2080元，松滩桥的栏杆修理费720元，青苗补偿费850元等费用共计55 709.10元不合理。全部由上诉人承担不公平。

经审查，该事故损害赔偿调解书中所载明的当事人承担赔偿责任的一方是上诉人和李某连（康某华之妻），另一方是李某华和李某连的父母李某德和唐某秀，当事人属父母和姻亲关系，并无桥梁管理部门、车辆修理部门等当事人参加。本院认为，上诉人与被上诉人对损害赔偿额的确认及承担发生的争议，不是本案审判的对象。该争议可以另行诉讼解决。

综上，本院认为，公安机关对道路交通事故的责任认定，是依照行政法赋予的职权和规定，对道路交通安全管理所行使的一种行政管理行为。公安机关对道路交通事故责任的认定，是一种行政确认行为，该行为直接涉及当事人是否承担民事赔偿责任或能否得到民事赔偿的前提条件和依据；是当事人是否构成犯罪、是否应当依法追究刑事责任的前提条件和依据。为此，它直接涉及当事人的权利和义务。《行政诉讼法》第2条规定："公民、法人或者其他组织认为行政机关和行政机关工作人员的具体行政行为侵犯其合法权益，有权依照本法向人民法院提起诉讼。"本案当事人认为公安机关对交通事故的责任认定行为侵犯其合法权益，向人民法院提起行政诉讼，依法属于人民法院行政诉讼受案范围。被上诉人认为根据《最高人民法院关于执行

〈中华人民共和国行政诉讼法〉若干问题的解释》第1条第2款第3项，“调解行为以及法律规定的仲裁行为”不属于人民法院行政诉讼的受案范围。因本案审查的对象是道路交通事故责任认定行为是否合法，不是审查公安机关的调解行为是否合法。道路交通事故责任认定行为，也不是法律规定的仲裁行为。被上诉人的该理由不能成立。国务院《道路交通事故处理办法》第22条虽然规定了“当事人对交通事故责任认定不服的，可以在接到交通事故责任认定书后十五日内，向上级公安机关申请重新认定”，但该规定是“可以”而不是“应当”，为此不属于复议前置。被上诉人认为在法定期限内当事人没有申请重新复议，该事故责任认定就已发生法律效力的理由，不能成立。即使属于复议前置，也应当依据《行政复议法》第9条告知当事人在60日内提起，而不是15日。该法第42条规定：“本法施行前公布的法律有关行政复议的规定与本法的规定不一致的，以本法的规定为准。”

本案事故发生在松滩桥上，该桥面是否属于整修范围，是否准许堆放炭渣，被上诉人未提供证据加以证明；桥面堆放的大量炭渣，未设立安全标志和防围设施，是否合法，与此次重大交通事故的发生是否有直接的因果关系，被上诉人并未加以认定，因此属认定事实不清。被上诉人事故责任认定行为所依据的是《道路交通事故处理办法》第19条规定，而该条分为三款，分别规定了一方、两方和三方当事人不同的责任情况，被上诉人适用的是哪个具体条款不清，属适用法律错误。

道路交通事故发生后，公安交通管理部门应当按照法定程序，调查取证，查明事故原因。对涉及事故发生的各种因素，应当予以全面考虑并进行综合分析认定，划分事故责任。被上诉人对本案交通事故责任认定的行为，认定事实不清，证据不足，适用法律错误，该行为不具有合法性。一审判决予以维持错误，依法应予纠正。上诉人的上诉理由成立，本院予以采纳。

据此，依照《行政诉讼法》第48条、第54条第2项第1、2目、第61条第3项之规定，判决如下：

（1）撤销泸州市龙马潭区人民法院2001年2月16日作出的［2001］龙马行初字第5号行政判决；

（2）撤销泸州市公安局交通警察支队三大队2000年10月19日作出的

2000—279 号道路交通事故责任认定；

(3) 判令泸州市公安局交通警察支队三大队对 2000 年 9 月 5 日发生在泸隆路 41 公路处的重大交通事故责任重新认定。

一、二审案件受理费各 200 元，共计 400 元，由被上诉人泸州市公安局交通警察支队三大队负担。

本判决为终审判决。

审判长　姜学东

审判员　武建华

代理审判员王郁逊

二○○一年四月二十四日

书记员　刘丽娟

杜某强与佛山市顺德区国家税务局行政复议决定纠纷上诉案

本案主要涉及两个争议：①原顺德市国家税务局稽查局是否可以以自己的名义作出行政处罚的决定，该争议与行政主体资格的确定问题有关；②在对负担行政的复议过程中，复议机关是否可以加重行政相对人的负担，即加重其义务或减少其权利。本案对我国行政法治建设的实践意义在于，分析行政救济制度在我国行政法治建设中的功能定位。

一、判决书原文

广东省佛山市中级人民法院行政判决书［2003］佛中法行终字第34号

上诉人（原审原告）：杜某强。系私营企业顺德市容桂镇远东灯饰厂业主。

委托代理人：苏某和，广东达声律师事务所律师。

委托代理人：邱某，广东达声律师事务所律师。

被上诉人（原审被告）：佛山市顺德区国家税务局。地址：佛山市顺德区大良街道办事处鉴海北路86号。

法定代表人：廖某华，局长。

委托代理人：陈某万，佛山市顺德区国家税务局稽查局科员。

委托代理人：唐某强，佛山市顺德区国家税务局政策法规科科员。

上诉人杜某强因诉佛山市顺德区国家税务局行政复议决定一案，不服佛山市顺德区人民法院作出的［2002］顺法行初字第42号行政判决，向本院提起上诉。本院依法组成合议庭，对本案进行了审理，现已审理终结。

原审查明的事实：上诉人为被上诉人税务管辖区内的私营企业顺德市容桂镇远东灯饰厂的业主，该厂于1999年1月至2000年7月期间接受的27份增值税专用发票，分别盖有“潮阳市雅伦发展有限公司发票专用章”“潮阳市森河实业有限公司发票专用章”等，以上发票所含的发票价款共 3 832 832. 81 元，所含增值税进项税款共计 651 581. 59 元已申报抵扣。对于以上发票，原顺德市打击骗取出口退税工作领导小组办公室要求潮阳市国家税务局和揭阳市国家税务局进行核查。两地税务局均来函证实以上发票为“无货交易、虚开发票”和“虚假企业、银行票货款不相符、无货交易”。原顺德市打击骗取出口退税工作领导小组办公室将有关线索转交原顺德市国家税务局稽查局处理。据此，该局立案调查发现，上诉人将上述发票记载的购销业务入账，其中有 1 741 859元的支票是开给发票上所记载的销货单位的，但经向出票银行核查，1 741 859 元支票款项并非向发票上所记载的销货单位付款，即账目作虚假记载。同时，上诉人在陈述时称 1 741 859 元均系上诉人之供销员自提现金后转付给这些销货单位，或者通过相关业务单位转付给销货单位，但并无相应证据予以证实。对于发票上记载的其余应付款，上诉人称已支付给销货单位，也无法提交相应的原始付款凭据予以证实。原顺德市国家税务局稽查局根据以上调查取得证据，于 2001 年 12 月 28 日依据《增值税专用发票使用规定》第 8 条作出顺国税稽处字［2001］第 000784 号《税务处理决定书》，向上诉人追补以上发票已抵扣之税款共 651 581. 59 元。上诉人对此处理决定不服，向被上诉人提出行政复议申请。被上诉人作出顺税复决字［2002］第 001 号《行政复议决定书》，变更适用国税发［1997］134 号文、国税发［2000］182 号文和国税发［2000］187 号文，追缴税款 651 581. 59 元。上诉人不服，遂提起行政诉讼，要求撤销被上诉人作出的复议决定。原审法院于 2002 年 8 月 21 日作出［2002］顺法行初字第 13 号行政判决，判决撤销被上诉人作出的顺税复决字［2002］第 001 号《行政复议决定书》，并判决被上诉人重新作出复议决定。被上诉人于 2002 年 9 月 16 日重新作出顺税复决字［2002］第 002 号《行政复议决定书》。认为：根据国税发［1997］134 号《国家税务总局关于纳税人取得虚开的增值税专用发票处理问题的通知》和《税收征收管理法》（1995 年 2 月 28 日修正）第 40 条第 1 款的规定，认定原顺德市国家税务局稽查局作出的上述《税务处理决定书》认定事实不清，适用法律法规错误，依法予以变更，将上诉人的行为定性为偷税行为，决定追缴已抵扣税款 651 581. 59 元。上诉人对顺税复决字［2002］第 002 号《行政复议决定书》仍不服，又再提起行政诉讼。

另查：因顺德撤市变区，原顺德市国家税务局和顺德市国家税务局稽查局于 2003 年 3 月 1 日更名为佛山市顺德区国家税务局和佛山市顺德区国家税务局稽查局。

原审认为：国务院办公厅于 1997 年 1 月 23 日颁发的国办发［1997］1 号文《国务院办公厅关于转发国家税务总局深化税收征管改革方案的通知》，批准了国家税务总局于 1997 年 1 月 1 日颁布实施的《关于深化税收征管改革的方案》。该方案确定承担税收征管工作的税务机关为基层征管单位（主要是指直接面对纳税人的税务局或税务分局），其内设机构按照管理服务、征收监控、税收稽查和政策法规四个系列划分设置税收征管内设机构。广东省国家税务局下发粤国税发［1998］039 号《关于设置全省各级国家税务局稽查局的通知》，决定设置国家税务局稽查局，为副科级建制。2001 年 4 月 25 日，广东省国家税务局又下发粤国税发［2001］103 号《广东省国家税务局关于各市、县（市、区）国家税务局职能配置、内设机构和人员编制的规定》，确定了各市、县（市、区）国家税务局机关的职能配置、内设机构和人员编制，确定稽查局为国家税务局的直属机构。原顺德市国家税务局稽查局是符合国务院规定设立的并已向社会公告的税务机构。根据 2001 年 4 月 28 日修订通过的《税收征收管理法》第 14 条关于“本法所称税务机关是指各级税务局、税务分局、税务所和按照国务院规定设立的并向社会公告的税务机构”的规定，可确定原顺德市国家税务局稽查局为税务机关，并为原顺德市国家税务局的直属机构，同时被法律授权行使税收征收、查处的职权，有权以自己的名义对外作出税收处理决定。《行政复议法》第 12 条第 2 款规定：“对海关、金融、国税、外汇管理等实行垂直领导的行政机关和国家安全机关的具体行政行为不服的，向上一级主管部门申请行政复议。”因此，被上诉人作为原顺德市税务局稽查局的主管部门，对该局的行政处理决定依法有进行行政复议的权力。本案中，潮阳市和揭阳市两地税务局出具的函件，系国家税务专门机关对其辖区内开具的发票内容的真实性所作出的行政确认行为，该确认行为属生效的行政行为，在未被生效法律文书撤销前，是可以作为证明涉案的 27 份专用发票属于虚开发票、销售方无货交易的证据的。对被上诉人认定上诉人所收取的上述 27 份发票属虚开发票和无货交易，并利用他人虚开专用发票，向税务机关申报抵扣税款的事实，本院予以确认。上诉人提出潮阳市和揭阳市两地税务局出具的函件反映的情况不真实的主张，因上诉人提起本诉是不服被上诉人作出的复议决定，因此潮阳市和揭阳市两地税务局出具的函件并非本案的审查范围。且原顺德市国家税务局稽查局已调取其账目进行核查，所调取的证据也无法证明上诉人与发票上记载单位发生了真实交易。同时，被上诉人在调查取证时也责令上诉人提交有关反驳上述两地税务机关所作出有关证明内容的证据，但上诉人并没有提交相应的反驳证据。故此，对上诉人主张其与开票单位发生真实交易的主张，本院不予采纳。依据国家税务总局于 1997 年 8 月 8 日公布的国税发［1997］134 号《国家税务总局关于纳税人取得虚开的增值税专用发票处理问题的通知》：受票方利用他人虚开的专用发票，向税务机关申报抵扣税款进行偷税的，应当依照《税收征收管理法》及有关规定追缴税款。同时，因上诉人的违法行为发生在《税收征收管理法》于 2001 年 4 月 28 日修订前，因此应适用修订前的《税收征收管理法》。该法第 40 条规定："纳税人采取……或者进行虚假的纳税申报的手段，不缴或者少缴应纳税款的，是偷税。……"故此，可确认上诉人的违法行为构成偷税行为，应适用该法进行处理。同时，被上诉人在顺德区人民法院［2002］顺法行初字第 13 号行政判决书生效后的法定时间内重新作出复议决定，符合法定程序。综上所述，被上诉人作出的《行政复议决定书》，认定事实清楚，证据充分，适用法律正确，程序合法，依法应予维持。对上诉人要求撤销原顺德市国家税务局稽查局顺国税稽处字［2001］第 000784 号《税务处理决定书》的诉讼请求，因被上诉人作出的顺税复决字［2002］第 002 号《行政复议决定书》已撤销了该具体行政行为，故该决定不具有可诉性，依法应驳回上诉人该项诉讼请求。依照《行政诉讼法》第 54 条第 1 项之规定，判决驳回上诉人要求撤销佛山市顺德区国家税务局稽查局顺国税稽处字［2001］第 000784 号《税务处理决定书》的诉讼请求；维持被上诉人佛山市顺德区国家税务局于 2002 年 9 月 16 日作出的顺税复决字［2002］第 002 号《行政复议决定书》；案件诉讼费人民币 100 元，由上诉人负担。

上诉人杜某强不服原判，提起上诉称：首先，原顺德市国家税务局稽查局只是原顺德市国家税务局的内设机构，不具有查处违反税收征收法律、法规行为的执法主体资格，不能以自己的名义对外作出税收处理决定，被上诉人亦不是其上级主管部门，不应成为本案的行政复议机关。其次，被上诉人作出的具体行政行为程序违法。被上诉人在作出行政行为时，未将相关证据提交给上诉人进行质证，剥夺了上诉人的辩护权利，应依法予以撤销。再次，被上诉人作出的行政复议决定超出了上诉人所申请复议的范围。上诉人申请复议时，仅要求撤销或变更原行政处理决定，且原行政处理决定仅提出追缴上诉人已抵扣税款，但被上诉人却认定上诉人的行为属偷税行为，加重了对上诉人的处理，这有悖于法律规定。再次，被上诉人重新作出的顺税复决字［2002］第002号《行政复议决定书》与被撤销的复议决定相同，违背了《行政诉讼法》第55条的规定。最后，根据《最高人民法院关于行政诉讼证据若干问题的规定》第1条、第3条的规定，被上诉人在本案一审中向法庭提交的上诉人陈述笔录与自述材料不能被作为认定本案事实的依据。综上所述，被上诉人作出的具体行政行为程序违法，一审判决错误，请二审法院依法改判。

被上诉人佛山市顺德区国家税务局答辩称：首先，被上诉人具有对该案的行政复议权。顺德区国家税务局稽查局有执法主体资格，其上一级税务机关是顺德区国家税务局。国务院办公厅颁发的国办发［1997］1号文批准了国家税务总局于1997年1月1日颁布实施的《关于深化税收征管改革的方案》。该方案确定了承担税收征管工作的税务机关为基层征管单位，其内设机构按照管理服务、征收监控、税收稽查和政策法规四个系划分设置税收征管内设机构。根据广东省国家税务局粤国税发［1998］039号《关于设置全省各级国家税务局稽查局的通知》和粤国税发［2001］103号《广东省国家税务局关于各市、县（市、区）国家税务局职能配置、内设机构和人员编制的规定》，认定稽查局为国家税务局的直属机构。顺德区国家税务局稽查局的设置符合国务院的规定并已向社会公告。依据《税收征收管理法》第14条的规定，可以确定顺德区国家税务局稽查局为税务机关，同时被法律授权行使税务征收、查处的职权。顺德区国家税务局作为其上一级主管税务机关，依据《行政复议法》第12条第2款的规定，依法享有行政复议权。其次，被上诉人作出的具体行政行为程序合法。在对上诉人作出行政处罚之前，已通过《税务行政处罚事项告知书》告知上诉人处罚额度及法律依据，并告知上诉人享有陈述、申辩、听证权利。应上诉人申请，按照法定程序举行了听证会。在听证过程中，将作出行政处罚的全部证据及处罚依据向上诉人作了出示，上诉人也进行了申辩和质证。另外，《行政复议法》第 28 条规定复议机关应当对被申请人作出的具体行政行为进行审查，这种审查是全面的，而不仅局限于申请人的申请范围，上诉人提出的复议机关不能超出其申请行政复议的请求范围进行行政复议的观点缺乏法律依据。再次，被上诉人重新作出的复议决定书与原处理决定不相同，且认定事实清楚，适用法律正确，程序合法，应予维持。最后，被上诉人在一审时向法院提交的上诉人陈述笔录及自述材料的提取经过合法程序，应当作为本案认定事实的依据。综上所述，原审判决正确，请二审法院予以维持。

经审查，诉讼双方当事人对原审认定的证据和查明的事实并无异议，本院依法予以确认。

本院认为：根据国务院办公厅于 1997 年 1 月 23 日颁发的国办发［1997］1 号文《国务院办公厅关于转发国家税务总局深化税收征管改革方案的通知》和国家税务总局于 1997 年 1 月 1 日颁布实施的《关于深化税收征管改革的方案》，以及广东省国家税务局下发的粤国税发［1998］039 号《关于设置全省各级国家税务局稽查局的通知》和粤国税发［2001］103 号《广东省国家税务局关于各市、县（市、区）国家税务局职能配置、内设机构和人员编制的规定》，佛山市顺德区国家税务局稽查局是按照国务院规定设立并已向社会公告的税务机构，属于《税收征收管理法》第 14 条规定的税务机关范畴，依法享有税务机关行使税收征收和查处违反税收征收法律、法规行为的职权，可以自己的名义作出行政处理决定。同时，依据《行政复议法》第 12 条第 2 款的规定，佛山市顺德区国家税务局作为佛山市顺德区国家税务局稽查局的上级主管部门，依法享有对佛山市顺德区国家税务局稽查局作出的行政处理决定进行行政复议的职权。上诉人认为被上诉人佛山市顺德区国家税务局不具备本案行政复议机关主体资格的主张错误，本院不予支持。被上诉人在收到上诉人的行政复议申请后，依法予以受理，并在法定期限内作出了顺税复决字［2002］第 001 号行政复议决定，后该复议决定因认定事实不清，适用法律、法规错误被佛山市顺德区人民法院［2002］顺法行初字第13号行政判决撤销，并责令被上诉人重新作出行政复议决定。被上诉人遂在法定期限内重新作出了顺税复决字［2002］第002号行政复议决定，该复议决定认定上诉人利用他人虚开专用发票，向税务机关申报抵扣税款的行为构成偷税，并作出追补税款的决定，证据充分、认定事实清楚、适用法律正确，并与被撤销的行政复议决定在认定事实和适用法律上不同，未违反《行政诉讼法》第55条的规定，依法应予维持。根据《行政复议法》第22条规定的行政复议采取书面审查办法的原则，且被申请复议机关作出的原行政行为并非行政处罚决定，而是责令上诉人补缴所欠税款的行政处理决定，该行为并不属于法律规定必须听证的范围，故对上诉人认为被上诉人作出行政复议决定程序违法，剥夺其辩护权利的主张，本院不予支持。另外，根据《行政复议法》第28条的规定，复议机关应对被申请复议的具体行政行为进行全面审查，并享有变更、撤销被申请复议的具体行政行为的职权。上诉人认为被上诉人变更原行政处理决定对其行为性质的认定，属于超出行政复议请求范围的主张没有法律依据，本院不予支持。最后，被上诉人在一审中向法院提交其在行政行为过程中取得的上诉人陈述笔录与自述材料等证据，并未违反《最高人民法院关于行政诉讼证据若干问题的规定》第3条的规定，上诉人认为该证据不能作为本案认定事实的依据的主张是对法律、法规的错误理解，本院亦不予支持。综上所述，被上诉人作出的顺税复决字［2002］第002号行政复议决定认定事实证据充分，适用法律、法规正确，符合法定程序，原审判决维持该决定正确，依法应予维持。因此，依照《行政诉讼法》第61条第1项的规定，判决如下：

驳回上诉，维持原判。

二审诉讼费100元由上诉人承担。

本判决为终审判决。

审判长　余品图

审判员　杨小芸

代理审判员　周　刚

二〇〇三年八月二十日

书记员　徐允贤

二、本案发展时间线梳理

2000 年 7 月之前

顺德市容桂镇远东灯饰厂于 1999 年 1 月至 2000 年 7 月期间接受的 27 份增值税专用发票，分别盖有“潮阳市雅伦发展有限公司发票专用章”“潮阳市森河实业有限公司发票专用章”等，以上发票所含的发票价款共 3 832 832.81 元，所含增值税进项税款共计 651 581.59 元已申报抵扣。

原顺德市打击骗取出口退税工作领导小组办公室要求潮阳市国家税务局和揭阳市国家税务局进行核查。潮阳市国家税务局和揭阳市国家税务局均来函证实以上发票为“无货交易、虚开发票”和“虚假企业、银行票货款不相符、无货交易”。

原顺德市打击骗取出口退税工作领导小组办公室将有关线索转交原顺德市国家税务局稽查局处理。原顺德市国家税务局稽查局进行调查并取得证据。

2001 年 12 月 28 日

原顺德市国家税务局稽查局，作出顺国税稽处字［2001］第 000784 号《税务处理决定书》。杜某强（顺德市容桂镇远东灯饰厂业主）对此处理决定不服，向佛山市顺德区国家税务局提出行政复议申请。

2002 年年初

佛山市顺德区国家税务局作出顺税复决字［002］第 001 号《行政复议决定书》，变更适用国税发［1997］134 号文、国税发［2000］182 号文和国税发［2000］187 号文，并维持了追缴税款 651 581.59 元的决定。杜某强对该行政复议决定不服，向佛山市顺德区人民法院提起行政诉讼。

2002 年 8 月 21 日

佛山市顺德区人民法院作出［2002］顺法行初字第 13 号行政判决，判决驳回原告的诉讼请求。

2002 年 9 月 16 日

佛山市顺德区国家税务局重新作出顺税复决字［2002］第 002 号《行政复议决定书》，认定原顺德市国家税务局稽查局作出的上述《税务处理决定书》认定事实不清，适用法律法规错误，依法予以变更，将上诉人的行为定性为偷税行为，维持追缴已抵扣税 651 581.59 元的决定。杜某强对此复议决定依然不服，再次向佛山市顺德区人民法院提起行政诉讼。

2002 年末

佛山市顺德区人民法院作出［2002］顺法行初字第 42 号行政判决，判决驳回杜某强的诉讼请求，维持佛山市顺德区国家税务局于 2002 年 9 月 16 日作出的顺税复决字［2002］第 002 号《行政复议决定书》。杜某强不服，向广东省佛山市中级人民法院提起上诉。

三、本案涉及的法律规定

《行政诉讼法》(1990 年 10 月 1 日起实施)

第二十五条第四款 由法律、法规授权的组织所作的具体行政行为，该组织是被告。由行政机关委托的组织所作的具体行政行为，委托的行政机关是被告。

《行政复议法》(1999 年 10 月 1 日起实施)

第一条 为了防止和纠正违法的或者不当的具体行政行为，保护公民、法人和其他组织的合法权益，保障和监督行政机关依法行使职权，根据宪法，制定本法。

第十五条 ……（三）对法律、法规授权的组织的具体行政行为不服的，分别向直接管理该组织的地方人民政府、地方人民政府工作部门或者国务院部门申请行政复议；……

第二十八条 ……（三）具体行政行为有下列情形之一的，决定撤销、变更或者确认该具体行政行为违法；决定撤销或者确认该具体行政行为违法的，可以责令被申请人在一定期限内重新作出具体行政行为：

1. 主要事实不清、证据不足的；
2. 适用依据错误的；
3. 违反法定程序的；
4. 超越或者滥用职权的；
5. 具体行政行为明显不当的。……

《税收征收管理法》（2001 年 5 月 1 日起实施）

第十四条 本法所称税务机关是指各级税务局、税务分局、税务所和按照国务院规定设立的并向社会公告的税务机构。

《国家税务总局关于印发〈增值税专用发票使用规定〉的通知》（1994 年 1 月 1 日起实施）

第八条 除购进免税农业产品和自营进口货物外，购进应税项目有下列情况之一者，不得抵扣进项税额：

（一）未按规定取得专用发票。

（二）未按规定保管专用发票。

（三）销售方开具的专用发票不符合本规定第五条第（一）至（九）项和第（十一）项的要求。

《国务院办公厅关于转发国家税务总局深化税收征管改革方案的通知》（1997 年 1 月 23 日起实施）

……（五）建立以征管功能为主的机构设置体系。

1. 机构设置。征管机构设置要坚持“精简、效能”的原则。以承担税收征管工作全部任务和执行税收收入计划的税务机关为基层征管单位（主要是指直接面对纳税人的税务局或税务分局），其内设机构要根据不同情况，按照管理服务、征收监控、税务稽查、政策法规四个系列划分设置，但不得超过上级或有关部门核定的数量；税务所原则上按经济区划设置。

中央、省（区、市）、地（市）、县（市）各级税务机关的机构设置应根据改革需要作相应的调整。

四、本案涉及的理论问题

（一）行政主体资格的确定

行政主体在行政法中具有高度的能动性。在民事法律关系中，各方民事法律关系主体通常处于平等地位，在确定双方的权利义务时，除非在法律有明确规定的情况下，否则不存在一方法律关系主体相对于另一方具有更多能动性的情况。如果民事法律关系的一方主体，对对方主体的法律行为存在不同意见时，一方主体不能强行要求对方按照自己的意志行事，相反需要等待有权的国家机关作出裁判。

与民事法律关系形成鲜明对比，在行政法律关系中，行政主体相对于另一方行政法律关系主体即行政相对人，具有高度的能动地位。在没有法律特殊规定的情况下，行政主体作出的涉及双方法律关系（尤其是行政相对人权利义务状态）的决定都具有法律上的约束力。这一点通过行政行为的效力理论表现得尤为明显。例如，根据行政行为的效力理论，行政主体做出相应的行政行为之后，该行政行为没有经过有效的机关依据法定程序变更或者撤销以前，都被推定是合法有效的，甚至在行政相对人提出异议的情况下，依然可以执行该行政行为的内容。如《行政处罚法》第 73 条、《行政复议法》第 21 条、《行政诉讼法》第 56 条都规定行政相对人就相应的行政行为提出争议时不会影响到行政行为的执行。

行政主体在行政法律关系的构建过程中不仅具有积极、能动的主体地位，其在实现自己意志的过程中还具有优益权，即相对于行政相对人甚至是相对于普通公众而言都具有各种优先地位，例如优先通行、优先使用公共资源，普通公众则需要配合行政主体工作人员的工作。这些表现出行政主体具有一定的“特权”地位。这种特权的存在是为了更好地服务于整个社会的公共利益、更高效地履行行政主体的职责。如果行政主体在使用这些行政特权的过程中出现了权力滥用甚至腐败的行为，不仅会违反行政法治赋予这些行政主体特权地位的制度设计初衷，更会严重损害普通公众对行政主体乃至国家行政法治的信心。

正是考虑到行政主体在行政法律关系运作中的能动地位、行政主体相对于普通公众享有的行政特权以及行政主体违法行为对国家法治权威的损害风险，在行政法治的运作过程中，行政主体的设置是一件非常慎重的事项，何种主体通过怎样的程序和方式可以设立行政主体是一个需要严格规定的事项。但有些遗憾的是，在目前我国的行政法治建设实践中，对于行政主体的设置，还没有一部统一的法律。

我国行政法理论的通说认为，行政主体包括职权行政主体与授权行政主体。职权行政主体即为实践中的行政机关，此类行政主体都是通过组织法的形式创立，在实践中也比较好确认。在实践中经常引起争议的是授权行政主体。此类行政主体在其被创立时没有履行行政职责的功能，或是市场主体（例如电信公司）或是行业协会（例如足球协会）或是教育机构（例如高校）或是行政机关的内部办事机构（例如行政机关的办公室）。通过有权机关的授权，这些组织得以具有行政主体的法律地位。但是，对于授权的方式与程序，时至今日，我国在行政法治建设过程中并没有作出统一的规定。

在 2001 年本案发生的时候，涉及行政主体确定问题的法律规定，可能是当时的《行政诉讼法》第 25 条第 4 款："由法律、法规授权的组织所作的具体行政行为，该组织是被告。由行政机关委托的组织所作的具体行政行为，委托的行政机关是被告。" 1999 年《行政复议法》第 15 条第 1 款第 4 项亦规定："对法律、法规授权的组织的具体行政行为不服的，分别向直接管理该组织的地方人民政府、地方人民政府工作部门或者国务院部门申请行政复议；……" 从这两部我国行政法治中的一般性法律规定来看，在以授权方式创设行政主体的过程中，必须采取法律和法规两种形式。需要注意的是，2017 年最新修正的《行政诉讼法》第 2 条第 2 款规定"前款所称行政行为，包括法律、法规、规章授权的组织作出的行政行为"，赋予了规章授权能力。

本案中，行政相对人提出的一个重要争议是，顺德市国家税务局稽查局是否具有行政主体的资格。行政机关提交的依据分别是国务院办公厅、国家税务总局、广东省国家税务局这些行政机关颁发的规范性文件。需要注意的是，这些行政机关都没有制定行政法规的权力，其创设的机构也不属于《行政诉讼法》与《行政复议法》规定的由"法律、法规"授权的组织。退一步讲，按照 2001 年《税收征收管理法》第 14 条的规定，"本法所称税务机关是指各级税务局、税务分局、税务所和按照国务院规定设立的并向社会公告的税务机构"。由此可知，若只有国务院办公厅发布了相应的规定，而国务院没有以自己的名义对所涉税务机关发布过相关规范性文件，是无法将这样的机关认定为税务机关的。因此，法院将国务院办公厅的通知与国务院的通知混为一谈，这种看法是值得商榷的。换言之，本案中顺德市国家税务局稽查局的行政主体资格的确是存在着相当大的疑问的。

（二）行政复议的审查范围

本案中，行政相对人提起行政诉讼的一个主要动因在于，在行政复议过程中，复议机关在变更原来的行政决定的过程中，进一步认定行政相对人的行为属于偷税行为，这属于对上诉人处罚决定的加重，使得行政相对人相对于提起行政复议之前，有可能因为该复议决定而承担更不利的法律后果。对行政相对人行为性质的认定不属于行政相对人申请行政复议的内容，复议机关表面上纠正了原具体行政行为的法律瑕疵，却没有起到对行政相对人的合法权益提供更好保护的作用。就此而言，本案揭示出一个理论问题：在行政复议的过程中，复议机关该如何界定被申请具体行政行为的审查范围？

从我国行政复议制度的设计来看，复议机关在复议过程中，的确有权对原行政行为进行全面审查，例如根据本案发生时适用的《行政复议法》，如果复议机关认为被复议行政行为存在“明显不当”的情况，可以决定撤销或者直接变更。这与行政诉讼制度中针对被诉行政行为法院原则上只能撤销而不能随意变更的做法形成了鲜明的对比。而这种差别存在的原因在于具体行政行为的复议机关是作出原具体行政行为的上级机关，享有干预下级行政机关行使行政行为的权力。

在行政机关的等级领导体系中，复议机关与作出原具体行政行为的机关往往存在着上下级的领导与被领导关系。作为上级领导机关的复议机关，即使在不存在复议申请的情况下，在行政机关的日常行政活动中，通常也有权力改变下级机关的决定。这也是在行政复议的过程中，复议机关被认为对被申请复议具体行政行为具有完全审查权的原因。

但需要注意的是，在行政复议的程序启动后，复议机关对被申请复议的行政机关的审查与处置已经不同于在没有复议申请人的场合下上级行政机关对下级行政机关的监督行为。复议申请人在提起复议时具有保护自己合法权益的目的，这一点在《行政复议法》第 1 条的规定中得到了鲜明的反映。行政复议制度与行政机关内部监督机制是不同的，行政复议制度在纠正违法或不当的具体行政行为时，其目的被限制在了保护行政相对人的合法权益上。而且，为了节省行政资源、尽快作出行政复议决定，行政复议机关在审理被申请复议的具体行政行为时，也需要将自己的审查目的限制在保护行政相对人合法权益的范围内，而不能以将原先具体行政行为完全推导重来以作出新的具体行政行为的方式来审查原行政行为。在申请人没有提出相应审查申请时，或者没有涉及所申请保护的合法权益时，复议机关一般不宜扩大复议的审查范围。

五、实践问题：行政救济制度在行政法治建设中的地位

在行政过程中，行政主体的强势地位是非常明显的。对于行政机关作出的行政决定，原则上，在没有经过有权国家机关基于法定程序予以变更或者撤销时，该行政决定具有执行力，行政相对人需要尊重这些决定，即使这些行政决定为行政相对人设定了义务，行政相对人也需要根据行政机关规定的方式和期限去将这些行政决定落实到位。也即，行政相对人对于这些行政决定是否有异议都不会影响到这些决定的执行力。而且，在行政法治的实践中，行政机关掌握着大量的人力、物力资源，再加上行政法赋予行政机关的各种行政优益权，行政相对人在行政机关面前在很多时候都处于弱势地位。

在这种情况下，包括行政复议和行政诉讼制度在内的行政救济制度给了行政相对人一个主张和保护自己合法权益的有效途径。虽然这些救济途径都是在事后，有些行政决定可能已经执行完毕，例如要求当事人排除妨害时，行政机关已经对行政相对人的财物进行了处置，恢复原状的救济形式不再有可能实现。但这种事后救济机制的存在还是能起到倒逼行政机关在作出和执行行政决定的过程中尽量做到谨慎、善意、合法行事。而且，在这些行政救济制度中，或许是为了平衡行政相对人在行政过程中的绝对弱势地位，相应的法律制度还为行政相对人设置了许多便利条款，最明显的如《行政诉讼法》第 34 条、第 37 条的规定。即第 34 条第 1 款规定："被告对作出的行政行为负有举证责任，应当提供作出该行政行为的证据和所依据的规范性文件。"第 37 条规定："原告可以提供证明行政行为违法的证据。原告提供的证据不成立的，不免除被告的举证责任。"这些规定使得行政机关负有证明行政行为合法的举证责任，却没有赋予行政相对人证明行政机关违法的举证责任。而这无论是在诉讼负担上还是在诉讼成功的可能性上都赋予了行政相对人极大的便利。

当行政相对人认为自己的合法权益受到了行政机关的损害时，行政相对人提出行政复议申请是期望能够利用行政复议制度来纠正违法和不当的行政

行为，以弥补自己受到的损害。基于这一制度设计目的，行政复议机关在审查被申请复议行为时，更多的是为了站在行政相对人的一边以平衡行政相对人在行政过程中的不利地位。依据《行政复议法》第 28 条的规定，行政复议机关有权变更违法或者不当的行政行为，而且行政复议机关对被申请复议行政行为的审查，采取的是全面审查的方式，即不仅审查法律问题，也审查事实问题；不仅审查合法性问题，也审查合理性问题。基于行政复议制度设计的初衷是救济行政相对人，行政复议机关的这种全面审查活动以及可能行使变更权的决定，也应当是为了维护行政相对人的利益，而不能通过这种变更行为加重对行政相对人的处罚或是施加更多的义务与负担。这就类似于刑事诉讼制度中的“上诉不加刑”制度。例如，《行政诉讼法》第 77 条第 2 款规定：“人民法院判决变更，不得加重原告的义务或者减损原告的权益。……”否则，如果行政相对人意识到在经历行政复议后，自己的处境会变得更差，那么行政相对人很可能会回避行政复议制度。这样，行政复议制度也就丧失了为行政相对人提供救济的可能。

在本案中，行政复议机关以原行政行为作出时适用的法律法规错误为由，不仅没有支持复议申请人撤销或者从轻变更原行政行为的请求，反而在原有行政行为认定的事实之外进一步认定复议申请人的行为属于偷税行为，这相当于加重了对行政相对人的处罚。然而，本案两审法院都认为，行政复议机关在复议过程中进行全面审查时，可以不受限制地进行审查，甚至可以超出复议申请人复议请求范围作出决定，这种观点很有可能误解了行政救济制度在我国行政法治建设中的地位和作用。

谭某香等六人诉仁化县公安局行政不作为及赔偿案

本案中涉及两个争议：①如何认定行政机关工作人员的行为是个人行为还是职务行为；②当合法权益受损的行政相对人已经通过其他方式获得赔偿后，是否还可以向有违法行为的行政机关提出赔偿请求。本案对于我国行政法治建设的实践意义在于，如何在保证行政机关约束其工作人员依法行政与不让行政机关因其拥有的行政职权而承担过大的负担间取得一个合理的平衡。

一、判决书原文

一审：广东省仁化县人民法院［2006］仁行初字第1号（2006年3月23日）

二审：广东省韶关市中级人民法院［2006］韶中法行终字第30号（2006年6月29日）

原告（上诉人）：谭某香（被害人罗某明之妻）。

原告（上诉人）：罗某（被害人罗某明之子），11岁。

法定代理人：谭某香（罗荣之母）。

原告（上诉人）：罗某章（被害人罗某明之父）。

原告（上诉人）：黎某妹（被害人罗某明之母）。

原告（上诉人）：李某中（被害人李某峰之父）。

原告（上诉人）：谭某兰（被害人李某峰之母）。

被告（被上诉人）：仁化县公安局。

2002年1月2日凌晨2时许，肖某群因在某酒吧挑衅滋事被李某峰等人砍伤后到医院诊治。事前与肖某群等人在酒吧饮酒作乐的民警朱某旗即通知江某彬等人到医院集结；肖某群亦电话告知县公安局刑警中队队长陈某福，陈某福随即驾驶警车到该医院。凌晨3时许，李某峰、罗某明乘车回家途中被发现，陈、朱二人即驾驶警车追赶。朱某旗手持工作证从车窗伸出并拦停了被害人所乘车辆；陈某福也出示了警察证并要求车上的人去派出所接受处理。与此同时，江某彬等十多人亦开车赶到现场，并强行将李某峰、罗某明拖下车，用猎枪向李某峰开了一枪，并用避震芯、铁管等工具殴打二人。陈某福坐视不理，任由朱某旗、江某彬等人打人后逃离现场。李、罗二人经110民警和陈某福送医院抢救无效后死亡。

2002年10月8日，韶关市中级人民法院作出［2002］韶刑初字第61号刑事附带民事判决；案经广东省高级人民法院发回重审。韶关市中级人民法院经重审后于2004年3月25日作出［2004］韶刑初字第8号刑事附带民事判决，对江某彬等11名被告分别处以刑罚，其中朱某旗犯故意伤害罪、非法持有枪支罪，被判处死刑缓期二年执行，剥夺政治权利终身；各被告人连带赔偿附带民事诉讼原告谭某香等6人经济损失共计240 238.2元。朱某旗等人不服提出上诉，广东省高级人民法院于2004年12月30日作出［2004］粤高法刑一终字第425号刑事裁定：驳回上诉，维持原判。

陈某福因不正确履行及不履行法定职责，被仁化县人民法院以［2002］仁刑初字第62号刑事判决认定犯玩忽职守罪，判处有期徒刑二年。

谭某香等6人（即被害人罗某明之妻、子、父、母及被害人李某峰之父、母）于2004年5月6日向仁化县公安局申请行政赔偿。同年5月13日，该局作出《行政赔偿复议答复》，认为陈、朱二人的行为是其在休息时间，私自为朋友泄愤报复，是与行使职权无关的个人行为。其在处置肖某群被砍伤事件之时，并未向局领导请示汇报，公安局也未曾为此接警和出警，故不承担赔偿责任。谭某等6人不服，于2006年1月4日向仁化县人民法院提起行政诉讼。

原告诉称：被告单位的刑警中队队长陈某福、民警朱某旗在2002年1月2日凌晨3时许处理抚溪人与肖某群打架一事时，违法行使治安行政管理职权，将被害人所乘坐的车辆拦截，致使李某峰、罗某明被犯罪分子打死，造成原告严重损失，故请求确认被告的行政行为违法、赔偿原告人民币80余万元。

被告答辩理由同其2004年5月13日对谭某香等6人作出的《行政赔偿复议答复》。

仁化县人民法院经审理认为，肖某群被李某峰等人殴打致轻伤，符合刑事案件的立案条件。陈某福是县公安局刑警中队队长，肖某群告诉其被人砍伤，要求刑警队派人验伤，符合刑事案件立案侦查的主体。陈某福到医院了解肖某群的伤情、向知情人了解情况，在仁化县城寻找李某峰等人以及电话通知扶溪镇派出所设卡拦截该汽车等行为，符合刑事案件的侦查行为特征。在发现李某峰等人所乘车辆后，陈某福驾驶警车与朱某旗一同追赶，在出示《人民警察工作证》后将该车拦停，表明警察身份后要求李、罗二人到派出所接受调查处理。之后，发生江某彬等人伤害李、罗二人致死事件。故陈某福的行为不是治安行政管理行为，而是刑事侦查行为，不属行政诉讼的受案范围。据此，依照《最高人民法院关于执行〈中华人民共和国行政诉讼法〉若干问题的解释》第44条第1项之规定，裁定驳回谭某香等6人的起诉。

谭某香等6人不服一审裁定，向韶关市中级人民法院上诉称：原裁定适用法律错误，本案定性不当，应依法撤销。①原裁定认为刑事侦查违法，不属国家赔偿范围，是没有事实依据和法律依据的。按照《国家赔偿法》第三章“刑事赔偿”第15条、第16条的规定，刑事侦查违法，损害了当事人的合法权益，属国家赔偿范围。②本案不应适用《行政诉讼法》，而应适用《国家赔偿法》所规定的法定程序处理，故原审裁定适用法律错误。③本案对原、被告身份的确定也是欠妥的。根据《国家赔偿法》的规定，双方当事人应以申请人和被申请人的身份出现。④原告与被告之间是平等的主体，个人与国家机关发生争议不是平等主体，所以不存在个人起诉国家机关的情形，而是以个人行为请求国家机关按照《国家赔偿法》的规定给予补偿。⑤原裁定将本案的性质误认为行政赔偿是错误的。原告请求的是国家赔偿而不是行政赔偿，法院应以国家赔偿委员会的名义作出决定，审理人员应以国家赔偿委员会委员的身份出现。综上，请求撤销一审裁定，重新作出公正的裁定。

仁化县公安局辩称：①谭某香等6人的上诉理由不成立。一是诉求赔偿没有明确是行政还是刑事；二是谭某香等6人在一审时的诉求是行政违法、行政赔偿，其上诉时却请求国家赔偿，理由是我局损害了当事人的合法权益，但我局根本没有损害当事人的利益。②陈某福、朱某旗在本案中的行为是个人行为，而不是行使职权行为，也不是在遇有警察职责范围内的紧急情况下履行的职责。其个人行为已经构成刑事犯罪，追究其刑事责任是罪有应得。我局不存在违法行使职权的情况。③人民法院已经就本案作出刑事附带民事诉讼判决，江某彬等 11 名被告共赔偿附带民事诉讼原告人经济损失人民币 241 238. 21 元，其中朱某旗赔偿人民币 72 371. 46 元。综上，李某峰、罗某明之死是江某彬等人造成的，与我局无关，我局不应承担行政赔偿责任，原裁定认定事实清楚，适用法律、法规正确。请求二审法院驳回上诉，维持原裁定。

韶关市中级人民法院经审理认为：原审法院认定事实不清，证据不足。①陈某福在处置肖某群被砍伤事件时，并未向局领导请示汇报，仁化县公安局并未按《刑事诉讼法》的规定予以刑事立案侦查，故其行为不能被认定为刑事侦查行为。②朱某旗手持工作证从车窗伸出并拦停了被害人所乘车辆，陈某福也向该车司机谭某某出示了《人民警察证》并要求车上的人到派出所接受处理。该行为属于行使《人民警察法》第 7 条所赋予的采取行政强制措施的职权行为。③在江某彬等人实施故意伤害犯罪的过程中，陈某福未依法履行维护社会治安、制止危害社会治安秩序、制止违法犯罪行为的职责，且［2002］仁刑初字第62 号《刑事判决书》已认定其行为构成玩忽职守罪，故其行为属不履行法定职责，仁化县公安局认为陈某福的行为与该局无关的观点依法不能成立。④尽管李某峰、罗某明二人是由江某彬等人直接伤害致死的，但该结果也与陈某福不履行法定职责有一定的因果关系，根据最高人民法院法释［2001］23 号《关于公安机关不履行法定职责是否承担行政赔偿责任问题的批复》，仁化县公安局应根据陈某福在李某峰、罗某明死亡发生过程和结果中所起的作用承担相应的行政赔偿责任。⑤仁化县公安局不必支付行政赔偿金，因为上诉人谭某香等 6 人提出的死亡赔偿金、丧葬费以及抚养费、赡养费等赔偿项目与赔偿数额均已从刑事附带民事诉讼判决中获得，其不应获得“双份”赔偿。因此，对谭某香等 6 人提出要求仁化县公安局承担行政赔偿的诉讼请求不予支持。⑥关于谭某香等 6 人在上诉请求中认为本案属于刑事赔偿范围的问题，由于谭某香等 6 人在一审中的诉求是请求一审法院确认仁化县公安局治安行政管理行为违法并要求其承担行政赔偿责任，根据《最高人民法院关于执行〈中华人民共和国行政诉讼法〉若干问题的解释》第45条的规定“起诉状副本送达被告后，原告提出新的诉讼请求的，人民法院不予准许，但有正当理由的除外”。本案业已经一审裁定，谭某香等6人只能就原审裁定提出上诉。因此，对原告提出的刑事赔偿请求，本院不予准许。

据此，依照《行政诉讼法》第61条第3项的规定，《人民警察法》第6条、第19条、第21条的规定，《最高人民法院关于执行〈中华人民共和国行政诉讼法〉若干问题的解释》第45条、第56条第4项的规定，《最高人民法院关于公安机关不履行法定行政职责是否承担行政赔偿责任问题的批复》，判决如下：

（1）撤销仁化县人民法院［2006］仁行初字第1号行政及行政赔偿裁定；

（2）确认仁化县公安局不履行法定职责违法；

（3）驳回谭某香等6人的行政赔偿诉讼请求。

二、本案发展时间线梳理

2002年1月2日凌晨

肖某群与民警朱某旗等人在某酒吧饮酒，肖某群因在某酒吧挑衅滋事被李某峰、罗某明砍伤。

其后，肖某群被送往医院抢救，李某峰、罗某明则乘车回家。

民警朱某旗在医院通知江某彬等人到医院集结；肖某群亦电话告知县公安局刑警中队队长陈某福，陈某福随即驾驶警车到该医院，赶往医院查看伤情。

陈某福在仁化县城寻找李某峰、罗某明两人，并电话通知抚溪镇派出所设卡拦截该汽车。

凌晨3时，李某峰、罗某明在回家途中被发现，陈某福、朱某旗二人即驾驶警车追赶。

在追逐上李某峰、罗某明二人后，朱某旗手持工作证从车窗伸出并拦停了李某峰、罗某明所乘车辆；陈某福也出示了警察证并要求车上的人去派出所接受处理。

在李某峰、罗某明二人停车后不久，江某彬等十多人亦开车赶到现场，并强行将李某峰、罗某明拖下车，用猎枪向李某峰开了一枪，朱某旗、江某彬等人用避震芯、铁管等工具殴打二人。在此殴打过程中，陈某福坐视不理，任由朱某旗、江某彬等人打人后逃离现场。

在朱某旗、江某彬等人打人逃离现场后，110 民警赶来现场，110 民警和陈某福将李某峰、罗某明二人送医院抢救，但是抢救无效，两人最终死亡。

2002 年 1 月底

原告向韶关市中级人民法院提起刑事与民事诉讼。

2002 年 10 月 8 日

韶关市中级人民法院作出［2002］韶刑初字第 61 号刑事附带民事判决；案经广东省高级人民法院发回重审。

2004 年 3 月 25 日

韶关市中级人民法院经重审后作出［2004］韶刑初字第 8 号刑事附带民事判决，对江某彬等 11 名被告分别处以刑罚，其中朱某旗犯故意伤害罪、非法持有枪支罪，被判处死刑缓期二年执行，剥夺政治权利终身；各被告人连带赔偿附带民事诉讼原告谭某香等 6 人经济损失共计 240 238.2 元。宣判后，被告人不服，提出上诉。

2004 年 5 月 6 日

本案原告向仁化县公安局申请行政赔偿。

2004 年 5 月 13 日

仁化县公安局作出《行政赔偿复议答复》，认为陈某福、朱某旗二人的行为是其在休息时间，私自为朋友泄愤报复，是与行使职权无关的个人行为。陈某福、朱某旗二人在处置肖某群被砍伤事件之时，并未向局领导请示汇报，公安局也未曾为此接警和出警，故不承担赔偿责任。

2004 年 12 月 30 日

广东省高级人民法院经过二审审理，作出［2004］粤高法刑一终字第 425 号刑事裁定，对本案涉及的刑事附带民事诉讼判决维持原判。

2006 年 1 月 4 日

谭某香等 6 人不服向仁化县人民法院提起行政诉讼。

三、本案涉及的法律规定

《人民警察法》(1995 年 2 月 28 日起实施)

第六条 公安机关的人民警察按照职责分工，依法履行下列职责：

(一) 预防、制止和侦查违法犯罪活动；

(二) 维护社会治安秩序，制止危害社会治安秩序的行为；

…………

第七条 公安机关的人民警察对违反治安管理或者其他公安行政管理法律、法规的个人或者组织，依法可以实施行政强制措施、行政处罚。

第十九条 人民警察在非工作时间，遇有其职责范围内的紧急情况，应当履行职责。

第二十一条 人民警察遇到公民人身、财产安全受到侵犯或者处于其他危难情形，应当立即救助；……

《国家赔偿法》(1995 年 1 月 1 日起实施)

第三条 行政机关及其工作人员在行使行政职权时有下列侵犯人身权情形之一的，受害人有取得赔偿的权利：

(一) 违法拘留或者违法采取限制公民人身自由的行政强制措施的；

(二) 非法拘禁或者以其他方法非法剥夺公民人身自由的；

(三) 以殴打等暴力行为或者唆使他人以殴打等暴力行为造成公民身体伤害或者死亡的；

(四) 违法使用武器、警械造成公民身体伤害或者死亡的；

(五) 造成公民身体伤害或者死亡的其他违法行为。

第十五条 行使侦查、检察、审判、监狱管理职权的机关及其工作人员在行使职权时有下列侵犯人身权情形之一的，受害人有取得赔偿的权利：

(一) 对没有犯罪事实或者没有事实证明有犯罪重大嫌疑的人错误拘留的；

(二) 对没有犯罪事实的人错误逮捕的；

(三) 依照审判监督程序再审改判无罪，原判刑罚已经执行的；

(四) 刑讯逼供或者以殴打等暴力行为或者唆使他人以殴打等暴力行为

造成公民身体伤害或者死亡的；

（五）违法使用武器、警械造成公民身体伤害或者死亡的。

四、本案涉及的理论问题

（一）行政机关工作员职权行为的认定

本案中的一个核心争议要点是本案中的两位警察陈某福、朱某旗，其所作所为应当被认定为个人行为还是职权行为。如果是职权行为的话，那么其所属的怀化县公安局，就需要承担赔偿责任。

从本案的发展历程来看，最初各方当事人争议的产生与这两位警察的职权没有关系。朱某旗在酒吧内与肖某群饮酒，显然是以朋友的身份出现。当肖某群因为挑衅滋事而被李某峰、罗某明砍伤时，在场的朱某旗既没有主动阻止双方争斗事件的发生，也没有表明自己的警察身份。肖某群被送往医院后，朱某旗也没有打电话报警，而是通知了具有普通身份的江某彬等人到医院集结。作为怀化县公安局刑警中队队长的陈某福也不是通过公安局系统内部的报警接警系统获得的相应信息，而是由肖某群直接打电话通知其来医院。从整个事件的发生以及两位警察介入本案的过程来看，两位警察的行为都属于基于朋友关系的“帮忙”。

但仔细分析，这两位警察介入该案事件后，我们可以明显地看到这两人利用了其职务上的便利。陈某福在寻找李某峰、罗某明两人的过程中，电话通知了当地的镇派出所，并由其设卡拦截涉案汽车。当李某峰、罗某明两人在回家途中被发现后，这两位警察也是驾驶警车前往追赶。在追赶上李某峰、罗某明后，朱某旗是以手持工作证从车窗伸出的方式拦停了这两个人所乘的车辆。在车停之后，陈某福也出示了警察证，并提出要求两人去“派出所”接受处理。从李某峰、罗某明两人的视角来看，当他们看到两名警察开着警车、出示警官证要求其停车时，完全有可能是认为这是两名警察在执行公务，相应地采取了配合行为。如果这两人知道这两位警察是肖某群的朋友，并基于报复心态而来，那么这两人很有可能不会停车，相应地就不会面临被殴打致死的结局。从这一意义上说，这两位警察利用职务便利的行为与李某峰、罗某明两人的死亡具有相当的因果关系。

当然，站在怀化县公安局的立场上来说，两位警察的行为可以称得上是个人行为。正如怀化县公安局提到的，陈某福、朱某旗两人的行为系在休息时间做出，行为的目的包含很强的为朋友泄愤报复的因素。这两人在采取相应的行动时，没有向公安局领导汇报，公安局也没有因为肖某群被砍伤事件接警和出警，整个事件的处置完全没有按照公安局处理治安或是刑事案件的程序进行，李某峰、罗某明两人的死亡，很难称得上是公安局行使职权的结果。对于此类在行政机关不知情的情况下行政机关工作人员滥用职权的行为，若认为行政机关都需要承担相应的法律后果，这看起来会对行政机关施加非常沉重的内部监督负担，进而使得行政机关处于一种动辄得咎的状态。

但需要注意的是，国家赔偿制度对于受到行政机关及其工作人员侵犯的当事人而言，不仅仅是为其损失提供赔偿的制度，更是为了惩罚违法工作人员并警示行政机关及其工作人员应当依法行政，同时也可起到风险分担的作用。行政机关的工作人员可以以其职务身份获得各种便利条件，例如使用警车、要求其他行政机关及其工作人员甚至普通公民提供协助；可表现出很强的权威性，例如出示警官证就可以震慑公民。基于此，相对于处于弱势、服从地位的行政相对人而言，行政机关在社会生活中占据非常有利的地位。在这种情况下，当行政机关的工作人员存在滥用这种便利地位、公器私用行为时，整个社会包括行政机关本身都需要承担相应违法行为的后果。在本案中，仁化县公安局严格来说也是陈某福、朱某旗这两位警察滥用职权的受害者。整个事件被报道后，势必会对仁化县公安局乃至整个当地政府机关的权威和声誉造成严重的不利影响。

在这些表面看起来行政机关不知情也无力监督的违法行使职权的行为发生后，究竟是由社会来承担相应风险，即认为行政机关不需要对此类违法行为承担责任，受害当事人只能针对做侵害行为的个人主张求偿权；还是由行政机关承担风险，即认为一旦出现了此类与行政机关履职活动有关联的行为并造成社会损失的情况，就要由行政机关来承担赔偿责任，这是需要认真权衡的。从加强对行政机关的监督、更好地保护行政相对人权益的角度出发，应当由行政机关来承担相应责任。况且，基于我国行政法治建设与运作实践，行政机关一直拥有着相对于行政相对人而言的优势地位，无论在人力上还是在物力上，其都有更强的风险防控与应对能力。例如，在本案中，对于谭某香等受害人来说，家中主要劳动力的去世意味着整个家庭的生活都将陷入困窘，影响巨大。而对仁化县公安局来说，本案的发生已经对其声誉造成了负面影响，无论在行政赔偿的诉讼过程中仁化县公安局最终是否被判定需要承担相应的赔偿责任，这种声誉受损的局面都不会发生根本性改变。在此基础上，判定两位警察的行为属于职务行为，仁化县公安局相应地需要承担赔偿责任，只是增加了仁化县公安局的财政负担，但对于作为普通公民的受害人来说，则可大大减轻其需要负担的违法行为风险。

况且，在本案中，在先前审理完成的刑事诉讼中，陈某福已经被判处玩忽职守罪。按照我国《刑法》第 397 条的规定，只有“国家机关工作人员”才可以构成玩忽职守罪的犯罪主体。先前的判决实际上已经肯定了陈某福的行为是以行政机关工作人员的身份做出的，这为本案中谭某香等人主张仁化县公安局承担赔偿责任提供了更充分的依据。

（二）行政相对人赔偿范围的确定

虽然本案二审法院肯定了仁化县公安局应当对李某峰、罗某明二人的死亡承担赔偿责任，但接下来，法院却认为谭某香等人已经通过刑事附带民事诉讼判决获得了相应赔偿，如果再要求仁化县公安局向谭某香等人提供行政赔偿，就会出现“双份”赔偿的现象，以此为由，拒绝了支持谭某香等人的行政赔偿请求。在这种判决意见下，仁化县公安局被判定具有违法行政行为，而且这种违法的行政行为也的确造成了行政相对人合法权益的损失，但是作为行政主体的仁化县公安局却不需要为这种违法行政行为承担任何实际的法律后果。这样，在本案中，法院实际上只是对行政主体的违法行政行为作出了一个确认判决，这显然不符合本案中谭某香等当事人的实际诉求。站在谭某香等人的角度上说，这样的判决结果实际上没有起到保护行政相对人合法权益、为受到违法行使职权行为侵害的行政相对人提供救济的作用。

况且，“双份”赔偿的说法也非常值得推敲。虽然在本案之前提起的刑事附带民事诉讼中，谭某香等人已经通过判决获得了相应的赔偿，但这些赔偿是基于江某彬、陈某福和朱某旗等人的个人损害事实。在本案之前的刑事附带民事诉讼中，法院并没有处理仁化县公安局是否违法，如果违法又需要承担何种责任的问题。需要注意的是，在刑事附带民事诉讼中，谭某香等人获得的是民事赔偿制度规定的可以获得的赔偿，赔偿范围和金额的计算都是根据相关的民事赔偿方法确定的，与谭某香等人在现实生活中承受的损失是不一样的。在刑事附带民事诉讼中，各被告人最终被法院判决赔偿谭某香等人 24 万余元。

从本案案情中我们可以推测出，罗某明、李某峰两人是各自家庭的主要支柱，是两个家庭的主要经济来源，即所谓“上有老，下有小”。这两人突然死亡后，不可避免地会对这两个家庭造成很大的冲击。对两个家庭来说，24 万元是否能弥补它们承担的损失，是不确定的。实际上，民事赔偿制度在确定赔偿范围与标准时，并没有考虑到不同家庭的不同经济情况。24 万元对这两个家庭来说，是无法使得他们以后的经济条件与没有失去这两位主要经济来源时一样的。在本案中，谭某香等人进一步提出要求仁化县公安局赔偿 80 余万元的主张，这一赔偿金额的请求远远高于谭某香等人在刑事附带民事诉讼中获得的赔偿金额。从中也可以看出，24 万元的赔偿是远远不能满足两个家庭需要的。至少在本案中，民事赔偿的计算标准是没有满足合法权益受损当事人的实际需要的。而且，在实践中，作为普通公民的当事人，有时会没有能力履行这些赔偿义务，或者虽然有能力但是不愿履行赔偿义务，有“赖账”的倾向。此时，当事人的权益受到保护的程度就会受到进一步的限制。

退一步讲，即使两个家庭在行政赔偿中再次获得了赔偿，也不能说谭某香等人获得了占便宜般的“双份”赔偿。相对于仅仅因民事侵权而受到损害的当事人而言，谭某香等人之所以主张行政赔偿，是因为他们的损害也来源于违法行政行为，在民事赔偿之外让受害人同时获得行政赔偿是对国家赔偿责任的落实。或许有观点认为，这样将使受害人获得的赔偿远远高于普通民事侵权赔偿，从而导致两种赔偿制度之间的不衔接。但这些观点不足以说明当事人是“占了国家的便宜”，毕竟不会有人以伤害自身健康甚至生命的方式来获得不一定能弥补自身全部损失的金钱赔偿。在将来的制度调整中，立法者或许也可以规定，对已经获得了民事赔偿的当事人在寻求国家赔偿时，其赔偿金额可以有所降低，但不应当完全否定当事人可以获得国家赔偿。否则，将会导致国家赔偿制度被束之高阁而无法发挥其有效性。

五、实践问题：行政机关对其工作人员具有更高监管义务的法治建设意义

《国家赔偿法》第 3 条规定，行政机关需对其工作人员在“行使职权”的侵害行为承担赔偿责任。此外，《人民警察法》第 19 条规定：“人民警察在非工作时间，遇有其职责范围内的紧急情况，应当履行职责。”结合这两个条款的规定，对于不受行政机关直接控制、没有获得行政机关领导具体指令要求的行政机关工作人员，即使相对独立地履行职权，只要出现滥用职权导致损害的，行政机关也需要承担赔偿责任。

《国家赔偿法》没有对行政机关需要进行赔偿的行为采取违法行为主义，即没有规定只要行政机关工作人员的活动存在违法现象并造成了当事人损失，行政机关就需要基于此承担赔偿责任。换言之，对于行政工作人员的非“行使职权”行为，行政机关可以免除赔偿责任。

在本案中，如果陈某福、朱某旗两位民警完全没有利用任何职务上的便利而是采取私人行为，即没有开警车、没有出示警官证等职权行为，显然不能认定这两位警察是以“行政职权”的方式作出了损害行为，那么仁化县公安局便不需要承担赔偿责任。如本案中的法院即认为，行政机关的工作人员利用职务上的便利从事的违法活动都有可能构成“行使行政职权”，出于防止因这种违法行为而产生赔偿责任的考虑，行政机关需要对其工作人员采取非常严格的监管措施。相应地，也使得行政机关对其工作人员的监管义务变得沉重起来。

这种沉重的监管义务无疑也会使得行政机关工作的展开变得更加困难。就前文的讨论而言，对行政机关工作人员“行使职权”行为作出相对宽泛的解释能够分散社会风险。就目前我国普通公民承担风险的能力有限，而我国行政机关又掌握着丰富的人力、财力资源的现状而言，让行政机关承担更高的风险是更加可取的。从促进法治国家建设的角度来看，行政机关是依法行政目标实现的主要推进人，行政机关更高监管义务的存在，也会激励其更好地依法行政，并在行政机关组织内部营造更强烈的自我约束、慎用职权的氛围，最终推动国家依法行政目标的更好实现。

祝某泉等与佛山市公安局交通警察支队工作过失、行政不作为及行政赔偿纠纷上诉案

本案主要涉及两个法律争议：①在当事人已经处于行政机关的强制措施的监管下时，怎样判断行政机关尽到了充分的监管义务；②如何认定行政机关的行为与当事人的损失之间存在因果关系。本案对于我国行政法治建设的实践意义在于，如何充分认识到行政机关在一些问题处置上的专业能力与优势，相应地确定其职责的边界。

一、判决书原文

广东省佛山市中级人民法院行政判决书［2004］佛中法行终字第99号

上诉人（原审原告）：祝某泉。

委托代理人：谢某荣，广东禅正律师事务所律师。

委托代理人：徐某坤，广东桃园律师事务所律师。

上诉人（原审原告）：黄某丽。

委托代理人：徐某坤，广东桃园律师事务所律师。

被上诉人（原审被告）：佛山市公安局交通警察支队。地址：佛山市禅城区轻工二路1号。

负责人：庞某标，支队长。

委托代理人：徐某，佛山市公安局法制科干部。

委托代理人：向某平，佛山市公安局交通警察支队干部。

上诉人祝某泉、黄某丽因诉佛山市公安局交通警察支队工作过失、行政不作为及行政赔偿纠纷一案，不服佛山市禅城区人民法院作出的［2004］佛禅法行初字第11号行政判决，向本院提起上诉。本院依法组成合议庭，于2004年10月28日公开开庭审理了本案。上诉人祝某泉及其委托代理人谢某

荣、徐某坤，上诉人黄某丽的委托代理人徐某坤，被上诉人佛山市公安局交通警察支队的委托代理人徐某、向某平到庭参加诉讼。本案现已审理终结。

原审认定的事实：2003 年 8 月 26 日 7 时 10 分，蔡某华（男，32 岁）驾车至季华路与镇安路交叉路口时右转弯往镇安方向行驶，在右转弯过程中，与祝某（男，21 岁，系两原告之子）驾驶的粤 YU2×××号两轮摩托车发生碰撞，造成摩托车损坏、祝某受重伤经医院抢救无效于当日 9 时 30 分死亡的重大交通事故。被告佛山市公安局交通警察支队的干警接警后，于 7 时 30 分到达现场勘验，8 时 20 分结束勘验。在将肇事司机蔡某华带回事故大队办公室准备做询问笔录时，8 时 50 分左右，蔡某华要求上厕所，乘机从窗口跳出，从事故大队旁的红棉幼儿园逃跑。被告的办案民警发现后立即追截并通知其他同事增援，同时通报 110 要求其他警种协助拦截，但拦截未果，被肇事司机逃脱。9 月 3 日，被告向湖南省攸县渌田镇派出所及黄图岭镇派出所发出协查函，请求协助将《事故处理通知书》送达给肇事司机蔡某华及车主丁某立。9 月 9 日登报寻目击证人，10 月 1 日，被告干警前往湖南攸县渌田镇及黄图岭镇追缉蔡某华未果。10 月 13 日作侦查试验。10 月 14 日作出《道路交通事故责任认定书》。次日送达给两原告。10 月 23 日，被告干警再次前往湖南缉拿蔡某华未果。11 月 21 日，作出《道路交通事故损害赔偿调解终结书》。原告认为被告在处理上述交通事故案件的过程中，存在重大失职、不作为等违法行为，要求被告赔偿其由此受到的损失。

原审认为：本案中，双方当事人争议的焦点主要在于：①肇事司机蔡某华在被带回佛山市公安局交警支队事故大队后乘机逃脱，在此期间被告的干警是否存在重大过失；②肇事司机逃脱后，被告在追缉、作出《道路交通事故责任认定书》及《道路交通事故损害赔偿调解终结书》的过程中，是否构成行政不作为；③被告是否需要承担行政赔偿责任。

对于第一点争议，原审认为，从本案经庭审查明的事实看，肇事司机蔡某华被带回事故大队办公室后，约在 8 月 26 日 8 时 50 分逃脱，而受害人祝某是在 9 时 30 分经佛山市第一人民医院抢救无效死亡的。《最高人民法院关于审理交通肇事刑事案件具体应用法律若干问题的解释》第 2 条第 1 款规定："交通肇事具有下列情形之一的，处三年以下有期徒刑或者拘役：

(一) 死亡一人或者重伤三人以上，负事故全部或主要责任的，……”第2款规定：“交通肇事致一人以上重伤，负事故全部或主要责任，并具有下列情形之一的，以交通肇事罪定罪处罚：(一) 酒后、吸食毒品后驾驶机动车辆的……”由此可见，肇事司机被带回事故大队后，至其逃脱前，被告的办案民警既不知道祝某死亡的结果，也不可能立刻判断出肇事司机在事故中是否应负全部责任或主要责任，或者其是否存在违章的行为。也就是说，办案民警当时不能对肇事司机是否构成交通肇事罪下结论。因此，办案民警在当时只能按照《道路交通事故处理程序规定》所规定的交通肇事的正常程序将肇事司机带回办公室开展询问调查工作，不能对其采取刑事强制措施。故被告的办案民警在将肇事司机带回事故大队的过程中并不存在违反相关法律规定的情况。但肇事司机毕竟是在事故大队办公场所逃脱的，也就是说，在被告的监管范围内逃脱的，被告对肇事人负有谨慎的监护义务。虽然被告称在肇事司机去厕所的过程中，办案民警朱某辉一直跟随，并在厕所门口监控。但从肇事司机逃脱的结果来看，如果被告的办案民警在执法过程中工作责任心再强一些、工作方法再细致一些，可能就可以避免肇事司机逃脱的情形。所以，从这意义上说，被告的执法工作确实存在一定的过失，但这种过失并未构成行政违法。

对于第二点争议，《道路交通事故处理程序规定》第32条第1款规定：“交通事故责任认定，自交通事故发生之日起按下列时限作出：轻微事故5日内；一般事故15日内；重大、特大事故20日内。因交通事故情节不能按期作出认定的，须报上一级公安交通管理部门批准，按上述规定分别延长5日、15日、20日。”从本案中被告提供的证据材料来看，被告是于事故发生51日后的10月14日作出的《道路交通事故责任认定书》，超出上述规定的最长认定期限11日，且没有向上一级公安机关报批的手续。对此，被告认为，上述规定适用的前提是分清事故责任。在本案涉及的交通事故中，一方当事人死亡，另一方当事人逃逸，又没有现场目击证人。被告只有通过10月13日作侦查试验，在确定肇事司机负事故的全部责任后，才能于10月14日作出事故责任认定书及之后的调解终结书。被告的上述执法行为并未违反上述规定。法院认为，对于交通肇事后逃逸的情形，《道路交通事故处理办法》第20条明确规定“当事人逃逸或者故意破坏、伪造现场、毁灭证据，使交通事故责任无法认定的，应当负全部责任”。可见，对于逃逸造成交通事故责任无法认定的情形，法律上已明确规定了事故责任的推定原则。在本案中，在肇事司机逃脱后，被告即可以依据该条的规定确定肇事司机负事故的全部责任，没有必要再通过作侦查试验的方式来确定事故责任。同时，由于被告迟延作出事故责任认定书，导致被告作出的调解终结书的期限亦超出了《道路交通事故处理办法》第32条规定的调解终结期限。因此，被告在作出事故责任认定书及调解终结书这一执法环节上，超出了法规规定的期限，违反了法规规定的执法程序，被告就此所作的答辩，理由不成立，不予支持。

对于第三点争议，从案件查明的事实来看，交通肇事案件发生后，被告在接警，到达事故现场，现场勘验，带肇事司机回办公场所询问，肇事司机逃脱后所采取的拦截、追缉措施，作出《道路交通事故责任认定书》及《道路交通事故损害赔偿调解终结书》各个执法环节，均履行了其法定职责，并不存在行政不作为的情形。原告认为被告没有及时追缉，致使肇事司机未能抓获，构成行政不作为的理由不成立，不应支持。对于被告应否对原告的损失承担行政赔偿责任问题，依照《国家赔偿法》第3条、第4条的规定，国家行政机关及其工作人员只有在5种侵犯人身权及4种侵犯财产权的情形下才需要承担行政赔偿责任。我国的国家赔偿法将行政赔偿的责任范围严格界定在上述几种情形内。同时，按照《国家赔偿法》的立法本意及相关的司法解释，构成行政赔偿应当符合以下几种条件：①主体的特殊性；②行为的特定性；③行政行为的违法性；④违法行政行为与损害后果之间具有因果关系。在本案中，被告虽然在作出《道路交通事故责任认定书》这一执法环节上存在违反法定程序的情形，但该行为与被害人祝某的死亡结果之间并没有因果关系。造成被害人祝某死亡损害结果发生的原因是肇事司机的违章行为，而不是被告的执法行为。虽然被告负有保护行政相对人权利、避免或阻止损害发生的法定职责，与原告之间具有信赖保护关系，但被告在介入交通肇事案件处理时，损害结果已经发生，被告在之后的履行其法定职责的过程中，虽然在作出《道路交通责任事故责任认定书》的时间上存在违法性，但该违法性并未造成损害结果的进一步扩大。因此，被告的具体行政行为与被害人祝某死亡的损害结果之间不具有法律上的因果关系，被告无需对该损害结果造成的损失承担行政赔偿责任。原告的赔偿主张，于法无据，不应支持。

综上，经本院审判委员会讨论决定，依据《最高人民法院关于执行〈中华人民共和国行政诉讼法〉若干问题的解释》第56条第4项、第57条第2款第2项，《国家赔偿法》第3条、第4条的规定，判决：①确认被告作出的道路交通事故责任认定书及调解终结书在时间上违反了法规规定的程序；②驳回原告的其他诉讼请求。案件受理费100元由原、被告各自承担50元。

上诉人祝某泉、黄某丽不服原判，提起上诉称：首先，国家法律法规明确规定，交警有监护肇事者的法定职责，但肇事司机在交警手里逃脱，说明其没有履行法定职责，是行政不作为。另外，被上诉人在交通事故发生后，没有对肇事司机采取留置或行政强制措施，也没有要求其预付医疗费、提供担保人，没有完成交通事故处理的基本程序。其次，在肇事司机逃脱后，被上诉人没有采取及时、有效的措施追捕，致使其逍遥法外，这也是被上诉人不履行法定职责、行政不作为的表现。最后，被上诉人没有在法律法规规定的期限内作出交通事故责任认定和赔偿调解，违反了法定程序，属于不履行法定职责和不作为违法。原审判决认为被上诉人履行了法定职责，不存在不作为违法是错误的。另外，由于被上诉人不履行法定职责，让肇事司机逃脱，使得上诉人不能追讨肇事司机的刑事责任，在民事诉讼中的经济赔偿也不能实现。因此，被上诉人的行为与上诉人的损失之间有因果关系，应当予以赔偿。一审判决认为被上诉人的行为与上诉人的损失没有因果关系是错误的。而且，原审判决在本案中适用的法律也是错误的。综上所述，请求二审法院变更一审判决的第一项；撤销第二项，并判决被上诉人不履行法定职责，行政不作为违法，赔偿上诉人人民币200 817.9元，澳大利亚元1972.24元；案件诉讼费由被上诉人承担。

被上诉人佛山市公安局交通警察支队答辩称：首先，我支队在本案交通事故的处理过程中不存在不作为。我支队民警接到报案后及时赶到了现场，进行了勘查、取证和了解伤情，并在8时30分将肇事司机带回办公室讯问。

9时30分伤者祝某在医院抢救无效死亡，在事故发生后至伤者死亡前，我支队只能按照一般事故的处理程序暂扣肇事车辆和肇事司机证件，并传唤肇事司机到公安机关接受调查，不能使用强制措施限制肇事司机的人身自由。而肇事司机被带回公安机关后约10分钟，以上厕所为由跳窗逃跑，我支队民警立即进行了追截，并通报110进行布控、搜查、拦截，但仍被肇事司机逃脱。其后，我支队又进行了检验车辆、调查司机资料、发协查函、登报寻找证人、多次出差湖南抓捕肇事司机、进行侦察实验、作出事故责任认定等工作，我支队始终未停止对本案的调查取证和对犯罪嫌疑人的追缉工作。上诉人认为只要案件未破就是公安机关不作为的观点不合情理，无事实和法律依据。其次，我支队在一审中提供的证据和证言都是客观真实的，不存在推卸责任。受害者祝某是在9时30分经抢救无效死亡，而肇事司机是在8时50分左右逃跑的。因此，在肇事司机被带回公安机关后至其逃跑前，我支队无法判断肇事司机是否需要被追究刑事责任，没有事实和法律依据对其采取刑事强制措施。上诉人仅从自身角度出发认为当时应采取刑事强制措施的观点是对他人合法权益的践踏和漠视。虽然现在肇事司机在逃，但不能据此就否定当时不能采取刑事强制措施的客观性和合法性。最后，上诉人的经济损失是由肇事司机的侵权行为造成的，上诉人通过民事诉讼追索赔偿也得到了法院支持。因此，上诉人应申请法院执行民事判决，不应该由本支队赔偿上诉人的经济损失。综上，一审判决正确，请二审法院予以维持。

本案经开庭审理，上诉人对原审认定肇事司机蔡某华在8时50分以上厕所为由乘机跳窗逃跑这一事实有异议，但无法提供证据反驳。本院认为，原审法院经庭审质证而认定的证据可以证明该事实，应予确认。对于原审认定的其他事实，诉讼双方当事人并无异议，本院予以确认。

本院认为：第一，从本案认定的事实来看，被上诉人佛山市公安局交通警察支队在接到交通事故报案后，及时派员到达现场，进行了现场勘查、取证和了解伤情，扣留了肇事车辆和司机证件，并将肇事司机带回办公场所进行调查询问，该行为完全符合《道路交通事故处理办法》和《道路交通事故处理程序规定》的规定，履行了相关职责。虽然肇事司机被带回被上诉人办公场所不久即以上厕所为由乘机逃跑，但由于被上诉人此时并无权采取强制措施限制其人身自由，且被上诉人的工作人员已尽到了相应的注意义务。因此，被上诉人从接警后到肇事司机逃离这一阶段并不存在行政不作为和履行职责违法，原审判决对该问题的认定是正确的，本院予以维持。上诉人认为，在这一阶段，被上诉人没有对肇事司机采取限制人身自由的强制措施属于行政不作为。由于在肇事司机逃离前，受害者祝某仍在救治之中，而交警部门对事故的处理也尚在调查阶段，未能作出责任认定，因而被上诉人没有事实和法律依据对肇事司机采取限制人身自由的强制措施，上诉人认为此时被上诉人存在行政不作为的主张不成立。另外，上诉人认为被上诉人没有履行监护肇事者的职责。但上诉人所称的监护职责不是法律、法规、规章所规定的职责，只是规范性文件的要求，且被上诉人已尽到了监护义务，不能因肇事司机逃脱便否定被上诉人的监护行为。第二，在肇事司机逃离后，被上诉人立即进行了追截，并通报110进行布控、搜查、拦截，而后又进行了检验车辆、调查司机资料、发协查函、登报寻找证人并多次出差湖南抓捕肇事司机。因此，被上诉人一直都在采取措施对交通事故进行调查处理和对肇事司机进行追缉，并不存在未履行法定职责的情况。因此，上诉人认为被上诉人采取的调查、追捕措施不是及时有效的，属于不作为违法的主张不能成立，法院不予支持。第三，被上诉人在对本案交通事故最终作出处理时，其作出的《道路交通事故责任认定书》和《道路交通事故损害赔偿调解终结书》超过了《道路交通事故处理程序规定》第32条和《道路交通事故处理办法》第32条规定的法定最长期限，属于程序违法，但该程序违法并不影响其实体的合法性，不宜判决撤销重作，应当确认作出上述两份文书的程序违法。原审判决对上述两份文书违法性的认定和论述是正确的，但判项的表述不规范，本院予以指明。第四，关于被上诉人是否应当承担上诉人经济损失的赔偿责任问题。根据《国家赔偿法》第2条的规定，受害人取得国家赔偿权利是以国家机关及其工作人员违法行使职权侵犯其合法权益为前提要件的。在本案中，被上诉人在处理本案所涉交通事故的过程中，除了超过法定期限作出《道路交通事故责任认定书》和《道路交通事故损害赔偿调解终结书》存在程序违法外，并无其他履行职责违法或不作为违法行为，而且被上诉人超期作出《道路交通事故责任认定书》和《道路交通事故损害赔偿调解终结书》的违法行为与上诉人在交通事故中遭受的损害并无因果关系，也不是造成上诉人在民事判决中的经济赔偿不能实现的原因。因此，上诉人要求被上诉人承担其因交通事故所遭受损害的国家赔偿责任，没有事实依据，本院不予支持。原审法院驳回上诉人的赔偿请求是正确的，本院予以支持。综上所述，原审判决认定事实清楚，适用法律正确，依法应予维持。上诉人的上诉主张不能成立，本院不予采纳。依照《行政诉讼法》第 61 条第 1 项的规定，判决如下：

（1）驳回上诉，维持原判。

（2）二审诉讼费 100 元由上诉人承担。

本判决为终审判决。

审判长　谢少清
审判员　杨小芸
代理审判员　周　刚
二〇〇四年十一月九日
书记员　徐允贤

二、本案发展时间线梳理

2003 年 8 月 26 日 7 时 10 分

蔡某华驾驶湘 B70×××号大货车沿佛山市季华路由东向西行驶，至季华路与镇安路交叉路口时右转往镇安方向行驶，在右转过程中，与祝某驾驶的粤 YU2×××号两轮摩托车发生碰撞，造成摩托车损坏、祝某受重伤并被送往医院抢救。

2003 年 8 月 26 日 7 时 30 分

被告佛山市公安局交通警察支队的干警接警后，到达现场勘验。

2003 年 8 月 26 日 8 时 20 分

被告佛山市公安局交通警察支队的干警结束勘验，随后被告将肇事司机蔡某华带回事故大队办公室准备做询问笔录。

2003 年 8 月 26 日 8 时 50 分左右

在事故大队办公场所，蔡某华要求上厕所，乘机从窗口跳出，从事故大队旁的红棉幼儿园逃跑。被告的办案民警发现后立即追截并通知其他同事增援，同时通报110要求其他警种协助拦截，但拦截未果，肇事司机逃脱。

2003年8月26日9时30分

祝某经医院抢救无效，死亡。

2003年9月3日

被告向湖南省攸县渌田镇派出所及黄图岭镇派出所发出协查函，请求协助将《事故处理通知书》送达给肇事司机蔡某华及车主丁某立。

2003年9月9日

被告登报寻目击证人。

2003年10月1日

被告干警前往湖南攸县渌田镇及黄图岭镇追缉蔡某华未果。

2003年10月13日

被告作侦查试验。

2003年10月14日

被告作出《道路交通事故责任认定书》。

2003年10月15日

《道路交通事故责任认定书》被送达给两原告。

2003年10月23日

被告干警再次前往湖南缉拿蔡某华未果。

2003年11月21日

被告作出《道路交通事故损害赔偿调解终结书》。

三、本案涉及的法律规定

《最高人民法院关于审理交通肇事刑事案件具体应用法律若干问题的解释》(2000年11月21日起实施)

第二条 交通肇事具有下列情形之一的，处三年以下有期徒刑或者拘役：

(一) 死亡一人或者重伤三人以上，负事故全部或者主要责任的；

…………

交通肇事致一人以上重伤，负事故全部或者主要责任，并具有下列情形之一的，以交通肇事罪定罪处罚：

…………

（六）为逃避法律追究逃离事故现场的。

第三条 “交通运输肇事后逃逸”，是指行为人具有本解释第二条第一款规定和第二款第（一）至（五）项规定的情形之一，在发生交通事故后，为逃避法律追究而逃跑的行为。

《道路交通事故处理程序规定》（1992 年 8 月 10 日起实施）

第三十二条 交通事故责任认定，自交通事故发生之日起按下列时限作出：轻微事故 5 日内；一般事故 15 日内；重大、特大事故 20 日内。因交通事故情节不能按期作出认定的，须报上一级公安交通管理部门批准，按上述规定分别延长 5 日、15 日、20 日。

…………

《道路交通事故处理办法》（1992 年 1 月 1 日起实施）

第七条 发生交通事故的车辆必须立即停车，当事人必须保护现场，抢救伤者和财产（必须移动时应当标明位置），并迅速报告公安机关或者执勤的交通警察，听候处理；过往车辆驾驶人员和行人应当予以协助。

第二十条 当事人逃逸或者故意破坏、伪造现场、毁灭证据，使交通事故责任无法认定的，应当负全部责任。

《行政强制法》（2012 年 1 月 1 日起实施）

第二条 本法所称行政强制，包括行政强制措施和行政强制执行。

行政强制措施，是指行政机关在行政管理过程中，为制止违法行为、防止证据损毁、避免危害发生、控制危险扩大等情形，依法对公民的人身自由实施暂时性限制，或者对公民、法人或者其他组织的财物实施暂时性控制的行为。

…………

第十条 行政强制措施由法律设定。

尚未制定法律，且属于国务院行政管理职权事项的，行政法规可以设定除本法第九条第一项、第四项和应当由法律规定的行政强制措施以外的其他行政强制措施。

尚未制定法律、行政法规，且属于地方性事务的，地方性法规可以设定本法第九条第二项、第三项的行政强制措施。

法律、法规以外的其他规范性文件不得设定行政强制措施

第十七条 行政强制措施由法律、法规规定的行政机关在法定职权范围内实施。行政强制措施权不得委托。

…………

《国家赔偿法》(1995 年 1 月 1 日起实施)

第四条 行政机关及其工作人员在行使行政职权时有下列侵犯财产权情形之一的，受害人有取得赔偿的权利：

(一) 违法实施罚款、吊销许可证和执照、责令停产停业、没收财物等行政处罚的；

(二) 违法对财产采取查封、扣押、冻结等行政强制措施的；

(三) 违反国家规定征收财物、摊派费用的；

(四) 造成财产损害的其他违法行为。

四、本案涉及的理论问题

(一) 行政强制措施的制度设计目的

本案的一个争议焦点问题在于，肇事司机蔡某华在被带回佛山市公安局事故大队办公场所后逃脱这一事件的发生是不是由公安局工作人员疏于履行职责造成的。在确定这种因果关系时，人们首先需要确定的是，佛山市公安局交通警察支队的办案警察将蔡某华带到事故大队办公场所这一行为的性质。

佛山市公安局交通警察支队在本案中诉称，在伤者（即祝某）死亡之前，只能采用“一般事故”的处理程序“暂扣”肇事司机，而不能使用强制措施。在祝某死亡以前，交警支队认为自己无法判断肇事司机是否需要承担刑事责任，因此也没有事实和法律依据对其采取刑事强制措施。在此，交警支队不认为其作出的“暂扣”肇事司机的行为属于一种强制措施。从这里可以看出，交警支队认为刑事强制措施属于强制措施而行政强制措施不属于

强制措施，或者至少认为刑事强制措施不在交警支队可以采取的强制措施的范围内。

需要注意的是，本案发生在2003年，而《行政强制法》是在2012年才得以实施的，但这并不意味着当时的行政机关就不会采取行政强制措施。从当时实行的《道路交通事故处理办法》第7条的规定来看："发生交通事故的车辆必须立即停车，当事人必须保护现场，抢救伤者和财产（必须移动时应当标明位置），并迅速报告公安机关或者执勤的交通警察，听候处理；……"这种"听候处理"的规定已经意味着当事人的行动自由受到了限制。从《行政强制法》第2条第2款的规定来看："行政强制措施，是指行政机关在行政管理过程中，为制止违法行为、防止证据损毁、避免危害发生、控制危险扩大等情形，依法对公民的人身自由实施暂时性限制，或者对公民、法人或者其他组织的财物实施暂时性控制的行为。"从本案中交警支队对自己行为的描述来看，它"暂扣"了肇事司机，即意味着肇事司机的人身自由处于暂时受到限制的情况，这也完全符合行政强制措施的特征。通过对这些事实背景的分析和法律规定来看，虽然在肇事司机蔡某华逃脱前，本案是否已经上升到刑事案件并不确定，但是蔡某华已经被交警支队采取了行政强制措施，这是不争的事实。本案中，两审法院以交警大队无权采取刑事强制措施为由认为"暂扣"蔡某华的行为不属于行政强制措施的判断是非常值得商榷的。当然，鉴于在本案审判过程中《行政强制法》还未公布，审判法院在判断行政机关的行为是否构成行政强制措施时可能缺乏指引，相应地也就无法轻易作出认定。这一点也有可能是本案中两审法院都认为交警支队无权采取行政强制措施的理由。在《行政强制法》公布施行后，这种认识不清的情况也就不复存在了。

如果认定肇事司机蔡某华在本案中处于行政强制措施之下，接下来的问题就在于，行政机关及其工作人员对处于其行政强制措施之下的当事人应当尽到怎样的监管义务才属于合法范围。

从《行政强制法》的定义来看，采取行政强制措施有着"制止违法行为、防止证据损毁、避免危害发生、控制危险扩大"的目的，这些都属于一些预防性目的。从定义和行政法实践中的做法来看，行政强制措施的作出不以被强制的对象具有违法事实或者可能的违法事实为前提。换言之，即使被强制的行政相对人事后被证明完全没有任何违法事实，基于作出强制措施时的情境，只要行政机关有比较充足的理由认为存在着以上任何一种预防性目的，便可以采取相应的强制措施，也就可以对当事人的人身或财产利益作出限制，这是在其他类型的行政行为中不存在的情况。即其他类型的行政行为会对行政相对人施加负担是以行政相对人存在事先的违法事由为前提条件的，而行政强制措施的作出则不需要如此。

也正是基于行政强制措施这种鲜明的预防性，无论在学术讨论中还是在立法实践中，强制措施都被认为是可能对行政相对人造成最强侵犯的行政行为。相应地，立法对其也有着严格的限制。例如，《行政强制法》第 10 条第 4 款规定："法律、法规以外的其他规范性文件不得设定行政强制措施。"这直接否定了规章设定行政强制的权力。第 17 条规定"行政强制措施权不得委托"。赋予行政机关这种可能侵犯行政相对人合法权益的权力，是基于前文所述的预防性目的，同样，为了实现这些预防性目的，行政机关也负有积极履责的义务。

如果行政机关采取行政强制措施，但其目的却无法实现，这将会使得行政机关陷入非常尴尬的境地，即令人质疑其是否积极履职、是否存在不作为的情况。在本案中，蔡某华在实际上已经处于行政强制措施的限制之下，却最终得以逃脱。交警支队在对这种情况作出辩解时，存在一些自相矛盾的表述。交警支队一方面称，没有也无法对蔡某华采取强制措施，另一方面又称，当蔡某华去厕所时，有办案民警跟随，"并在厕所门口监控"，这实质上默认了对蔡某华采取了一定的强制措施。综上可知，在本案中，蔡某华在交警支队的监管下，即处于强制措施状态下逃脱，最终造成了"防止证据损毁"目的的落空，使得对事故原因的调查陷入困境。

在本案中，对于蔡某华而言，他是第一次进入到行政机关的办案场所，对周围环境并不熟悉，即使如此，蔡某华仍然能够在有民警跟随的情况下逃脱。这说明，涉案民警未考虑到安全漏洞的问题。再从蔡某华逃脱后的事态发展来看，交警支队在没有得到祝某死亡而仅仅是在发现蔡某华逃脱的情况下，立刻"通知其他同事增援，同时通报 110 要求其他警种协助拦截"，这反映出交警支队已经意识到蔡某华的逃脱有可能给事故处理程序带来严重影响。面对交警支队的这种反应，人们也可以认为，交警支队或许也意识到了自己工作中的疏忽之处使得行政强制措施实施的目的无法实现。

在这种情况下，人们应当是有比较充足的理由认为，本案中的行政机关的确存在一定的行政不作为。因此，一审法院认定“被告的执法工作确实存在一定的过失”，但与此同时，法院又认为“这种过失并未构成行政违法”，这种说法存在着一定的自相矛盾，非常值得商榷。

（二）行政机关违法行为与当事人受到的损失之间的因果关系

如果确认了本案中行政机关的行政行为具有违法性，即肇事司机蔡某华的逃脱是行政机关没有充分尽到监管义务的结果，接下来需要考察的本案的另一个核心问题就是，行政机关的违法行为与本案中两位当事人的损失之间是否具有因果关系。

本案中的两位上诉人是受害者祝某的父母。按照涉及交通事故处理的法律和司法解释的规定，以及本案中交警支队的事故认定结论，蔡某华对本次事故应当负全部责任。相应地，其也需要就祝某的死亡向两位上诉人承担赔偿责任。但蔡某华的逃逸状态使得两位上诉人的赔偿请求无法实现，在这种情况下，交警支队需要对无法实现其赔偿请求的情况承担责任。在这里，两位上诉人将自己实现其赔偿请求视作一种财产损失，而将交警支队的不作为行为视作造成这种财产损失的原因。

与前文讨论过的“谭某香案”不同，本案对于交警支队相应行政行为是否属于履行行政职权的行为是不存在疑问的。存在疑问的是，行政机关的不作为与两位上诉人的损失之间是否存在着因果关系。本案中，上诉人与被上诉人双方对于损害范围和因果关系的认识存在不同。

两位上诉人认为自己受到的损失是无法追究肇事司机的刑事责任，以及在民事诉讼中本应获得的经济赔偿无法实现，即两位上诉人不认为自己在法律上的损失是受害人祝某的死亡。虽然从事实上说，祝某的死亡是使得两位上诉人可以要求法院追究肇事司机刑事责任并在民事诉讼中主张经济赔偿的原因，但两类责任的追究、内容和范围都是根据祝某之死来判断的。然而，在两位上诉人看来，刑事责任与民事赔偿责任本身才是他们的利益。

被上诉人即交警支队则采取了更简单的损失认定，其没有深入分析两位上诉人在本案中的损失的实际法律意义，而是认定祝某的死亡才是两位上诉人受到的损失，其他损失都是派生性的损失。相应地，造成祝某死亡事件的原因才与两位上诉人的损失之间具有因果关系。至于肇事司机的逃脱，在交警支队看来，显然没有造成两位上诉人新的损失。事实上，两位上诉人“民事诉讼追索赔偿也得到了法院支持”，言下之意，即使两位上诉人的损失表现为民事赔偿利益，这种利益也已经得到了实现。

对两位上诉人损失的不同解释，自然会在因果关系的认定上带来不同的意义。如果认为本案中两位上诉人受到的损失是祝某的死亡，那么无论交警支队在肇事司机的逃脱过程中是否存在行政不作为，交警支队的不作为与两位上诉人的损失间都不存在着因果关系。但如果认为两位上诉人的损失是因为肇事司机的逃逸使得两位上诉人无法向肇事司机主张相应的法律责任，那么在认定交警支队的不作为是造成肇事司机逃逸的主要原因后，交警支队的不作为与肇事司机的逃逸就共同造成了两位上诉人无法主张其赔偿责任的情况。交警支队与肇事司机此时将承担连带赔偿责任。在无法找寻到肇事司机的情况下，交警支队将对两位上诉人承担全部赔偿责任。

按照当时施行的《国家赔偿法》第 2 条的规定，当行政机关及其工作人员在行使职权时，因为违法行为造成了作为受害人的行政相对人的“财产损害”的，行政机关需要承担赔偿责任。在这里，法律规定本身没有明确受害人的财产损失与行政机关及其工作人员的违法行为之间的因果关系。从给予行政相对人最大救济的视角出发，只要行政机关及其工作人员的违法行为同受害人承受的损害有着因果关系，行政机关就需承担赔偿责任。其次，法律规定也没有对“财产损害”作出狭义的定义，即没有将这种财产损害限定为直接损害。就《国家赔偿法》第 4 条的规定来看，在前三项规定中，立法者规定了“吊销许可证和执照”“责令停产停业”“对财产采取查封、扣押、冻结”这些行政行为类型。这些行政行为本身不会对行政相对人造成损失，例如吊销许可证不会使得行政相对人承担经济上的损失。之所以会有损失，是因为行政相对人失去了从事某些活动的能力，无法弥补既有的成本开支或者失去一些确定可得的收入。如果认为行政机关只需要赔偿“直接损害”，那么行政机关需要承担赔偿责任的范围将变得非常有限。而在我国的行政诉讼实践中，也没有对行政机关的这种行政赔偿责任采取如此狭义的理解。

基于以上理由，本案中的两位上诉人因为肇事司机逃脱而无法获得民事赔偿，相应产生的财产损失就应当由行政机关（即交警支队）来承担。本案审判法院认为交警支队没有造成本案受害人祝某的死亡，因而不需要承担这些赔偿责任的看法是非常值得商榷的。

五、实践问题：对行政机关的专业能力期待

对于本案的案情，人们不可避免地会产生的一个疑问是：肇事司机蔡某华怎么会在交警支队的办公现场逃脱？交警支队对此的辩护理由是，当蔡某华被带回办公现场时，他们还没有得知祝某的死讯，无法对事故的性质尤其是是否上升到刑事案件作出判断。在这种未知状态下，交警支队无法采取更严格的刑事强制措施。

相对于普通公民，行政机关在处理各种行政相关事务时，积累起了相当丰富的专业知识。例如，在交通事故发生后，普通公民很少能够通过事故现场的各种痕迹、车辆的碰撞情况推断出事故发生的原因以及各方当事人应当承担的责任。但是，对于交通行政管理部门来说，他们具有利用这些信息还原事故现场的能力。在本案中，在事故发生后的一个多月之后，交警支队还进行了“侦查试验”。对于普通公民来说，在一个事故发生后几天的时间很可能就没有能力再还原事故了。这也再次显示出了交通行政管理部门特殊的专业能力。

需要注意的是，行政机关这种专业能力的形成是国家长期以来通过人才培养、物资保障以及制度运作积累的结果，这些便利也是普通公民无法具有的。也正是行政机关在专业知识与能力上的这种独特优势，使得行政机关在许多问题上的判断在普通公民的眼中具有高度的权威性。这种事实上的高权威性也是行政行为理论中“公定力”的一个重要基础。

在本案中，祝某在事故发生后约两个小时的时间里就死亡了，这说明本案是一起非常严重的交通事故。作为有着丰富交通事故处理经验的办案警察，在到达现场后，应当对事故的性质和严重程度有一个预先判断。在这种

情况下，对肇事司机是否需要采取强制措施、采取怎样的强制措施，人们也可以预期办案警察会有一个事先的判断。尤其是当肇事司机在事实上被采取了强制措施，带往交警支队的办公场所后，人们也有理由认为，交警具有专业知识和能力，应当对在其监管下的肇事司机采取充分的监管措施，以防止肇事司机脱离其监管。例如，被监管人使用的厕所应当具有一定的防逃脱设施。

而且，在办理过大量的交通事故案件后，交警积累了丰富的事故后续处理经验，对于肇事人逃脱而使得受害人或者其家属无法实现其赔偿请求的情况自然已经有所经历。面对涉案交通事故，交警如果充分发挥其主动性，也应当能够预见肇事司机的逃脱会对两位上诉人实现其合法利益诉求形成严重障碍。但是，本案发展的最终结果却是，肇事司机在交警支队的监管下逃脱。仅仅是这一事实的存在，人们就可以认为，作为行政机关的交警支队不仅辜负了两位上诉人对其专业能力的期待，也没有实现国家投入大量人力、物力之后希望其能够高效行政的期待。在本案中，这种期待落空情况的存在将使得人们更有理由认为，交警支队构成没有积极履行职责的行政不作为。

为了督促行政机关更好地实现国家与公众对其专业能力的期待，更加尽职尽责地履行自己的职权，当行政机关出现了使得当事人期待落空的情况时，就应当推定行政机关存在行政不作为，即应当对其责任承担的因果关系采取违法结果主义。在本案中，审判法院也承认，“被告的执法工作确实存在一定的过失”，但是这种定性判断显得过于轻描淡写了，既不利于实现行政相对人的利益，也不利于督促行政机关积极履行职责。

上海经协公司诉建德市政府其他信息公开案

本案是一个极具戏剧性的案件，相同的双方当事人与相同的审判法院，就实质上相同的争议事由，发起了 4 次诉讼，法院作出了前后两份意见完全不同的判决。本案涉及的两个理论问题是：①政府信息公开的客体，尤其是何种信息可以被排除在政府信息公开范围之外；②行政诉讼中行政行为被冻结的状态，即进入到行政诉讼后，行政机关原则上不可再变更原行政行为。本案对于我国行政法治建设的实践意义在于，行政机关如何以类似于民法中的诚实信用原则的要求来履行自己的行政法义务。

一、判决书原文

［2012］浙行终字第 51 号

案情：2011 年 4 月 26 日，上海市经协资产经营有限公司（以下简称“上海经协公司”）向浙江省建德市人民政府提交《信息公开申请》，申请“公布 2010 年 10 月 25 日在浙江省信访局（省信联办）主持下，建德市政府与永康市政府签署的《关于共同推进建德市华东城市建设投资有限公司有关项目处置工作的合作备忘录》”。建德市政府于 2011 年 5 月 6 日向上海经协公司作出《信息公开申请的答复》。主要内容为：“经查，你公司不是建德市华东城市建设投资有限公司股东，《合作备忘录》涉及的事项与你公司无利害关系，该申请不符合《政府信息公开条例》第 13 条的规定：‘除本条例……规定的行政机关主动公开的政府信息外，公民、法人或者其他组织还可以根据自身生产、生活、科研等特殊需要，向国务院部门、地方各级人民政府及县级以上地方人民政府部门申请获取相关政府信息。’同时，该《合作备忘录》是在浙江省处理信访突出问题及群体性事件联席会议办公室主持下，建德和永康两市为解决有关历史遗留问题所达成的共同意见，内容涉及社会稳定，公开该信息不符合《政府信息公开条例》第 8 条之规定：‘行政机关公开政府信息，不得危及国家安全、公共安全、经济安全和社会稳定。’据此，本机关认为你公司申请公开的政府信息属于不予公开的范围，决定不予公开。”

一审原告认为，一审被告不予公开的理由不能成立。理由如下：①被告认为原告不是建德市华东城市建设投资集团有限公司的股东没有依据。原告通过被告的招商引资到建德投资，一手筹建了建德市华东城市建设投资集团有限公司，并成为原始股东。虽原告曾欲将持有的建德市华东城市建设投资集团有限公司的股权转让，但由于拟受让方未支付转让款而导致转让未生效。原告至今仍是建德市华东城市建设投资集团有限公司的合法股东。这些情况在工商登记中都有详细记载。②申请信息公开并不以是否有利害关系为前提。《政府信息公开条例》并没有规定申请信息公开的申请人必须与被申请公开的信息具有利害关系才能申请。即使原告不以股东身份申请信息公开，被告也不能以被申请公开的信息与原告没有利害关系为由不予公开。③被告偷换概念，适用法律错误。浙江省处理信访突出问题及群体性事件联席会议办公室为了社会稳定，主持建德市政府和永康市政府签订《合作备忘录》。但《合作备忘录》的签订是否是为了维护社会稳定或是否涉及社会稳定和《合作备忘录》的内容的公开是否会危及社会稳定，完全是两个问题，被告以此为由不予公开《合作备忘录》，适用法律错误。被告不履行职责公开《合作备忘录》，没有任何法律依据，是明显的行政不作为，侵害了原告合法的知情权和相关利益。

一审被告建德市政府答辩称，《合作备忘录》不属需要公开的政府信息范围。首先，《合作备忘录》内容涉及社会稳定。建德市华东城市建设投资有限公司的母公司的众多债权人向省级有关部门上访，为解决上访问题，在浙江省处理信访突出问题及群体性事件联席会议办公室的主持下，建德、永康两市为解决与上访事件相关的问题所达成的《合作备忘录》内容显然涉及社会稳定。基于该事实，公开该《合作备忘录》不符合《政府信息公开条例》第 8 条的规定：“行政机关公开政府信息，不得危及国家安全、公共安全全、经济安全和社会稳定。”

其次，《合作备忘录》只涉及特定的人和事，即只涉及建德市华东城市建设投资有限公司特殊的资产收储、变现事宜。根据杭州市工商行政管理局建德分局企业登记档案资料，原告原系建德市华东城市建设投资有限公司股东，2008 年 7 月 8 日，杭州市工商行政管理局建德分局核准其股东变更为永康市为尔房产开发有限公司。原告与该《合作备忘录》已没有利害关系。《政府信息公开条例》第 9 条第 1 项规定：“行政机关对符合下列基本要求之一的政府信息应当主动公开：(一) 涉及公民、法人或者其他组织切身利益的；……”再次，《合作备忘录》与原告从事经营活动没有关联，对原告而言也没有特殊的作用，因此其申请不符合《政府信息公开条例》第 13 条“除本条例第九条、第十条、第十一条、第十二条规定的行政机关主动公开的政府信息外，公民、法人或者其他组织还可以根据自身生产、生活、科研等特殊需要，向国务院部门、地方各级人民政府及县级以上地方人民政府部门申请获取相关政府信息”的规定。《合作备忘录》属于可以不予公开的政府信息。《合作备忘录》是为解决上访事件而形成的，公开该政府信息是否必然会产生或必然不产生社会稳定事件，分析判断的主体应是持有该政府信息的单位，信息持有者有责任，也有权利作出判断，并非偷换概念。《合作备忘录》对原告不公开也不仅是因其涉及社会稳定。因此，决定对原告不公开《合作备忘录》，不存在适用法律错误的问题。被告作出信息公开答复的行为证据确凿，适用法规正确，符合法定程序。请求判决维持。

一审法院认为，《政府信息公开条例》第 13 条规定“除本条例第九条、第十条、第十一条、第十二条规定的行政机关主动公开的政府信息外，公民、法人或者其他组织还可以根据自身生产、生活、科研等特殊需要，向国务院部门、地方各级人民政府及县级以上人民政府部门申请获取相关政府信息”。该条中的“生产、生活、科研等特殊需要”具有广泛性和不确定性。被告在收到原告的信息公开申请后，仅对建德市华东城市建设投资有限公司的工商登记情况进行了查询，未考虑原告可能存在的除行使股东权利之外的其他特殊需要。对原告在庭审中就申请信息公开的特殊需要所作的说明，被告亦未提出有效的反驳意见。因此，被告以《合作备忘录》涉及的事项与原告无利害关系，原告的申请不符合《政府信息公开条例》第 13 条的规定为由，认定原告申请公开的信息属于不予公开的范围，主要证据不足。

《政府信息公开条例》第 8 条规定："行政机关公开政府信息，不得危及国家安全、公共安全、经济安全和社会稳定。"在省、市均制定了评估办法的情况下，被告如认为公开案涉《合作备忘录》有可能危及社会稳定，应按照《浙江省县级重大事项社会稳定风险评估办法（试行）》及《杭州市重大事项稳定风险评估暂行办法》的规定，对可能存在的社会稳定风险进行评估，根据评估结论作出信息公开答复。在本案中，被告并未提供证据证明已按照上述规定对公开《合作备忘录》的社会稳定风险进行过评估，径行以《合作备忘录》"内容涉及社会稳定，公开该信息不符合《政府信息公开条例》第 8 条之规定"为由，认定原告申请公开的信息属于不予公开的范围，主要证据不足。

因此，一审法院判决：①判定撤销被告的《答复》，并责令被告限期公开原告申请公开的信息；②判令被告承担本案的诉讼费用。

一审判决后，建德市政府不服提起上诉。2011 年 10 月 20 日，浙江省高级人民法院维持了原判。2011 年 11 月 9 日，建德市政府向建德市保密局发出《关于确定〈合作备忘录〉为国家秘密的函》，要求确定《合作备忘录》为国家秘密。2011 年 11 月 25 日，建德市保密局作出《关于确定〈合作备忘录〉为国家秘密的函》，认为"根据《合作备忘录》所依据的《建德市华东城市建设投资有限公司有关信访问题协调会纪要》（以下简称《协调会纪要》）属秘密级国家秘密，经研究，确定《合作备忘录》属秘密级国家秘密"。2011 年 11 月 29 日，建德市政府作出《信息公开申请的答复》，并于同日向上海经协公司邮寄送达。上海经协公司不服，诉至杭州市中级人民法院。

杭州市中级人民法院经审理认为，《政府信息公开条例》第 14 条第 3 款规定："行政机关对政府信息不能确定是否可以公开时，应当依照法律、法规和国家有关规定报有关主管部门或者同级保密工作部门确定。"被告在本院责令其对原告重新作出信息公开答复的判决生效后，向建德市保密局发函要求确认《合作备忘录》为国家秘密，符合《政府信息公开条例》第 14 条第 3 款的规定。建德市保密局确认《合作备忘录》为秘密级国家秘密后，被告对原告作出《信息公开申请的答复》，决定不予公开《合作备忘录》，符合《政府信息公开条例》第 14 条第 4 款的规定："行政机关不得公开涉及国家秘密、商业秘密、个人隐私的政府信息。但是，经权利人同意公开或者行政机关认为不公开可能对公共利益造成重大影响的涉及商业秘密、个人隐私的政府信息，可以予以公开。"因此，驳回原告上海经协公司的诉讼请求。

上海经协公司不服，向浙江省高级人民法院提出上诉。

浙江省高级人民法院经审理认为，本案中的《合作备忘录》系建德市政府和永康市政府根据《协调会纪要》确定的内容和要求，为明确双方的责任和义务联合签署的文件。《保守国家秘密法》第 13 条第 3 款规定："机关、单位执行上级确定的国家秘密事项，需要定密的，根据所执行的国家秘密事项的密级确定。"因此，在《协调会纪要》已被有权机关确定为秘密级国家秘密的情形下，执行该《协调会纪要》的派生事项《合作备忘录》也属秘密级国家秘密。故被上诉人认为上诉人申请公开的政府信息属秘密级国家秘密而不予公开，并无不当。原审判决认定事实清楚，审判程序合法，但在理由部分引用《政府信息公开条例》第 14 条第 3 款的规定系属不当，本院予以指正。鉴于原审判决驳回上诉人诉讼请求的结论正确，本院予以维持。

二、本案发展时间线梳理

2002 年 8 月 21 日

上海经协公司通过建德市政府的招商引资到建德市投资，筹建了建德市华东城市建设投资集团有限公司，并成为原始股东。

2008 年 7 月 5 日

浙江为尔工贸有限公司法定代表人黄某丰与上海经协公司，在上海市签订关于建德市华东城市建设投资有限公司股权转让的《协议书》，双方约定上海经协公司转让其持有的建德市华东城市建设投资有限公司 10%的股权，转让款为人民币 800 万元，浙江为尔工贸有限公司全额支付转让款后合同生效。

2008 年 7 月 8 日

浙江为尔工贸有限公司取得加盖上海经协公司公章的《协议书》后，擅自将股权受让方改为永康市为尔房产开发有限公司，且在未支付股权转让款的前提下，单方在当地工商管理部门办理了股权转让登记手续。上海经协公司知晓此事实即与浙江为尔工贸有限公司交涉并提起诉讼，在浙江为尔工贸有限公司同意解决争议后上海经协公司撤诉。因双方协商不成，上海经协公司向浙江为尔工贸有限公司发出解除股权转让通知，但遭浙江为尔工贸有限公司拒绝。

2010 年 10 月 25 日

在浙江省信访局（省联席办）的主持下，召开了建德市华东城市建设投资有限公司有关建德市政府与永康市政府共同处置中心城区改造项目和大塘坞住宅开发项目的处置会议，建德市政府和永康市政府签订《合作备忘录》。

2010 年 10 月 26 日

上海经协公司通过《今日建德》报纸报道知道《合作备忘录》的存在。

2011 年 4 月 26 日

上海经协公司向建德市人民政府提交《申请公开信息》申请书一份，要求公开《合作备忘录》的内容。

2011 年 5 月 6 日

建德市人民政府向上海经协公司作出信息公开申请答复，以被申请的信息涉及社会稳定为由，拒绝公开《合作备忘录》的内容。

2011 年 5 月 24 日

上海市经协公司不服建德市人民政府不予公开的决定，提起了行政诉讼。

2011 年 8 月 8 日

杭州市中级人民法院作出［2011］浙杭行初字第 82 号行政判决，撤销了建德市人民政府所作的决定不予公开的答复决定，并责令建德市人民政府于判决生效之日起 30 日内重新作出信息公开答复。

2011 年 10 月 20 日

浙江省高级人民法院作出［2011］浙行终字第 179 号终审判决，维持了上述一审判决。

2011 年 11 月 9 日

建德市人民政府向建德市保密局发出《关于确定〈合作备忘录〉为国家

秘密的函》，要求确定《合作备忘录》为国家秘密。

2011 年 11 月 25 日

建德市保密局作出《关于确定〈合作备忘录〉为国家秘密的函》（建保函［2011］1号），认为“根据《合作备忘录》所依据的《建德市华东城市建设投资有限公司有关信访问题协调会纪要》属秘密级国家秘密，经研究，确定《合作备忘录》属秘密级国家秘密”。

2011 年 11 月 29 日

建德市人民政府作出《信息公开申请的答复》，以《合作备忘录》属于国家秘密为由，再次拒绝公开《合作备忘录》。上海经协公司不服，再次对建德市人民政府不予公开的决定提起了行政诉讼。

三、本案涉及的法律规定

《政府信息公开条例》（2008 年 5 月 1 日起实施）

第八条　行政机关公开政府信息，不得危及国家安全、公共安全、经济安全和社会稳定。

第九条　行政机关对符合下列基本要求之一的政府信息应当主动公开：

（一）涉及公民、法人或者其他组织切身利益的；

（二）需要社会公众广泛知晓或者参与的；

（三）反映本行政机关机构设置、职能、办事程序等情况的；

（四）其他依照法律、法规和国家有关规定应当主动公开的。

第十三条　除本条例第九条、第十条、第十一条、第十二条规定的行政机关主动公开的政府信息外，公民、法人或者其他组织还可以根据自身生产、生活、科研等特殊需要，向国务院部门、地方各级人民政府及县级以上地方人民政府部门申请获取相关政府信息。

第十四条　……行政机关在公开政府信息前，应当依照《中华人民共和国保守国家秘密法》以及其他法律、法规和国家有关规定对拟公开的政府信息进行审查。

行政机关对政府信息不能确定是否可以公开时，应当依照法律、法规和国家有关规定报有关主管部门或者同级保密工作部门确定。

行政机关不得公开涉及国家秘密、商业秘密、个人隐私的政府信息。但是，经权利人同意公开或者行政机关认为不公开可能对公共利益造成重大影响的涉及商业秘密、个人隐私的政府信息，可以予以公开。

《保守国家秘密法》（2010年10月1日起实施）

第九条 下列涉及国家安全和利益的事项，泄露后可能损害国家在政治、经济、国防、外交等领域的安全和利益的，应当确定为国家秘密：

（一）国家事务重大决策中的秘密事项；

（二）国防建设和武装力量活动中的秘密事项；

（三）外交和外事活动中的秘密事项以及对外承担保密义务的秘密事项；

（四）国民经济和社会发展中的秘密事项；

（五）科学技术中的秘密事项；

（六）维护国家安全活动和追查刑事犯罪中的秘密事项；

（七）经国家保密行政管理部门确定的其他秘密事项。

政党的秘密事项中符合前款规定的，属于国家秘密。

第十八条 国家秘密的密级、保密期限和知悉范围，应当根据情况变化及时变更。国家秘密的密级、保密期限和知悉范围的变更，由原定密机关、单位决定，也可以由其上级机关决定。

国家秘密的密级、保密期限和知悉范围变更的，应当及时书面通知知悉范围内的机关、单位或者人员。

《行政诉讼法》（1990年10月1日起实施）

第一条 为保证人民法院正确、及时审理行政案件，保护公民、法人和其他组织的合法权益，维护和监督行政机关依法行使行政职权，根据宪法制定本法。

第三十二条 被告对作出的具体行政行为负有举证责任，应当提供作出该具体行政行为的证据和所依据的规范性文件。

第三十三条 在诉讼过程中，被告不得自行向原告和证人收集证据。

第五十五条 人民法院判决被告重新作出具体行政行为的，被告不得以同一的事实和理由作出与原具体行政行为基本相同的具体行政行为。

四、本案涉及的理论问题

（一）政府信息公开的客体

本案的一个核心争议要点是，建德市政府和永康市政府签订的《合作备忘录》是否属于《政府信息公开条例》规定的不予公开的信息。在本案的发展过程中，建德市政府先后采取了两种方式，最终成功地阻止了《合作备忘录》的公开。相应地，作为被告的行政机关采取了两种方式，在先后 4 次行政诉讼中，针对内容相同的公开申请要求，提出了不同的拒绝公开理由，使得人们可以通过本案更好地分析《政府信息公开条例》框架中信息公开的客体以及在确定这种客体时的界限。

按照《政府信息公开条例》第 8 条的规定，危及国家安全、公共安全、经济安全和社会稳定的信息是不应公开的。该条例第 14 条又进一步规定，行政机关不得公开涉及“国家秘密、商业秘密、个人隐私”的政府信息。由此对政府信息确定了公开是原则、不公开是例外的公开原则。

就上述两条规定而言，其侧重点是不同的。第 8 条规定的重心在于信息公开后的效果，即产生各种“危及”的效果。而第 14 条规定的重心是信息内容本身，即这些信息的内容属于三类信息。而且对这三类信息的定义，在法治实践中都已经有了比较成熟的规定。基于这种制度框架，本案中的行政机关为了阻止相关信息被公开，可以说是将这种“不可公开”规定的可用空间用到了极致。

在处理第一次公开申请时，建德市政府主要是利用《政府信息公开条例》第 8 条“三种危及”的规定，将《合作备忘录》定义成公开后会危及社会稳定的信息。建德市政府的这种认识有许多值得商榷之处。华东城市建设投资有限公司的建设项目因为经营不善，出现了项目债权人上访的现象，这的确在一定程度上影响到了当地的社会稳定。《合作备忘录》就是两地政府为了处理这一影响到社会稳定的事件而作出的应对方案。但是，需要注意的是，《合作备忘录》的签订目的是处理影响到社会稳定的事件，并不代表着公开该文件就会影响社会稳定。维护社会稳定是签订《合作备忘录》的促发原因。该备忘录签订之后，公开备忘录是否会继续影响到社会稳定是不确定的。事实上，应对与社会稳定有关事件的文件被公开后，不仅不会引起社会不稳定，反而会帮助社会恢复到稳定状态。例如，在新冠疫情暴发期间，疫情的发生和传播常常会影响到社会稳定。如果能够尽早地制定针对疫情的应对方案并向社会公众公布，会使得社会公众对疫情的发展情况有一个清晰的认识，从而恢复信心、减少不必要的恐慌发生。在本案中，建德市政府没有对公开备忘录会引发社会不稳定的状况作出清楚说明，相反，却始终以《合作备忘录》包含着涉及社会稳定的内容就断言公开该备忘录的内容会引发社会不稳定，这种推论有偷换概念的嫌疑。

在本案中，从浙江省政府自身的规定来看，对于公开相应的文件是否会引发危及社会稳定的情况，已经有了程序方面的规定。为了确定公开一份文件是否会危及社会稳定，需要按照《浙江省县级重大事项社会稳定风险评估办法（试行）》等文件的规定作出相应的判断。本案中，建德市政府没有履行该文件的要求就自行宣称公开《合作备忘录》会危及社会稳定，这种做法有违反行政机关内部程序规定的嫌疑。因此，本案一、二审法院判定建德市政府的不公开决定违法是值得肯定的。

在一、二审之后，建德市政府意识到利用《政府信息公开条例》第 8 条规定，即从公开信息的效果入手来阻止信息公开是不可行的，转而决定利用《政府信息公开条例》第 14 条的规定，即从信息的内容入手以阻止《合作备忘录》的公开。就第 14 条规定而言，涉及商业秘密与个人隐私的信息是否公开还取决于行政机关以外的当事人的意愿，即如果涉及商业秘密与个人隐私的相关当事人放弃权利同意公开信息，行政机关不能以信息内容特殊为由拒绝公开相应信息。但是，对于国家秘密类信息的公开，其决定权则完全被掌握在行政机关手中。

按照《保守国家秘密法》的规定，行政机关甚至有义务保证作为国家秘密的信息处于保密状态。《保守国家秘密法》属于法律，《政府信息公开条例》属于行政法规，即使《保守国家秘密法》的规定与制度安排可能与《政府信息公开条例》的立法精神甚至具体规定存在一定的冲突，《政府信息公开条例》也需要服从于《保守国家秘密法》的规定。当行政机关的确按照《保守国家秘密法》的规定在采取行动时，法院也不再能以《政府信息公开条例》的"公开是原则、不公开是例外"的信息公开原则否定行政机关的保密行动。

这正是发生在本案中的情况。在经历了一、二审之后，建德市政府通过将《合作备忘录》确定为"秘密级国家秘密"，在当事人和审判法院完全相同的情况下成功地在第二轮审判过程中阻止了该备忘录的公开。可以说，这种令行政相对人甚至审判法院都非常尴尬的局面，其产生是非常耐人寻味的，也暴露出了《保守国家秘密法》与《政府信息公开条例》在衔接上的不完善之处。不过，对于这种尴尬局面，却不一定必须通过修改两部法律规范文件的方式来解决，这也是本书接下来要讨论的问题。

（二）行政诉讼中被冻结的行政行为

仔细阅读本案发展的时间线后，我们可以发现，建德市政府在第一轮诉讼失败、面对"需要公开信息"的判决时，没有主动执行该判决，却指示所属的建德市保密局将《合作备忘录》确定为国家秘密，从而成功地利用了《保守国家秘密法》和《政府信息公开条例》中的相关规定规避了公开义务。基于此，人们可能会产生一个疑问：作为行政机关的建德市政府的这种做法是否具有合法性？

本案发生时的《行政诉讼法》第33条规定，"在诉讼过程中，被告不得自行向原告和证人收集证据"。这一规定虽然简单，但却反映出了"冻结行政行为"的思想，即当行政诉讼启动之后，行政机关不得再去为了完善有可能存在瑕疵的行政行为而收集证据。试想一下，如果允许行政机关在诉讼进行过程中进一步收集证据，那么在这种情况下，行政机关便只会提交对自己有利的证据以证明行政行为的合法性。这是不利于保护行政相对人合法权益的。在民事诉讼与刑事诉讼过程中，不存在这种诉讼程序启动后禁止进一步收集证据的规定。由此可见，《行政诉讼法》的此项规定是具有一定的独特性的。

这种独特性的存在，是因为行政诉讼不仅有实现当事人的诉讼利益的目的，还有监督行政机关依法行政的目的。而且，行政诉讼的这种监督目的是针对诉讼发生前的行政行为，即对在诉讼发生之前的行政行为形成一个反向的监督机制，以使得行政机关在行政职权的过程中尽量审慎地行使自己的权力。如果当行政机关在发现行政相对人已经求助于司法机关并提出行政诉讼后，还有权进一步纠正或者完善自己的行政行为，就有可能使得行政机关存在投机心理：在做出行政行为的最初状态下不急于认真、严肃地行使职权，而是等待争议发生后，再“有的放矢”地采取各种纠正措施。这会使得行政相对人的权益受到行政机关更频繁或者更严重的侵犯。在诉讼过程中，这对行政相对人来说也是一种相当不公平的情况。或许正是为了防止这一风险的出现，《行政诉讼法》才会规定行政行为在进入诉讼阶段后，原则上需要处于“冻结”状态。

在本案中，当建德市政府拿到了第一轮行政诉讼的败诉判决后，它启动了对《合作备忘录》的定密程序，将其转变成了涉及国家秘密的信息。在上文的讨论中我们已经看到，定密的主动权完全掌握在行政机关手中，对于是否定密、确定何种等级的秘密，行政相对人是完全没有决定权的。建德市政府的这种定密操作，实际上已经改变了最初对行政相对人作出的“不予公开信息”决定的性质。当上海经协公司申请公开《合作备忘录》时，这份文件并不属于《政府信息公开条例》第 14 条规定的三种具有限制性公开信息内容的文件，而建德市政府当时是以公开《合作备忘录》会危及社会稳定的理由来拒绝公开的。但是，在判决结果的执行过程中，即诉讼程序严格来说还没有完全结束的时候，建德市政府却改变了《合作备忘录》内容的性质，而其这样做的目的显然是规避本案判决的约束力。

虽然依据法律规定来看，建德市政府这样做没有明确的违法之处。即按照当时的《行政诉讼法》第 55 条的规定，行政机关不得以同一事实和理由作出与具体行政行为基本相同的具体行政行为。在本案中，建德市政府虽然再次拒绝了当事人的公开申请，作出了相同的行政行为，但它适用了《政府信息公开条例》的不同条款，不属于以“同一理由”作出相同的行政行为，没有违反《行政诉讼法》的这种禁止性规定。

但需要注意的是，建德市政府之所以引用《政府信息公开条例》的不同条款，是因为它改变了被申请公开文件的性质。然而，建德市政府之所以会改变文件性质，并不是因为决策环境发生了变化（例如在行使职权的过程中发现《合作备忘录》中存在着涉密的信息），而仅仅是为了阻止该文件的公开。在行政诉讼的过程中冻结行政行为的目的就是让法院有一个机会去审查，行政机关当初在作出行政行为时是否严格按照法律规定的要求做到了依法行政，从而起到反向监督行政机关依法行政的作用。如果允许行政机关在法院正式介入之后还对存在争议的行政行为进行修补，一方面会大大提高法院的审查难度，另一方面也会极大地削弱行政诉讼的反向监督作用。在本案中，如果建德市政府认为《合作备忘录》存在着涉密信息，就应当在签订该备忘录后就启动相应的定密程序。而且，按照《保守国家秘密法》第 18 条的规定，行政机关具有"及时定密"的义务。建德市政府在整个第一轮诉讼过程中都没有任何想将《合作备忘录》定密的意愿表露行为，而是在执行第一轮诉讼的判决时突然启动了定密程序，也没有向上海经协公司说明突然将《合作备忘录》定密的理由。如果《合作备忘录》的确具有定密需要，建德市政府的这一行为便存在着没有及时定密的违法不作为嫌疑。

《保守国家秘密法》第 9 条第 7 项属于弹性条款，其有关经国家保密行政管理部门确定的其他秘密事项的规定实际上赋予了国家保密行政管理部门相当宽泛的定密权，而且该法律也没有要求定密机关向相关当事人说明定密的理由。从《行政诉讼法》《政府信息公开条例》和《保守国家秘密法》这三部法律的相关规定来看，建德市政府这种为了规避执行行政诉讼判决而突击定密的行为，不存在着形式上的违法性。但是，建德市政府的突击定密行为，不仅会使得行政诉讼制度在诉讼程序启动后冻结行政行为的目的落空，更会引发接下来本书即将要讨论的行政机关诚信缺失问题，终究是不可取的。

五、实践问题：行政机关的诚信行政义务

从形式法治的角度来看，本案中作为行政机关的建德市政府的所作所为没有什么合法性上的问题。即使《保守国家秘密法》与《政府信息公开条例》之间存在着衔接上的问题，使得行政相对人在实现自己的主张时遭遇了预期落空的情况，但这种预期落空情况的发生，不是行政机关的问题，而是法律规定不够和谐统一的结果。

但仍需注意的是，当法律制度中存在着一定的漏洞或者模糊之处时，对

制度有着更清晰认识的行政机关，相对于行政相对人而言，掌握着知识上的优势，应当具有明确的判断。在行政法的制度设计中，行政机关相对于行政相对人具有天然的优势，这种优势是行政法制度框架所允许的，目的是更好地实现行政行为追求的利益，并且通过事后的救济制度，例如行政复议和行政诉讼来反向约束行政机关。但是，行政法制度的设计是不允许行政机关滥用这种知识优势（尤其是基于行政法律制度不完善）获得优势的。因为后一种优势不是服务于合法行政行为追求的利益。例如，在本案中，建德市政府在第一轮诉讼结束后将《合作备忘录》定密的行为，是行政相对人甚至司法机关预先无法预期的行为。但是，对于行政机关来说，它掌握着行政专业知识上的优势，自然能“快人一步”地想到这种规避方式。而这种规避操作，显然损害了行政相对人对行政机关的信赖，否则上海经协公司便不会启动第二轮行政诉讼。相对于在个案中因为胜诉、败诉造成的诉讼利益方面的得失，行政机关的权威是在实现依法行政的目标中更加重要的价值追求。从表面上看，建德市政府在这个案件中赢得了诉讼、实现了其不公开《合作备忘录》的目的，但实质上，建德市政府这种操作的后果会使得行政相对人上海经协公司对行政机关的处理方式更加不满，而且在经过 4 次诉讼却无法实现自己的主张后，这种不满很有可能会转变成对国家行政法律制度的不满。这种不满对一个国家的行政法治运行和依法行政目的的实现，是具有更大的损害的。

因此，类比于民事法律制度领域中的诚实信用原则，在行政法律制度中，行政机关同样应当承担诚信行政的义务，即应当利用自己掌握的专业与法律方面的专业优势带有最大的善意履行自己的职权。当相应的行政争议揭示出了自身在履责过程中的漏洞和工作中的不足时，行政机关应当虚心地接受行政相对人的批评，利用行政救济制度提供的机会，纠正自己在个案中的违法或者不当的行为。在发现制度漏洞或者模糊之处时，不仅不应利用这种制度缺陷，反而应当尽快完善制度，以免未来争议的进一步产生。

本案反映出了我国行政法治建设中的一些漏洞。在目前的制度框架中，为了保证行政机关诚信行政，人们几乎只能依赖于行政机关的内部监督机制和行政机关办事人员的自我约束。但仅仅依靠内部制约和自我监督显然是不符合法治思维的。本案的发生或许也揭示出了在我国行政法治建设完善过程中，可能要在我国的行政法律制度中引入新的作为行政法基本原则的“诚信行政”或者说“善意行政”原则，以防止行政机关滥用自己的知识优势，造成形式合法、实质严重不合理的情况发生。

成都鹏伟实业有限公司与江西省永修县人民政府、永修县鄱阳湖采砂管理工作领导小组办公室案

本案是在2014年修正的《行政诉讼法》将涉及行政协议的争议纳入行政诉讼受案范围以前发生的一个涉及行政协议的争议。具体而言，本案涉及两个理论问题：①行政决定的公定力，即一个行政机关作出了合法有效的行政决定后，在没有经过法定程序即经法定机关改变与撤销前，其他组织、个人，包括国家机关都需要尊重、承认其效力；②行政协议相对于民事合同的特殊性，以及这种特殊性如何在诉讼过程中得以体现的问题。本案对于我国行政法治建设的实践意义在于，行政机关对于资源性国有资产的守护职责与一般的物权人的职责的不同。

一、判决书原文

中华人民共和国最高人民法院民事判决书［2011］民再字第2号

申请再审人（一审被告、二审被上诉人）：江西省永修县人民政府。

法定代表人：严某平，县长。

委托代理人：杨某，北京市通商律师事务所律师。

委托代理人：冯某洋，北京市通商律师事务所律师。

申请再审人（一审被告、二审被上诉人）：永修县鄱阳湖采砂管理工作领导小组办公室。

法定代表人：龚某武，主任。

委托代理人：杨某，北京市通商律师事务所律师。

委托代理人：冯某洋，北京市通商律师事务所律师。

被申请人（一审原告、二审上诉人）：成都鹏伟实业有限公司。

法定代表人：张某，董事长。

委托代理人：万某闻，江西阳中阳律师事务所律师。

委托代理人：欧某俊，江西阳中阳律师事务所律师。

江西省永修县人民政府（以下简称“永修县政府”）、永修县鄱阳湖采砂管理工作领导小组办公室（以下简称“采砂办”）与成都鹏伟实业有限公司（以下简称“鹏伟公司”）采矿权纠纷一案，本院于2009年12月19日作出的［2008］民二终字第91号民事判决已经发生法律效力，永修县政府、采砂办不服，向本院申请再审。本院以［2011］民监字第267号民事裁定再审本案。本院依法组成合议庭，公开开庭审理了本案。永修县政府、采砂办委托代理人杨某、冯某洋，鹏伟公司法定代表人张某、委托代理人万某闻、欧某俊到庭参加诉讼。本案现已审理终结。

本院经审理查明，2006年，永修县政府决定以拍卖的方式出让鄱阳湖永修县水域5、6、7、8号4个采区的采砂权。采砂办制作并在“中国投资在线”网站上登载了《永修县砂石开发招商引资推介书（鄱阳湖采砂开发项目）》（以下简称《推介书》）。《推介书》称：“鄱阳湖汛期早，时间长，从每年4月上旬到11月底，开采期长达200天；投资金额1.1亿元人民币以上，主要为购买采矿权的价款和税费；销售总额可达7亿元~10亿元，利润5000万元~7000万元。”为配合招商引资，采砂办工作人员编写了《江西省鄱阳湖永修采区2006年采砂可行性报告》（以下简称《可行性报告》），对采砂权的投资前景，包括运作盈利方式、设备投入、人员配置、效益等方面做了详细的分析预算：按每天采砂260船，每条船1500吨，每吨8元计算，每个工作日泵船销砂收入可达312万元，投资方按30%的比例提取提成款，每天可收入93.6万元，整个采季按180天计算，总收入可达16 848万元；成本包括采矿权价款1.1亿元，加上快艇成本、租船租金、燃油费、人员工资、生活费用、利息、海事安监工商收费等，总成本约11 832.4万元（按6个月采期计算）；利润5015.6万元。《可行性报告》在投资风险一栏中指出采砂存在政策风险、市场风险和自然风险：“自然风险：如果遇上枯水年，会对开采期造成较大影响。不过，1998年长江流域是大水年。从1998年到如今，已经8年。按一般规律，今年也是大水年。即使不是大水年，按照鄱阳湖常年水位，从5月初到10月底，开采6个月（180天）是没有问题的。”采砂办提供给鹏伟公司董事长张某的《鄱阳湖6、7、8三个采区评估（2006）报告》也指出：“采区正常营运时间本年度5月中旬至11月中旬，全年为期6个月，为作保守投资评估，减去天气等因素，假定正常营业时间为4个月（120天）。”

2006年4月17日，江西省水利厅作出赣水政法字［2006］24号批复。主要内容为：“原则同意2006年鄱阳湖永修县部分水域河道采砂开采权拍卖方案。拍卖可采期限为2006年5月1日至2006年12月31日，控制采砂船为38条，年控制开采总量为2320万吨。”该批复附件载明，鄱阳湖永修县6、7、8号采区年控制采量1740万吨。

采砂办委托山东银星拍卖有限公司处理本次采砂权出让事宜。双方作出的《拍卖会标的清单》和《拍卖会特别约定》载明：“鄱阳湖永修县6、7、8号采区采砂权起拍价4068万元；买受人承担采区工作费用25.2万元，按核定采砂船1000元/月/艘收取；税费3550万元，包括应缴国家税收、河道采砂管理费和矿产资源补偿费。”2006年4月26日，鹏伟公司以4678万元竞得鄱阳湖永修县水域6、7、8号采区采砂权。随后，鹏伟公司陆续向永修县非税收入管理局交纳8228万元，该局出具了相应金额的收费票据，8228万元的收费项目名称均为“采区拍卖款”。2006年5月10日，采砂办与鹏伟公司签订《鄱阳湖永修县6、7、8号采区采砂权出让合同》（以下简称《采砂权出让合同》）。该合同约定：“一、采砂权使用期限自签订本合同之日至2006年12月31日止，同时满足防汛要求；采砂船数量28艘（功率4000kw以内/艘）；年控制采量1740万吨；二、拍卖成交金额8228万元（包括税费）；……十、本合同约定的采区采砂权使用期限，是根据上级主管部门的批文当年度的有效可采期，实际可采期限以当年水位不能供采砂船只作业时为准。”

自2006年7月以后，江西省持续高温干旱天气，降雨偏少，长江江西段出现同期罕见枯水位，鄱阳湖水大量流入长江，水位急剧下降，出现了自20世纪70年代初期以来罕见的低水位。2006年8月18日，因鄱阳湖水位过低造成运砂船难以进入采区，鹏伟公司被迫停止采砂。为此，鹏伟公司致函采砂办要求解决开采时间缩短、砂源不足等问题。江西省永修县港航管理所出据的证明显示，该所于2006年度每天6时至18时时间段内对鄱阳湖永修水域5、6、7、8号采区的砂石共收取875.774万元货物港务费，有效收费票据7935张，即砂量875.774万吨，运力船只7935艘次。据此，鄱阳湖永修水域5、6、7、8号采区平均每艘运砂船的运力为1103.6849吨。根据鹏伟公司自认其共运砂20 900船次，可推算出采量为2306.7015万吨。江西省水文局档案资料记载：2006年8月18日湖口水道星子站日平均水位为13.05米，该水位自1970年以来一般出现在10月中下旬以后。据采砂办和鹏伟公司介绍，2006年鄱阳湖的砂石价格在每吨6元至8元之间。

另查明，采砂办是永修县政府的直属事业单位。其宗旨和业务范围为：负责宣传国家有关法律法规和政策，协调采砂各方关系，对采砂进行监管，维护采砂正常秩序，经费来源于财政拨款。根据《2006年鄱阳湖永修辖区采砂管理实施办法》，采砂管理工作领导小组由永修县委、县政府相关部门和单位主要领导组成，采砂管理工作领导小组下设采砂办，负责采砂日常工作，其工作经费由永修县财政安排。

本案纠纷发生后，2007年鄱阳湖永修县水域5、6、7号采区的采砂权被永修县水电建筑工程公司经拍卖取得，该公司与永修县水务局签订了《鄱阳湖永修水域河砂开采管理协议》。约定：开采期限“原则上自本协议签订起至2007年12月31日止，实际可采期以当年水位不能供采砂船只作业时为准。同时满足防汛要求和国家重点建设要求等不可预见的相关政策。因水位等客观原因造成不能生产等的一切风险由永修县水电建筑工程公司自行承担”。永修县水电建筑工程公司取得的采砂权年控制采量为2380万吨，合同价款6016万元，其中河道砂石资源费1904万元。该公司自2007年6月20日进场开采至同年10月10日停止作业。

2007年8月，鹏伟公司向江西省高级人民法院提起诉讼，请求解除其与采砂办签订的《采砂权出让合同》，采砂办、永修县政府依照合同约定补足135天采期并提供全部税费发票，如采砂办、永修县政府不能补足采期，则应退还鹏伟公司多支付的拍卖成交款4727万元（含税费），诉讼费用由采砂办、永修县政府负担。在一审庭审中，鹏伟公司撤回了补足135天采期的诉讼请求。

江西省高级人民法院一审认为，采砂办是永修县政府成立的负责采砂日常管理工作的事务性机构，其在永修县政府的授权下拍卖出让采砂权，该行为的法律后果应由永修县政府承担。采砂办与鹏伟公司签订的《采砂权出让合同》系当事人真实意思表示，内容符合江西省水利厅批复文件对采砂泵船数量、年控制采量和禁采期限所作的限制，不违反我国法律、行政法规的强制性规定，应认定为合法有效。根据《采砂权出让合同》第1条有关年控制采量以及第10条有关实际可采期限的约定，鹏伟公司的采砂权要受到采量和采期的双重限制，即在鄱阳湖永修水域水位可供采砂作业的情况下，鹏伟公司的采量上限为1740万吨，一旦达到该采量，鹏伟公司就应停止开采，合同履行完毕；当鄱阳湖永修水域水位因季节、气候变化自然下降导致采砂泵船、运砂船无法作业时，即使鹏伟公司的采量尚未达到1740万吨，鹏伟公司也只能停止开采，合同权利义务终止。由于鄱阳湖水文状况每年各异，在合同订立时无法准确预见因水位下降导致无法采砂作业的具体时间，故《采砂权出让合同》对采期的表述较为概括，仅在第10条约定“实际可采期以当年水位不能供采砂船只作业时为准”。因此，对于鹏伟公司提出该条款表明其取得的采砂权只受采期限制、不受采量限制的诉讼主张，不予采信。根据现有证据材料，可推算出截至2006年8月18日停止采砂作业时，鹏伟公司的采砂量为2306.7015万吨，已经超出了《采砂权出让合同》约定的1740万吨的年控制采量。故《采砂权出让合同》在2006年8月18日之前即因采量达到合同约定而履行完毕，在合同履行完毕以后发生的无水供采现象，不论是否属于不可抗力，均不能构成解除合同的理由，故对于鹏伟公司提出的因不可抗力致使部分采砂权益没有实现要求解除《采砂权出让合同》的诉讼请求，不予支持。况且，即使如鹏伟公司所称，本案1740万吨砂石开采权的收益与8228万元的合同价款不构成合理对价，由于其投标竞拍目的是期望取得一定期限的采砂权，鹏伟公司取得采砂权后，为获取经济利益必然违反江西省水利厅批复文件的限制进行超量开采，因此鹏伟公司的该合同目的具有不法性。根据民法的不法原因给付理论，鹏伟公司在不法合同目的无法实现的情况下诉求返还已经支付的部分合同价款，法律亦不应给予保护。关于鹏伟公司诉求提供税票的问题，因《采砂权出让合同》未作约定，故不属于本案的审理范畴。该院经审判委员会讨论决定，依照《合同法》第8条、《民事诉讼法》第128条之规定，于2008年3月10日作出［2007］赣民二初字第12号民事判决：驳回鹏伟公司的诉讼请求。案件受理费306 350元，由鹏伟公司负担。

鹏伟公司不服上述一审判决，向本院提起上诉。

本案二审期间，九江市副市长和永修县委书记、副县长等与鹏伟公司法定代表人张某在香港进行座谈并签署了会议纪要。该会议纪要载明：“鹏伟公司投资永修县采砂项目，因受鄱阳湖水位的影响，出现严重亏损，是投资方与县政府双方不愿意看到的，双方应本着依法依规的、尊重事实、实事求是的原则，协商处理损失的认定与承担问题”，“预期的水位没有达到180天，具体对采砂项目的收益影响，需做一个客观的评估”，“对双方认定的合理评估值，依照相关的法律原则，由永修县政府按照决策的法定程序作出与鹏伟公司合理分摊的决定”，“如永修县与鹏伟公司双方不能达成一致，由九江市政府协调解决”。

本院二审认为，采砂办通过公开拍卖的方式与鹏伟公司签订的《采砂权出让合同》系当事人的真实意思表示，合同内容不违反法律、行政法规的禁止性规定，应认定为合法有效。

《采砂权出让合同》约定：采砂权使用期限自签订本合同之日至2006年12月31日止，年控制采量为1740万吨；本合同约定的采区采砂权使用期限，是根据上级主管部门的批文确定的，实际可采期限以当年水位可供采砂船只作业的时间为准。对上述约定，鹏伟公司认为合同中约定的1740万吨的采砂限制并不是鹏伟公司和采砂办的真实意思，永修县政府主要领导在签订合同时解释，合同加上采量限制是为了应对省水利厅的检查，并承诺采砂量实际不受限制。鹏伟公司在本案一审审理过程中以采砂办在网站发布的公开拍卖《推介书》和采砂办工作人员编写的《可行性报告》作为其证明上述主张的证据。永修县政府和采砂办认为，年控制采量1740万吨是上级行政主管部门对年采量的行政许可限制，鹏伟公司对《采砂权出让合同》关于1740万吨的约定无异议才签字盖章。该约定是明确的，不能以《推介书》和个人写的《可行性报告》来否定合同的效力。

对此，本院认为，采砂办在“中国投资在线”网站发布的公开拍卖《推介书》是就公开拍卖采砂权事宜向社会不特定对象发出的要约邀请，在受要约人与之建立合同关系且双方对合同约定的内容产生争议时，该要约邀请对合同的解释可以产生证据效力。采砂办工作人员编写的《可行性报告》与《推介书》的内容是一致的，是对要约的具体化和解释，在本案中可以被作为证据使用。《推介书》《可行性报告》均以5、6、7、8号4个采区投资金额1.1亿元人民币为例对竞拍取得采砂权进行了宣传。按《可行性报告》提出的开采期较少的180日计算口径，湖砂每吨8元，投资方按30%的比例提取提成款，则开采1740万吨湖砂的利润为4176万元。也即，如果将合同解释为限量的1740万吨，那么鹏伟公司的投资回报仅为4176万元，同支付采砂办的采砂权价款及税费共计8228万元相较，显然不成比例。故对于鹏伟公司关于1740万吨采砂限制并不是鹏伟公司和采砂办的真实意思表示，《采砂权出让合同》系限时不限量合同的主张，本院予以支持。在实际履行合同过程中，作为采砂的监管部门，采砂办并未对鹏伟公司的采量加以监管和限制，在本案一、二审过程中也未能提供鹏伟公司采砂的具体数字、采量到达1740万吨的具体时间及此后采取了何种管理措施等证据，表明其对1740万吨的采砂限量并不真正关心，该行为可以间接证明《采砂权出让合同》并非真实的限量合同。

在本案一审过程中，采砂办举证鹏伟公司运砂20 900船次，对此鹏伟公司予以认可，原审法院根据运沙船的平均吨位估算出鹏伟公司的实际采砂量为2306.7015万吨，鹏伟公司称使用大船的平均吨位计算不科学，但并未提供实际采量的相关证据，原审法院的上述认定并无不妥，应予维持。根据《推介书》《可行性报告》载明的投资回报计算方法，以鹏伟公司实际采量2306.7015万吨计算，鹏伟公司的实际收入为5534余万元，与其支付的8228万元相比，其仍然处于亏损状态。

根据原审查明的事实，鹏伟公司于2006年5月10日签订《采砂权出让合同》后即开始采砂工作，至2006年8月18日停止采砂，共计开采100天。停止采砂的原因是：自2006年7月以后，江西省持续高温干旱天气，降雨偏少，长江江西段出现同期罕见枯水位，鄱阳湖水大量流入长江，水位急剧下降，出现了自20世纪70年代初期以来罕见的低水位。因鄱阳湖水位过低造成运砂船难以进入采区，鹏伟公司被迫停止采砂。江西省水文局档案资料记载：2006年8月18日湖口水道星子站日平均水位为13.05米，该水位自1970年以来一般出现在10月中下旬以后。对上述事实双方均无异议。故可以认定，受36年未遇的鄱阳湖罕见低水位影响，鹏伟公司采砂提前结束，该自然灾害与鹏伟公司的亏损具有直接的因果关系。对此，鹏伟公司和采砂办均无异议。

公平原则是当事人订立、履行民事合同所应遵循的基本原则。《最高人民法院关于适用〈中华人民共和国合同法〉若干问题的解释（二）》第26条规定："合同成立以后客观情况发生了当事人在订立合同时无法预见的、非不可抗力造成的不属于商业风险的重大变化，继续履行合同对于一方当事人明显不公平或者不能实现合同目的，当事人请求人民法院变更或者解除合同的，人民法院应当根据公平原则，并结合案件的实际情况确定是否变更或者解除。"本案中，鹏伟公司所享有的鄱阳湖永修段采砂权虽然是通过竞拍方式取得的，但竞拍只是鹏伟公司与采砂办为订立《采砂权出让合同》所采取的具体方式，双方之间的合同行为仍应受《合同法》的调整。鹏伟公司在履行本案《采砂权出让合同》的过程中遭遇了鄱阳湖36年未遇的罕见低水位，导致采砂船不能在采砂区域作业，采砂提前结束，未能达到《采砂权出让合同》约定的合同目的，形成巨额亏损。这一客观情况是鹏伟公司和采砂办在签订合同时不可能预见到的，鹏伟公司的损失也非商业风险所致。在此情况下，仍旧依照合同的约定履行，必然导致采砂办取得全部合同收益，而鹏伟公司承担全部投资损失，对鹏伟公司而言是不公平的，有悖合同法的基本原则。鹏伟公司要求采砂办退还部分合同价款实际是要求对《采砂权出让合同》的部分条款进行变更，符合《合同法》和本院上述司法解释的规定，本院予以支持。

根据采砂办《推介书》《可行性报告》载明的投资回报计算方法推算，鹏伟公司开采2306.7015万吨湖砂，收入为5534余万元，其开采实际天数为100天，即每日收入55.34万元。按此进度，要收回成本，抵消其已支付的8228万元采砂权价款及税费，鹏伟公司至少应采砂149天。另根据一审查明的事实，2006 年 8 月 18 日，因鄱阳湖水位过低造成运砂船难以进入采区，鹏伟公司被迫停止采砂。江西省水文局档案资料记载：在此时点，鄱阳湖湖口水道星子站日平均水位为 13.05 米，该水位自 1970 年以来一般出现在 10 月中下旬以后。据此推算，如未遇到自 1970 年以来的极低水位，鹏伟公司的采砂时间应当可以至 160 日左右。上述两种推算方法所确定的采砂期限与采砂办的《推介书》和《可行性报告》对采砂期的宣传是基本吻合的。根据损失共担的公平原则，结合本案的实际情况，本院酌定采砂办补偿鹏伟公司 6、7、8 号采区采砂共计 30 日。鉴于鄱阳湖采砂具有较强的季节性，且取得采砂权需经较为严格的行政许可程序，双方在本院二审过程中对补偿采期问题不能达成一致，采砂办应当退还部分采砂权出让价款以替代采期补偿。

鹏伟公司一审请求采砂办退还其多支付的拍卖成交款 4727 万元，该项诉讼请求实际包含两项内容，即要求采砂办退还部分采砂权出让价款，同时退还其多缴纳的各种税费。纳税人缴纳税金及向行政机关缴纳规费不是平等主体之间的民事行为，不宜作为民事案件审理，故对鹏伟公司要求采砂办退还部分采砂税费的诉讼请求本案不予审理，鹏伟公司可向有关行政机关另行主张权利或作为行政案件另行起诉。鹏伟公司支付的 8228 万元拍卖成交款中，采砂权出让价款为 4678 万元，以采砂期限 130 日计算，每日为 35.98 万元，鹏伟公司实际少采砂 30 天，故采砂办应返还鹏伟公司采砂权出让价款 1079.54 万元。

采砂办是永修县政府的直属事业单位，系永修县采砂管理工作领导小组的日常办事机构。采砂管理工作领导小组由永修县委、县政府相关部门和单位主要领导组成。采砂办的经费来源为财政拨款，无独立承担民事责任的行为能力，故永修县政府应与采砂办共同承担本案的民事责任。

综上，原审判决认定事实清楚，但适用法律有误，实体处理不当，本院予以纠正。鹏伟公司的部分上诉请求有事实和法律依据，本院予以支持。本院依照《合同法》第 5 条、《最高人民法院关于适用〈中华人民共和国合同法〉若干问题的解释（二）》第 26 条、《民事诉讼法》第 153 条第 1 款第 2 项之规定，于 2009 年 12 月 19 日作出［2008］民二终字第 91 号民事判决：

①撤销江西省高级人民法院［2007］赣民二初字第 12 号民事判决；②江西省永修县人民政府、永修县鄱阳湖采砂管理工作领导小组办公室于本判决生效之日起 30 日内退还鹏伟公司采砂权出让价款 1079.54 万元；③驳回鹏伟公司的其他诉讼请求。本案一审案件受理费 306 350 元，由江西省永修县人民政府、永修县鄱阳湖采砂管理工作领导小组办公室共同承担 183 810 元，鹏伟公司承担 122 540 元；二审案件受理费 306 350 元，由江西省永修县人民政府、永修县鄱阳湖采砂管理工作领导小组办公室共同承担 183 810 元，鹏伟公司承担 122 540 元。

永修县政府、采砂办不服上述二审判决，向本院申请再审称，原审判决认定事实和适用法律均存在错误。(1) 原审判决认定事实错误。①原审判决以《推介书》《可行性报告》为依据认为《采砂权出让合同》约定年控制采量为 1740 万吨并非合同双方当事人的真实意思表示，认定本案讼争合同为限时不限量合同，没有事实依据，且违反了法律规定和基本法律原理；②鹏伟公司提供的江西省水文局《湖口水道星子站 1970－2006 年逐日平均水位表》记载，2006 年出现的 13.05 米水位既不是 36 年来的最低，也不是“罕见”的低水位，更不构成所谓“自然灾害”，而且鹏伟公司采砂 100 天属于正常的采砂天数，并未由于遭遇“自然灾害”使其采砂天数不合理地少于其他年份。原审判决关于“2006 年鄱阳湖遭受 36 年未遇的自然灾害”的认定，依据不足；③原审判决关于鹏伟公司采砂量为 2306.7015 万吨的认定并非该公司的实际采砂数量，实际采砂量将远高于上述数额。根据江西省交通厅航务管理局九江分局出具的证明，2006 年鄱阳湖运砂船平均每艘每航次载重量为 1921 吨，鹏伟公司实际采砂数量应为 4015 万吨（20 900 艘×1921 吨），即便按鹏伟公司所称的单价 8 元每吨、收益比例 30%计算，该公司的收益亦高达 9636 万元，远超合同价款。鹏伟公司不但未亏损，还有数额较大的盈利。鹏伟公司主张该公司遭受“巨额亏损”，对此负有举证责任。原审在鹏伟公司未完成举证责任的情况下认定“鹏伟公司形成巨额亏损”，缺乏依据。(2) 原审判决适用公平原则和情势变更原则判令永修县政府、采砂办退还采砂权出让款，适用法律错误。①本案中，鹏伟公司根本不存在亏损，公平原则没有适用的前提。而且，原审判决不考虑鹏伟公司的实际采砂量，仅根据合同约定计算鹏伟公司的收益，判决永修县政府、采砂办退还合同款，使鹏伟公司一方面获得了远超过合同约定的非法收益，另一方面获得了政府退还的合同价款，适用公平原则的结果是实现了实质上的不公平，并造成国家矿产资源被非法开采、国有资产严重流失的恶果。②本案不具备适用情势变更原则的条件。第一，如前所述，2006 年鄱阳湖的水文情况属于基本正常现象，所谓低水位并非不能预见。第二，所谓“鄱阳湖罕见低水位”这一“情势变更”发生于 2006 年 8 月 18 日，此时合同已经履行完毕。“罕见低水位”并未发生于合同成立之后履行完毕之前，因此也不存在履行合同对当事人不公平的情形。

鹏伟公司答辩称：（1）原审判决认定事实清楚，证据充分，申请再审人主张“原审判决认定《采砂权出让合同》系限时不限量合同是错误”的观点依法不能成立。①按照《推介书》和《可行性报告》的计算方法，采砂 1740 万吨的收入只有 4176 万元，这与采砂权拍卖款显然不成比例，意味着只要中标就会遭受巨额亏损。对此，永修县政府主要领导解释称合同中约定年控制采量 1740 万吨是为了应对上级行政主管部门的检查，并承诺采砂量实际不受限制。事实上，在鹏伟公司采砂过程中，从未有任何部门和个人对采砂量予以控制。另外，在实施采砂权出让制度后，永修县政府对采砂量从未进行过任何限制，对超过限量部分的采砂行为也未曾予以制止。因此，原审认定 1740 万吨年控制采量不是双方当事人的真实意思表示，《采砂权出让合同》系限时不限量合同正确。②江西省水文局档案资料记载，2006 年 8 月 18 日湖口水道星子站日平均水位为 13.05 米，该水位自 1970 年以来一般出现在 10 月下旬以后，而且水位一直未回到可供开采水位，而其他年份低水位持续时间短，可很快又回升到可供开采水位。因此，2006 年低水位持续的时间是 36 年以来从未发生的，是当事人在订立合同时无法预见的。③在本案一审、二审以及再审中，双方当事人对鹏伟公司采砂亏损的事实没有异议，九江市、永修县相关领导与鹏伟公司法定代表人张某签署的《关于江西永修县与鹏伟公司采砂权出让合同纠纷一案的座谈会议纪要》对此也予以认可。实际上，鹏伟公司的损失至少有 5961.17 万元。（2）原审判决适用法律正确。2006 年鄱阳湖遭受 36 年未遇的罕见低水位导致鹏伟公司提前结束采砂，该客观情况与鹏伟公司的亏损具有直接的因果关系，且该客观情况是鹏伟公司在订立合同时无法预见的，不属于商业风险，在此情况下仍按原合同履行，对鹏伟公司极不公平，也不符合合同法的公平原则。而且，如上所述，鹏伟公司所取得的是不限量采砂权，出现罕见低水位的8月18日，仍在合同履行期内。因此，原审适用情势变更原则判决永修县政府、采砂办退还鹏伟公司部分采砂权出让款符合民法的基本原则，是对双方当事人均比较公平的一种选择。综上，请求维持原审判决。

本院再审认为，本案讼争《采砂权出让合同》虽然约定年控制采砂量为1740万吨，但这是不是双方当事人的真实意思表示，鹏伟公司竞拍取得的采砂权是不是受年控制采量的限制，是双方当事人所争执的关键问题。从本案以下基本事实分析，原审判决认为合同关于年控制采砂量为1740万吨的约定并非双方当事人的真实意思表示，《采砂权出让合同》系限时不限量合同，并无不当。第一，永修县政府和采砂办发布的《推介书》《可行性报告》均未表明采砂是限量的，反而宣传鄱阳湖采砂时间长，可以采到水位能供采砂船进入采区的时间。如“鄱阳湖汛期早，时间长，从每年4月上旬到11月底，开采期长达200天，鄱阳湖永修县辖区5、6、7号采区经过近几年的开采，已产生了巨大的经济效益”，“投资风险：……自然风险：如果遇上枯水年，会对开采期造成较大影响。不过，1998年长江流域是大水年，按照鄱阳湖常年水位，从5月初到10月底，开采6个月（180天）是没有问题的”。再如，采砂办为鹏伟公司董事长张某提供的《鄱阳湖6、7、8三个采区评估(2006)报告》载明：“采区正常营运时间本年度5月中旬-11月中旬，全年为期六个月，为做保守投资评估，减去气候等因素，假定为正常营业时间4个月（120天）。”第二，按照《可行性报告》，鹏伟公司从采砂收入中提成30%，按《可行性报告》和《推介书》的计算方法计算，1740万吨的投资回报仅为4176万元，同鹏伟公司支付采砂办的采砂权出让款及税费8228万元相较，确实不成比例。按鹏伟公司实际采砂量2306万吨计算，实际收入为5534余万元，扣除采矿权出让款、快艇成本、租船租金、燃油费、人员工资和生活费用、利息、海事安监工商收费等成本，鹏伟公司确实存在巨额亏损。第三，在鹏伟公司实际开采过程中，永修县政府和采砂办对采砂量并没有进行监管和限制。第四，九江市副市长和永修县委书记、副县长与张某进行座谈并签署会议纪要，表示“鹏伟公司投资永修县采砂项目，因受鄱阳湖水位的影响，出现严重亏损”，“预期的水位没有达到180天”，“对双方认定的合理评估值，依照相关的法律原则，由永修县政府按照决策的法定程序作出与鹏伟公司合理分摊的决定”。

在本案中，鹏伟公司是因为遇到罕见的低水位被迫停止采砂作业的，并因而遭受了巨额亏损。本案纠纷发生后，九江市、永修县两级政府也曾承认因为受鄱阳湖水位的影响鹏伟公司遭受了严重亏损。如上所述，本案双方当事人虽然按照行政主管机关的批复约定了年控制采砂量，但所约定的采砂量与合同价款不能形成合理对价，合同双方具有超量采砂的合意。对双方当事人规避行政许可的行为应由相关行政机关给予相应的行政处理，而对于鹏伟公司因履行该合同所遭受的损失，由鹏伟公司单方承担也不尽公平。原审判决根据损失共担的公平原则，结合本案的实际情况，酌定永修县政府、采砂办退还鹏伟公司1079.54万元采砂权出让款，处理结果亦无不妥。

本院经审判委员会讨论决定，依照《民事诉讼法》第207条、第170条第1款第1项之规定，判决如下：

维持本院［2008］民二终字第91号民事判决。

本判决为终审判决。

审判长　何　抒

审判员　李桂顺

审判员　王云飞

二〇一三年一月十五日

书记员　许冬冬

二、本案发展时间线梳理

2006年初

永修县政府采砂办发布《推介书》对鄱阳湖永修县水域5、6、7、8号4个采区的采砂权进行招商。采砂办工作人员编写《可行性报告》对采砂权的投资前景做了详细的分析预算。永修县政府决定以拍卖的方式出让这些水域的采砂权。采砂办制作并在“中国投资在线”网站上登载了《永修县砂石开发招商引资推介书（鄱阳湖采砂开发项目）》。

2006 年 4 月 17 日

江西省水利厅作出赣水政法字［2006］24 号批复。主要内容为：“原则同意 2006 年鄱阳湖永修县部分水域河道采砂开采权拍卖方案。拍卖可采期限为 2006 年 5 月 1 日至 2006 年 12 月 31 日，控制采砂船为 38 条，年控制开采总量为 2320 万吨。”该批复附件载明，鄱阳湖永修县 6、7、8 号采区年控制采量 1740 万吨。

2006 年 4 月 26 日

鹏伟公司以 4678 万元竞得鄱阳湖永修县水域 6、7、8 号采区采砂权。随后，鹏伟公司陆续向永修县非税收入管理局交纳 8228 万元，该局出具了相应金额的收费票据。

2006 年 5 月 10 日

采砂办与鹏伟公司签订《鄱阳湖永修县 6、7、8 号采区采砂权出让合同》。约定：“一、采砂权使用期限自签订本合同之日至 2006 年 12 月 31 日止，同时满足防汛要求；采砂船数量 28 艘（功率 4000kw 以内/艘）；年控制采量 1740 万吨；二、拍卖成交金额 8228 万元（包括税费）；……十、本合同约定的采区采砂权使用期限，是根据上级主管部门的批文当年度的有效可采期，实际可采期限以当年水位不能供采砂船只作业时为准。”

2006 年 7 月以后

江西省持续高温干旱天气，降雨偏少，长江江西段出现同期罕见枯水位，鄱阳湖水大量流入长江，水位急剧下降，出现了自 20 世纪 70 年代初期以来罕见的低水位。

2006 年 8 月 18 日

因鄱阳湖水位过低造成运砂船难以进入采区，鹏伟公司被迫停止采砂。为此，鹏伟公司致函采砂办要求解决开采时间缩短、砂源不足等问题。涉案双方当事人推算出鹏伟公司已采砂量为 2306.7015 万吨。江西省水文局档案资料记载：2006 年 8 月 18 日湖口水道星子站日平均水位为 13.05 米，该水位自1970年以来一般出现在10月中下旬以后。

2007年8月

鹏伟公司向江西省高级人民法院提起诉讼，请求解除其与采砂办签订的《采砂权出让合同》，采砂办、永修县政府依照合同约定补足135天采期并提供全部税费发票。如采砂办、永修县政府不能补足采期，则应退还鹏伟公司多支付的拍卖成交款4727万元（含税费），诉讼费用由采砂办、永修县政府负担。

2008年3月10日

江西省高级人民法院作出判决，驳回鹏伟公司的诉讼请求。鹏伟公司不服一审判决，向最高人民法院提起上诉。

在二审审判期间，九江市副市长和永修县委书记、副县长等与鹏伟公司法定代表人张某在香港进行座谈并签署会议纪要。该会议纪要载明："鹏伟公司投资永修县采砂项目，因受鄱阳湖水位的影响，出现严重亏损，是投资方与县政府双方不愿意看到的，双方应本着依法依规的、尊重事实、实事求是的原则，协商处理损失的认定与承担问题"，"预期的水位没有达到180天，具体对采砂项目的收益影响，需做一个客观的评估"，"对双方认定的合理评估值，依照相关的法律原则，由永修县政府按照决策的法定程序作出与鹏伟公司合理分摊的决定"，"如永修县与鹏伟公司双方不能达成一致，由九江市政府协调解决"。

2009年12月19日

最高人民法院作出二审判决：①撤销江西省高级人民法院的一审判决；②江西省永修县人民政府、永修县鄱阳湖采砂管理工作领导小组办公室于本判决生效之日起30日内退还鹏伟公司采砂权出让价款1079.54万元；③驳回鹏伟公司的其他诉讼请求。本案两审案件受理费由江西省永修县人民政府、永修县鄱阳湖采砂管理工作领导小组办公室和鹏伟公司共同承担。永修县政府、采砂办不服上述二审判决，向最高人民法院申请再审。

2013年1月15日

最高人民法院作出再审判决，维持了二审判决。

三、本案涉及的法律规定

《合同法》(1999 年 10 月 1 日起实施)

第五十二条 有下列情形之一的，合同无效：

（一）一方以欺诈、胁迫的手段订立合同，损害国家利益；

（二）恶意串通，损害国家、集体或者第三人利益；

（三）以合法形式掩盖非法目的；

（四）损害社会公共利益；

（五）违反法律、行政法规的强制性规定。

四、本案涉及的理论问题

（一）行政行为的公定力

本案的一个争议问题是，当江西省水利厅作出了明确批复，规定鹏伟公司竞拍获得的 6、7、8 号采区年的控制采量应当在 1740 万吨以内后，江西省水利厅的这一决定，是否对永修县政府和鹏伟公司签订的《采砂权出让合同》的执行过程具有约束力。

从《采砂权出让合同》的规定描述来看，该合同也将年控制采量 1740 万吨的规定包含在内。但是，在对合同实际执行情况的解释中，鹏伟公司明确说明，如果将实际采量控制在 1740 万吨以内，是无法收回该公司获得竞拍权的成本的。据鹏伟公司描述，将 1740 万吨的控制采量的规定写入合同是合同双方规避江西省水利厅要求的结果，永修县政府在对该合同的真实意思表示中也存在“不需要考虑该控制采量，本合同属于限时不限量合同”的表述。

在本案中，永修县政府从没有明确承认过在订立本合同时，有合同规定之外的其他约定事实，也一直主张本合同属于既限时又限量的合同。在本案中，二审和再审法院完全是通过对合同规定的详细解读以及鹏伟公司的表述认定了合同双方当事人的实际意思表示。

但是，合同双方的这种意思表示显然是与江西省水利厅的规定相抵触的。按照当时施行的《合同法》第 52 条的规定，订立的合同存在损害国家利益、以合法形式掩盖非法目的以及违反法律、行政法规的强制性规定等情况的，都属于无效合同。在本案中，江西省水利厅作出“限制年开采量1740万吨”的决定，是为了保护鄱阳湖的生态环境以免过度开采带来破坏生态的后果，从而损害到国家环境利益。永修县政府与鹏伟公司在双方订立的合同中也将这一限制采量规定吸收了进去。因此，从双方订立的纸质合同来看，不存在以上提及的各种造成合同无效的规定。但是，本案二审和再审法院在审判过程中却站在鹏伟公司的角度上解读合同，从中推导出了“按照本案合同的规定执行合同，会造成鹏伟公司在合同执行的过程中不可避免地承受经济损失的情况，因此限量合同的说法没有反映合同双方的真实意思表示”的结论。这一结论带来了一个非常尴尬的局面：江西省水利厅的决定在确定合同的效力时几乎没有约束力。

如果本案中的双方当事人都是不具有公权力背景的当事人，双方合同的标的也不涉及与公共利益或者国家利益相关的事项，那么为了保证合同的有效执行，从合同双方的纸面约定的背后去分析合同双方当事人的真实意思表示，这样做无可厚非。在分析合同双方当事人真实表示的过程中，与合同无关的第三方当事人的意见、看法可以作为参考，但是不具有决定性作用，人们也能够赞同这种解读态度。但是，本案中的协议，不是普通意义上的民事合同，而是一种行政合同。本案中的《采砂权出让合同》处理的不是永修县政府与鹏伟公司两者之间的私利，而是由国家所有的鄱阳湖的湖砂。永修县政府只是获得了国家的授权去处分本案中涉及的湖区的湖砂开采权及其利益。但是，就像我国的法律制度在国有财产资产处分问题上很少会让一个主体就对资产的处分具有排他的决定权一样，对湖砂这种国家矿产资源的处分，也不会只让一个主体单独作出决定。在本案中，我们看到了江西省水利厅的介入，这种介入或许也是这种多重保护机制的体现。而且，当作为行政机关的江西省水利厅已经作出了需要限制开采量的决定后，按照行政行为的公定力原理，这种决定在没有经过法定程序，经有权的机关改变或者撤销前，是对包括其他国家机关在内的各种组织和个人都具有约束力的。

本案中的二审与再审法院几乎完全没有考虑《采砂权出让合同》与普通民事合同的不同，也没有考虑江西省水利厅“限制采量决定”的公定力。需要指出的是，二审与再审法院是明确意识到了江西省水利厅决定的存在的，但却提出“鹏伟公司可向有关行政机关另行主张权利或作为行政案件另行起诉”。这一表达是否意味着鹏伟公司需要再以永修县政府为被告提起行政诉讼？对此，我们从本案的法院意见中看不出线索。

不过，需要指出的是，本案的受理法庭是民事法庭，本案也是发生在2014年《行政诉讼法》修改以前。在2014年《行政诉讼法》修改以前，行政协议在审判过程中多是被作为民事协议对待。所以，在本案中，二审与再审法院更多地考虑民事法律规范方面的内容，似乎也情有可原。2014年《行政诉讼法》将行政协议纳入了行政诉讼的受案范围，由此，在行政协议的审判过程中，行政协议的特殊性会获得更多的关注。这也是本书接下来将讨论的问题。

（二）行政协议相对于民事合同的特殊性

本案的审理完全是在民事审判庭系统中完成的，在对整个审判过程的观察中，人们没有看到两级法院将《采砂权出让合同》与民事合同区别对待。在二审与再审中，本协议涉及的最重要的行政元素（即江西省水利厅的决定）被完全置于一旁，而是提出当事人在另外的程序中可再行主张自己的权利。这种意见难免会使人产生一个感觉，在审查行政协议争议的诉讼过程中，即使其中包含行政因素，也不能直接适用行政法的规定，而是应当通过另外单独的行政救济程序来解决相关行政争议。

在《行政诉讼法》修改后，行政协议被纳入行政诉讼的范围，这使得对于行政协议中涉及的行政争议会有更好的解决渠道。但对于行政协议中的民事争议又应当如何处理？此时，人们或许可以发现，虽然这一修改改变了与行政协议相关争议的诉讼性质，但需要处理的问题性质却没有发生改变。换言之，将行政协议纳入行政诉讼的受理范围后，还是没有很好地处理行政协议的独特性问题。

行政协议的特殊性在于其同时包含了合法性与合意性两方面的问题，而且这两方面的问题同样重要。对于普通的民事合同来说，合意性是它关注的焦点，合法性问题只是作为一个附带的考量因素，甚至在大多数案件的审查过程中，只要合同不违反法律的禁止性规定，就可以专注讨论其合意性问题了。

但在签订行政协议时，人们不能仅限于不违反法律的禁止性规定，相反，还要保证行政协议“符合”法律规定，这是行政法合法性原则的要求，尤其是法律保留原则投射到行政协议上的反映。因此，在订立行政协议时，作为行政协议的双方当事人，即行政主体与行政相对人，不能完全采取“意思自治”的原则。尤其是对于行政主体而言，相对于民事合同中的合同当事人，行政主体在行政协议中的意思自治范围要明显狭窄许多——行政主体意思表示的作出需要有法律的授权性依据。正是因为如此，涉及行政协议的规定才会赋予行政主体较大的自由裁量空间，可这并不意味着行政主体在订立行政协议时就获得了摆脱法律控制的能力。

基于不同的审查要求，就对行政协议的审查而言，合法性与合意性的问题同等重要。类比对民事合同的审查，司法机关在审查其合意性之前通常会审查其合法性，在审查行政协议的时候，也应当将对合法性问题的审查置于合意性问题审查之前，置于审查的第一环节。在本案中，人们没有看见审判法院对合法性审查付出同等重要的重视态度。尤其是在二审与再审过程中，在对《采砂权出让合同》的审查过程中，合法性审查被置于非常边缘化的境地，或者可以说，索性被审判法院排除出了审查范围，当事人被建议在“其他”的诉讼程序中处理相关问题。这就不仅违反了行政协议的公定力原则，也不符合行政协议中合法性审查与合意性审查同等重要的理论要求。在《行政诉讼法》修改后，行政协议被明确纳入行政诉讼的受害范围，这或许表明我国将合意性审查与合法性审查视为同等重要。

五、实践问题：行政机关对资源性国有资产的守护职责

按照我国《宪法》第 9 条第 1 款的规定：“矿藏、水流、森林、山岭、草原、荒地、滩涂等自然资源，都属于国家所有，即全民所有。……”全民所有即国家所有，这些资源在实践中被定义成资源性国有资产，由中央人民政府掌握所有权。

虽然对于这些资源性国有资产的所有权，宪法和相关法律都作出了明确规定，但是这些资源使用权的分配，尤其是会带来使用收益的资源管理权，是一个更加复杂的问题。在本案中，鄱阳湖的湖砂就属于会带来使用收益的

资源性国有资产。在湖砂资源归国家所有的情况下，从本案案情的发展来看，对湖砂资源的管理主要是由永修县政府发挥主导作用，但是永修县政府没有垄断这种管理权。例如，在订立《采砂权出让合同》的过程中，永修县政府还需要征得江西省水利厅的批准，江西省水利厅相应地也对每年的采砂控制产量作出了规定。这种控制产量的提出是为了更好地保证湖砂资源的可持续性开发利用。

从我国对资源性国有资产管理权的分配设计来看，充分、有效地利用这些资源，形成可以充实国库的财政收入是这种管理权制度安排的目的之一。但另一方面，保护好这些国有资产，在使用这些资产的过程中重视附加在这些国有资产上的社会效益与环境效益，也是行使资源性国有资产管理权的行政机关需要重视的问题。为了实现这一目的，我国的行政法律制度就资源性国有资产的管理、使用、收益分配等问题设立了相较于民法物权制度来说更加复杂的规范制度，以防止行政机关不会基于片面的利益考虑而怠于履行其对资源性国有资产的守护职责。

在本案中，我们看到的是，作为鄱阳湖砂重要管理机关的永修县政府，将对湖砂开采的经济利益置于了最重要的地位。永修县政府甚至不惜以签订阴阳合同的方式规避江西省水利厅的要求，使得《采砂权出让合同》实际上成了一份违法合同。而如果能够切实落实相关法律制度中对行政机关出让采矿权的约束性规定，如江西省水利厅对年控制采量的规定，也就不会出现如本案中这种违法合同被合法实施的局面了。

但令人有些意外的是，本案中的二审与再审法院对于永修县政府完全是以普通民事合同当事人的身份对待，仿佛永修县政府对于鄱阳湖相应湖区的湖砂管理权具有类似于民法上的普通物权的控制效果，并以此视角去分析《采砂权出让合同》中合同双方当事人所谓的“真实”意思表示。这实际上是虚置了行政机关对资源性国有资产的守护职责。这种尴尬判决结果的出现，可能还是与以民事诉讼的方式来审理行政协议有关。在2014年《行政诉讼法》将行政协议纳入行政诉讼的受案范围后，审判机关对行政协议中的行政问题，尤其是涉及行政主体需承担的行政法义务的重视程度应当会大大提高。

江某儒等诉乐东黎族自治县抱由镇人民政府城建纠纷案

本案是一个极具综合性的案例，非常适合于在教授《行政法与行政诉讼法》的学期末被作为复习性案例使用。本案涉及两个理论问题：①行政强制执行行为与被执行的行政行为的区别。在本案中，人们可以较清晰地看到作出行政处罚决定和为执行行政处罚决定而实施的行政强制执行这两个相对独立的阶段。②行政机关的善意行政义务，尤其是当行政相对人存在着违法事实时，行政机关依然应当基于比例原则做到避免对行政相对人利益造成过度和不必要的侵犯。本案涉及的实践问题是，行政诉讼对行政相对人的救济作用要以保证行政相对人的合法利益获得实实在在的恢复为目的。

一、判决书原文

海南省海南中级人民法院行政判决书［2000］海南行终字第44号

上诉人（原审原告）：江某儒

上诉人（原审原告）：李某锋

上诉人（原审原告）：吴某雄

上诉人（原审原告）：吴某芬

被上诉人（原审被告）：乐东黎族自治县抱由镇人民政府（以下简称“抱由镇政府”）。

法定代表人：刘某敏，镇长。

委托代理人：黎某1，海南晋天元律师事务所律师。

委托代理人：黎某2，海南乐城律师事务所律师。

原审第三人：海南省公路局乐东黎族自治县分局（以下简称“公路分局”）。

法定代表人：周某政，局长。

原审第三人：乐东黎族自治县建设与环境资源局（以下简称“建环局”）。

法定代表人：陈某佑，局长。

原审第三人：乐东黎族自治县抱由镇抱由村民委员会中三队（以下简称“中三队”）。

原审第三人：乐东黎族自治县抱由镇抱由村民委员会中四队（以下简称“中四队”）。

上诉人江某儒等因行政拆除处罚赔偿纠纷一案，不服乐东黎族自治县人民法院［2000］乐行初字第5号行政判决，向本院提起上诉。本院依法组成合议庭，对本案进行了审理，现已审理终结。

原审法院认为：①被告抱由镇政府作出的限期拆除通知超越职权，程序违法。《行政处罚法》第15条、第20条规定，行政处罚由具有行政处罚权的行政机关管辖，法律、行政法规另有规定的除外。法律并未赋予乡（镇）一级人民政府对非法占地及违章建筑的行政处罚权。被告的上述行为，客观上已构成越权。被告以《海南经济特区土地监察规定》（以下简称《规定》）第16条和乐东县人民政府于1996年7月16日公布的《土地管理若干暂行规定》（以下简称《暂行规定》）第21条规定为依据抗辩其行为合法，但是，《规定》第16条仅规定“乡（镇）人民政府负责处理本行政区域内的居民非法占用土地的案件”，并没有授予乡（镇）人民政府处罚权。相反,《规定》第25条第2项继而明确规定，土地违法行为经查属实，依法应给予行政处罚的，由土地行政主管部门制作《土地违法案件行政处罚决定书》。上述规定与《土地管理法》第76条的精神一致。另外，乐东县人民政府发布的《暂行规定》第21条关于“乡镇政府有权处罚”的规定与《土地管理法》的有关规定相抵触，应适用《土地管理法》的规定。故被告不享有土地行政处罚权。其次，《行政处罚法》第31条规定：“行政机关在作出行政处罚决定前，应当告知当事人作出行政处罚决定的事实、理由及依据，并告知当事人依法享有的权利。”被告作出的《通知》既没有叙明限期拆除的法律依据，也未告知四原告依法享有的陈述权、申辩权和听证权等。被告抗辩称已“口头交代”，但未能提供相应的证据加以证明，应认定被告的上述行政行为违反法定程序。再次，公路分局受省交通厅委托享有行政处罚权，但它将此项权利再委托被告行使，属“再委托”行为，违反了《行政处罚法》第18条第3款的规定。而且，法律、法规并没有明确规定建设规划主管部门可以将自己享有的行政处罚权委托乡镇一级政府行使，故被告与县建设局、公路分局的委托关系无效。综上，被告的行政行为超越职权，程序违法，依法应予撤销。②四原告的厂房及附属物属违法建筑。四原告未经政府法定职能部门批准，擅自同中三、中四队通过合同的形式将农用地转为非农用地，所建之厂房及其附属物，不仅违反城镇规划管理，而且占用了公路（省道）建筑控制区，根据《土地法》第76条、《城市规划法》第40条、《公路法》第56条及海南省人民政府［1991］36号《关于加强公路管理的布告》第8条的规定，四原告的行为违法，其所建之建筑物为违法建筑。四原告以其拥有合法土地使用权为由主张权利，理由不当，不予支持。被告及第三人建环局、公路分局以四原告所建之厂房及建筑物属违法建筑为由进行抗辩，理由成立，应予支持。③拆除违法建筑应依法进行。根据《土地管理法》第83条的规定，被告和建环局对此无强制执行权。而且，省交通厅授权给第三人公路分局行使处罚权，而非授予强制执行权。因此，被告及第三人建环局、公路分局均无权拆除四原告的厂房及其他建筑物。上述拆除行为应被认定为无效。④行政机关违法拆除违法建筑给当事人的合法权益造成损害的应当承担行政赔偿责任。根据《国家赔偿法》第2条第1款、第4条第4项的精神，国家只对公民合法权益给予行政赔偿，对非法利益不予保护。四原告的厂房等其他建筑均属违法建筑，属非法利益，不属行政赔偿范围。四原告对此诉请行政赔偿，理由不成立，不予支持。但四原告的生活、生产用品属于合法权益，不属于违法建筑的范畴。故被告及公路分局、建环局对由越权拆除行为造成的损失2920元，应共同承担行政赔偿责任。据此，判决：①撤销被告抱由镇政府2000年2月23日作出的限期拆除通知；②被告抱由镇政府和第三人建环局、公路分局的强制拆除行为无效；③被告抱由镇政府及第三人建环局、公路分局共赔偿2920元（其中抱由镇政府承担920元，建环局承担1000元，公路分局承担1000元）给四原告（其中江某儒170元，李某锋90元，吴某雄、吴某芬共2660元），限本判决生效之日起1个月内一次性付清；④被告抱由镇政府、第三人建环局和公路分局对上项损失负连带赔偿责任。⑤驳回四原告的其他诉讼请求。

宣判后，江某儒、李某锋、吴某雄、吴某芬不服上诉称：一审认定事实错误。一审开庭时，上诉人向法庭提交了被上诉人的违法拆除行为给上诉人造成的人员工资、租金、税费等损失的详细清单，证据确凿，被上诉人依法应予赔偿。一审判决认定，“四原告请求赔偿误工费 15 844 元，无证据证明，应承担举证无能之责”，这是明显的认定事实错误。被上诉人的违法拆除行为，给上诉人造成厂房等财产损失 77 974 元，根据《行政处罚法》第 60 条的规定，被上诉人应予赔偿，一审法院却以上诉人房屋是违章建筑为由，判决上诉人不予赔偿，这是明显的适用法律错误。故请求撤销原判，判决被上诉人赔偿 77 974 元。被上诉人以原审认定事实清楚，适用法律正确为由请求驳回上诉，维持原判。

经审理查明，上诉人江某儒、李某锋、吴某雄和吴某芬分别于 1993 年 12 月 1 日、1995 年 1 月 1 日，1998 年 12 月 1 日与中三、中四队签订了 3 份土地使用合同，由中三、中四队将毛九公两侧（乐东民族中学门口地段）约 2 亩土地（农用地）批给四上诉人建锯木厂及住宅。上述土地属于乐东县城市规划管理区范围，其中有一部分位于公路（省道）15 米建筑控制区。合同签订后，四上诉人未经申请办理任何法定手续就使用上述土地建厂房及住宅。其中，江某儒实际用地 314.11 平方米，李某锋使用土地 337.17 平方米，吴某雄、吴某芬共同使用土地 289.79 平方米。1999 年 1 月 3 日，建环局、公路分局认为四上诉人所建厂房及住宅属违法建筑，便委托被上诉人抱由镇政府向四上诉人发出限期拆除通知。2000 年 2 月 23 日，抱由镇政府以自己的名义单方作出限期拆除通知。该通知称，经镇三套班子讨论同意，抱由村委会将搬迁到县农机二厂入口处，用地面积约 2 亩，限四上诉人于当年 2 月 26 日前搬走所有物品，逾期镇政府将采取强制措施拆迁。四上诉人逾期不搬迁。同年 3 月 27 日，原审第三人建环局、公路分局及被上诉人抱由镇政府“三家联合行动”强行拆除四上诉人 371.93 平方米厂房，总价值 8331.04 元。四上诉人的电饭煲、柴油机等生活、生产用具受到损害，总价值 2920 元（其中江某儒 170 元；李某锋 90 元；吴某雄、吴某芬 2660 元）。

另查，2000 年 1 月 1 日，原审第三人公路分局与海南省交通厅签订了一份《行政处罚委托合同》，海南省交通厅以合同形式，委托原审第三人公路分局行使行政处罚权，但“不得再委托其他任何组织或者个人实施行政处罚”。

本院认为，国家赔偿损害的对象为合法权益，即合法权利和合法利益，对非法的利益不予保护。四上诉人未经申请批准，同中三、中四队以合同形式将农用地转为非农用地建设厂房及附属物，根据《土地管理法》第 76 条和《城市规划法》第 40 条的规定，四上诉人的上述建筑物属违法建筑。而且，四上诉人所建的厂房占用了公路（省道）建筑控制区，其行为违反了《公路法》第 56 条的规定。因此，四上诉人请求赔偿违法建筑损失，理由不当，不予支持。但四上诉人的电饭煲、柴油机等生活、生产用具属合法权益，被上诉人及原审第三人越权拆除行为造成四上诉人的上述财产损失，应共同承担行政赔偿责任。被上诉人抱由镇政府作出的限期拆除通知超越职权，程序违法，依法应予撤销。原审认定事实清楚，适用法律正确。根据《行政诉讼法》第 61 条第 1 项之规定，判决如下：

驳回上诉，维持原判。

二审案件受理费人民币 2473 元，由四上诉人平均分担。

本判决为终审判决。

审判长　潘文壮
审判员　龙籍忠
审判员　王东史
二〇〇〇年十一月六日
书记员　陈　锋

二、本案发展时间线梳理

1993 年 12 月 1 日

江某儒与中三、中四队签订土地使用合同。

1995 年 1 月 1 日

李某峰与中三、中四队签订土地使用合同。

1998 年 12 月 1 日

吴某雄、吴某芬与中三、中四队签订土地使用合同。

1999 年 1 月 3 日

建环局、公路分局认为江某儒等人所建厂房及住宅属违法建筑，委托抱由镇政府给四上诉人发出限期拆除通知。

2000 年 1 月 1 日

公路分局与海南省交通厅签订了一份《行政处罚委托合同》，海南省交通厅以合同形式，委托公路分局行使行政处罚权，但“不得再委托其他任何组织或者个人实施行政处罚”。

2000 年 2 月 23 日

抱由镇政府以自己的名义单方作出限期拆除通知。该通知称，经镇三套班子讨论同意，抱由村委会将搬迁到县农机二厂入口处，用地面积约 2 亩，限江某儒等人于当年 2 月 26 日前搬迁所有物品，逾期镇政府将采取强制措施拆迁。2000 年 2 月 26 日前，江某儒等人逾期未搬迁。

2000 年 3 月 27 日

建环局、公路分局及抱由镇政府“三家联合行动”强行拆除江某儒等人的厂房。

三、本案涉及的法律规定

《行政处罚法》(1996 年 10 月 1 日起实施)

第十五条 行政处罚由具有行政处罚权的行政机关在法定职权范围内实施。

第十八条 行政机关依照法律、法规或者规章的规定，可以在其法定权限内委托符合本法第十九条规定条件的组织实施行政处罚。行政机关不得委托其他组织或者个人实施行政处罚。

委托行政机关对受委托的组织实施行政处罚的行为应当负责监督，并对该行为的后果承担法律责任。

受委托组织在委托范围内，以委托行政机关名义实施行政处罚；不得再委托其他任何组织或者个人实施行政处罚。

第二十条 行政处罚由违法行为发生地的县级以上地方人民政府具有行政处罚权的行政机关管辖。法律、行政法规另有规定的除外。

第三十一条 行政机关在作出行政处罚决定之前，应当告知当事人作出行政处罚决定的事实、理由及依据，并告知当事人依法享有的权利。

第六十条 行政机关违法实行检查措施或者执行措施，给公民人身或者财产造成损害、给法人或者其他组织造成损失的，应当依法予以赔偿，对直接负责的主管人员和其他直接责任人员依法给予行政处分；情节严重构成犯罪的，依法追究刑事责任。

《海南经济特区土地监察规定》(1994 年 2 月 26 日起实施)

第十六条 乡（镇）人民政府负责处理本行政区域内的居民非法占用土地的案件。

第二十五条 案件调查审理结束后，承办人应提出《土地违法案件调查审理报告》，报土地管理部门审议结案，分别情况予以处理：

（一）土地违法行为，经查证属实，依法应当给予行政处罚的，由土地管理部门制作《土地违法案件行政处罚决定书》；

…………

《土地管理法》(1999 年 1 月 1 日起实施)

第七十六条 未经批准或者采取欺骗手段骗取批准，非法占用土地的，由县级以上人民政府土地行政主管部门责令退还非法占用的土地，对违反土地利用总体规划擅自将农用地改为建设用地的，限期拆除在非法占用的土地上新建的建筑物和其他设施，恢复土地原状，对符合土地利用总体规划的，没收在非法占用的土地上新建的建筑物和其他设施，可以并处罚款；对非法占用土地单位的直接负责的主管人员和其他直接责任人员，依法给予行政处分；构成犯罪的，依法追究刑事责任。

超过批准的数量占用土地，多占的土地以非法占用土地论处。

第八十三条 依照本法规定，责令限期拆除在非法占用的土地上新建的建筑物和其他设施的，建设单位或者个人必须立即停止施工，自行拆除；对继续施工的，作出处罚决定的机关有权制止。建设单位或者个人对责令限期拆除的行政处罚决定不服的，可以在接到责令限期拆除决定之日起十五日内，向人民法院起诉；期满不起诉又不自行拆除的，由作出处罚决定的机关依法申请人民法院强制执行，费用由违法者承担。

《城市规划法》（1990 年 4 月 1 日起实施）

第四十条 在城市规划区内，未取得建设工程规划许可证件或者违反建设工程规划许可证件的规定进行建设，严重影响城市规划的，由县级以上地方人民政府城市规划行政主管部门责令停止建设，限期拆除或者没收违法建筑物、构筑物或者其他设施；影响城市规划，尚可采取改正措施的，由县级以上地方人民政府城市规划行政主管部门责令限期改正，并处罚款。

《公路法》（1999 年 10 月 31 日起实施）

第五十六条 除公路防护、养护需要的以外，禁止在公路两侧的建筑控制区内修建建筑物和地面构筑物；需要在建筑控制区内埋设管线、电缆等设施的，应当事先经县级以上地方人民政府交通主管部门批准。

前款规定的建筑控制区的范围，由县级以上地方人民政府按照保障公路运行安全和节约用地的原则，依照国务院的规定划定。

建筑控制区范围经县级以上地方人民政府依照前款规定划定后，由县级以上地方人民政府交通主管部门设置标桩、界桩。任何单位和个人不得损坏、擅自挪动该标桩、界桩。

《国家赔偿法》（1995 年 1 月 1 日起实施）

第二条 国家机关和国家机关工作人员违法行使职权侵犯公民、法人和其他组织的合法权益造成损害的，受害人有依照本法取得国家赔偿的权利。

国家赔偿由本法规定的赔偿义务机关履行赔偿义务。

第四条 行政机关及其工作人员在行使行政职权时有下列侵犯财产权情形之一的，受害人有取得赔偿的权利：

…………

（四）造成财产损害的其他违法行为。

《行政强制法》（2012 年 1 月 1 日起实施）

第三十五条 行政机关作出强制执行决定前，应当事先催告当事人履行义务。催告应当以书面形式作出，并载明下列事项：

（一）履行义务的期限；

（二）履行义务的方式；

（三）涉及金钱给付的，应当有明确的金额和给付方式；

（四）当事人依法享有的陈述权和申辩权。

四、本案涉及的理论问题

（一）行政强制执行行为与被执行的行政行为的区别

本案案情相对简单，但却比较完整地展示了行政处罚行为与行政强制执行行为两个阶段的全过程，是一个非常好的教学案例。

在实践中，人们有时候难以对行政强制执行行为与被执行的行政行为作出准确区分，甚至有倾向认为行政强制执行不过是被执行的行政行为的自然延伸，不构成一个独立的行政行为。但是，本案比较好地展示出了行政强制执行行为与被执行的行政行为之间的区别。而且，这种区别主要是通过两个相对独立的行政程序表现出来的，这也进一步显示了出行政程序对于行政行为的重要意义。

在本案中，当各行政机关发现各行政相对人有违法用地的情况后，即在1999年1月3日委托其中一个行政机关（即抱由镇政府）向各行政相对人发出限期拆除的通知。2000年2月23日，抱由镇政府正式向行政相对人发布限期拆除的通知。此时，本案中的各行政机关正式作出了行政处罚的决定，并通知了本案中的行政相对人，行政行为的作出已经达到了完整的状态。本案中的行政相对人没有理睬行政机关的处罚决定，但也没有启动行政复议与行政诉讼的意图，导致行政处罚行为的执行力处于受损的状态。3月27日，即在原行政处罚决定要求行政相对人限期拆除违法建筑的截止日期一个月后，各行政机关以“联合执法”的方式采取了行政强制执行措施，落实了行政处罚决定，实现了行政处罚决定的执行力。在本案中，基于时间上比较清晰的间隔，人们可以比较清晰地看到整个行政执法过程的两阶段：首先是行政行为的作出，其次是执行行政行为的过程，这两个过程是相对独立的。

虽然本案中行政机关作出行政强制执行的程序没有成为争议对象，但仔细分析，其是存在一定争议的。本案发生时，《行政强制法》还没有颁布实施，人们还无法依据明确的法律规定认定行政机关作出行政强制执行行为的合法性。但从后来《行政强制法》的规定来看，行政强制执行属于对行政相对人的负担行为。相应地，行政机关在作出行政强制执行行为时，也需要履行通知并听取当事人陈述与申辩的义务。在本案中，各行政机关在没有通知行政相对人的情况下，就直接实施了行政强制执行行为，其实是没有尽到作出最终行政强制执行行为前的通知义务的。而且，在本案中人们可以看到，当行政机关在最后正式采取行政强制执行措施时，如果能够再次通知行政相对人，行政相对人便会对自己违法建筑中的一些财物进行一定的避险操作，以最大限度地降低行政强制措施可能给其带来的损失。通过对本案案情的描述来看，行政相对人的一些损失也的确是来自于事先没有获知行政强制执行行为的时间和方式。在 2012 年《行政强制法》实施后，行政强制执行行为与被执行的行政行为之间的区别显然将在程序上得到更好的体现。

（二）负担行政行为中行政机关的善意行政义务

通过本案的案情描述可以发现，本案中行政相对人所建的锯木厂不是完全在公路两侧限制建设的范围内。行政相对人没有经过法定程序变更土地的使用用途，那么建筑的用地也就相应不具有合法性。但该建筑是否就完全没有价值？如果有价值的话，这些价值是否就完全属于违法利益而不值得保护？这些问题都是值得商榷的。在本案中，四位上诉人的“电饭煲、柴油机等生活、生产用具”在拆迁中受到了损害，由此可知，行政机关采取的是无差别的“粉碎式”拆迁方式。

人们日常的生活经验告诉我们，在房屋拆迁的过程中，不同的拆迁方式会使得房屋表现出不同的残值。房屋的砖瓦、门窗金属件、灯具等，如果通过妥善的拆迁方式，其使用价值还是可以获得很好的保留的，在拆迁结束后，无论是被拆迁人自用还是转卖，都可以获得一定的经济价值。但是，在本案中，不仅房屋本身的残值没有被顾及，与房屋没有必然附属性的行政相对人的生活、生产用具也遭受了毁灭性的破坏，这表明行政机关在作出拆迁这一行政强制执行行为时，几乎没有考虑到为行政相对人最大限度地保留被拆迁建筑残值的问题。

在学术讨论中，“比例原则”被认为是一项现代行政法治中具有重要指导作用的行政法基本原则。按照人们通常对“比例原则”的理解，行政机关在对行政相对人作出负担行政行为时，应当采取可以实现合法行政目的的手段，采取的手段应当对当事人造成的损害最小，且行政机关获得的行政利益与对行政相对人造成的损害应当成比例。对照比例原则的这三步要求，在本案中，行政机关显然没有采取对行政相对人造成最小损害的方式，也没有在拆迁结束后为行政相对人的违法建筑保留最大限度的残值。相反，其采用的是一种“粉碎式”拆迁的方式。仔细分析，本案中行政机关的目的是最终获得对行政相对人违法建筑所占土地的使用权，在此过程中应当先要纠正行政相对人违法用地的情况。尽管在本案中可能存在行政相对人对行政机关一直不理不睬的情况，但是行政相对人的违法事实没有赋予行政机关罔顾行政法治基本要求的权力。

目前，比例原则在我国的行政法治实践中还不属于被法律规定明确认可的行政法基本原则，其更多地表现在学理讨论中，并通过各种学理通说影响行政行为的作出或者行政审判的决定。但是，即使不考虑比例原则这一相对学理化的要求，在行政行为的过程中，人们也有理由期待行政机关以善意的方式来行使自己的职权，最大限度地从行政相对人的利益出发，而不是因行政相对人实施了一些违法行为便不加区分地扩大对其的实际惩罚程度。

五、实践问题：行政诉讼制度对行政相对人的救济作用

本案比较有“戏剧性”的一个结局是，四位上诉人通过两次审判获得了对三方行政主体所作行政行为“超越职权、程序违法、应予撤销”的判决，但法院却只判决三方行政主体对四位上诉人承担 2920 元的赔偿责任。而整个二审案件的受理费用是 2473 元，二审法院却判决由四位上诉人承担。站在四位上诉人的角度，通过两次大费周章的行政诉讼，在扣除案件受理费用后，只获得了不到 500 元的实际赔偿费用。如果再加上上诉人寻找法律援助、来往两级法院的交通成本，本案中的行政相对人在经济方面不仅没有获得任何补偿，反而有进一步的支出。在本案中，行政主体的行政行为被确认违法，行政相对人讨到了说法，但行政相对人却承受了更大的损失。

无论是行政复议还是行政诉讼制度，其一个重要的制度设计目的是为行政相对人提供救济，使得受到行政主体行为侵害的相对人可以获得一个弥补

自己损失的渠道。我国目前还存在比较强烈的避讼文化，行政相对人提起诉讼的主要目的可能不是讨个说法，而是获得实实在在的赔偿。相应地，实现行政相对人的赔偿诉求也应当成为行政救济制度的主要制度设计与运作目的。

但是，在本案中，人们却看到了“给个说法”与“赔偿损失”这两个目的之间的倒挂状态。通过一、二审，人们可以清楚地看到，法院从实体和程序上否定了三方行政主体强制拆迁行为的合法性，即认为其是一个违法的行政行为。但其最终确认行政行为违法并予以撤销的判决却没有为行政相对人带来实实在在弥补损失的结果。相反，其实际上给行政相对人造成了更大的损失。这种结果显然是不符合行政救济制度的设计目的的。

从本案来看，行政相对人虽名义上胜诉但实际上却遭受了损失。在一审判决中，行政相对人在其上诉理由中提出了自己的主张，前文也已经对违法建筑在拆迁后的残值问题作出了分析，两级审判法院却没有考虑到这种残值问题。而且，当行政相对人进一步提出行政主体的违法拆迁行为给其造成了误工损失的主张时，两级审判法院也没有作出回应。由此，最终造成了行政相对人“赢了官司输了钱”的尴尬境地。倘若这种尴尬的局面在行政救济制度的运作过程中反复出现，势必会严重影响到行政相对人对行政法治的信心。

为了防止与本案类似情况的再度出现，审判法院需要加强对行政救济制度救济目的的认识，即从为受到行政行为侵害的行政相对人提供实实在在的救济目的出发去解决审判过程中可能遇到的各种问题。在本案中，审判法院给了行政相对人一个明确的说法已经非常不容易，但这还远远不够。如何在行政诉讼的过程中使得法院面对行政主体能够更加客观、中立地扮演好救济行政相对人的角色是一个需要重点考虑的问题。